Pierre Poivre
Reisen eines Philosophen
1768

FREMDE KULTUREN IN ALTEN BERICHTEN

Herausgegeben von
Jürgen Osterhammel und
Folker Reichert

Band 4

Pierre Poivre

Reisen
eines Philosophen

1768

Eingeleitet, übersetzt und erläutert
von

JÜRGEN OSTERHAMMEL

Jan Thorbecke Verlag Sigmaringen
1997

Die Deutsche Bibliothek – CIP-Einheitsaufnahme
Poivre, Pierre : Reisen eines Philosophen/Pierre
Poivre. Eingel., übers. und erl. von Jürgen Oster-
hammel – Sigmaringen: Thorbecke, 1997
   (Fremde Kulturen in alten Berichten; Bd. 4)
   ISBN 3-7995-0602-0 Gb.

© 1997 by Jan Thorbecke Verlag GmbH & Co., Sigmaringen

Alle Rechte vorbehalten. Ohne schriftliche Genehmigung des Verlages ist
nicht gestattet, das Werk unter Verwendung mechanischer, elektronischer u
anderer Systeme in irgendeiner Weise zu verarbeiten und zu verbreiten. I
besondere vorbehalten sind die Rechte der Vervielfältigung – auch von Tei
des Werkes – auf photomechanischem oder ähnlichem Wege, der tontech
schen Wiedergabe, des Vortrags, der Funk- und Fernsehsendung, der Sp
cherung in Datenverarbeitungsanlagen, der Übersetzung und der litera
schen oder anderweitigen Bearbeitung.

Dieses Buch ist aus säurefreiem Papier hergestellt und entspricht den Fra
furter Forderungen zur Verwendung alterungsbeständiger Papiere für
Buchherstellung.

Buchgestaltung: Norbert Brey und Bernhard Marquard, Sigmaringen
Schutzumschlaggestaltung und Reihen-Signet: Neuffer-Design, Freiburg i.
Vorsatzkarte: Kartographie, Eppelheim

Gesamtherstellung:
M. Liehners Hofbuchdruckerei GmbH & Co. Verlagsanstalt, Sigmaringen
Printed in Germany · ISBN 3-7995-0602-0

Inhalt

Einleitung 7

Zu dieser Ausgabe 41

Pierre Poivre

Erinnerungen eines Reisenden
vom Besuch der Sundastraße, Siams, der Koromandelküste,
der Französischen Inseln,
einiger Orte an der Küste Afrikas, usw.
Unternommen in den Jahren 1745, 1746 und 1747
an Bord des Schiffes *La Baleine* 43

Anmerkungen 119

Pierre Poivre

Reisen eines Philosophen oder
Betrachtungen über die Sitten und Künste der Völker
in Afrika, Asien und Amerika 131

Fortsetzung der Untersuchungen
über den Zustand der Landwirtschaft
bei verschiedenen Völkern
von Afrika und Asien 171

Anmerkungen 216

Quellen- und Literaturverzeichnis 235

Abbildungsnachweis 249

Register 251

Einleitung

I.

Läßt man sich auf ein hegelianisches Gedankenspiel ein und fragt nach der Schauplatzverlagerung weltgeschichtlicher Bedeutsamkeit im Prozeß der maritimen Expansion Europas, dann wird man vielleicht sagen können: Das 16. Jahrhundert ist die Epoche des Atlantiks, das 17. die Ära des Indischen Ozeans, das 18. gehört dem Pazifik.

Die Seewege nach Amerika und nach Indien werden nahezu gleichzeitig entdeckt, doch es ist die Neue Welt, die zunächst die Europäer stärker fasziniert. Hier stellen sich mit einem Schlage beispiellose Herausforderungen überseeischer Reichsbildung und Territorialherrschaft. Hier bieten sich Schätze dar zur Aneignung nicht nur durch Tausch, sondern durch Plünderung großen Stils. Hier eröffnet sich der christlichen Mission ein Aktionsfeld ungeahnten Ausmaßes. Und hier glaubt man schließlich jene Wilden gefunden zu haben, die den theologisch-juristischen Scharfsinn des spätscholastischen Aristotelismus zu letzten Hochleistungen anregen und ihn in die Richtung einer empirischen Ethnologie über sich hinaustreiben. Deshalb kann das 16. Jahrhundert das atlantische Jahrhundert heißen.

Im 16. Jahrhundert scheint der Pazifik zu einem spanischen Gewässer zu werden; von Mexiko und Peru aus wird jener Seide-und Silber-Handel angesponnen, der chinesische Autoren von einer »maritimen Seidenstraße« sprechen läßt. Die Philippinen werden von Amerika aus kolonisiert. Gleichzeitig werfen die Portugiesen ihr gigantisches Netz von Faktoreien über den ozeanischen Raum zwischen Mozambique und Japan. Portugal wird zu der wichtigsten nach Asien ausgreifenden Seemacht; doch zunehmend entwickelt sich die portugiesische Präsenz auf den östlichen Meeren zu einer binnen-asiatischen

Handelsmaschinerie, die weniger der direkten Versorgung und Bereicherung des Mutterlandes dient als der Kapitalakkumulation in den östlichen Häfen selbst. Der asiatische Schauplatz gewinnt eine Art von stagnierender Autonomie innerhalb eines gegenüber der vorausgehenden Periode defensiveren und nicht mehr so zentralisierungsfähigen portugiesischen Kronkapitalismus. Im 17. Jahrhundert wird von Lissaboner Warte Brasilien wichtiger als die Welt zwischen Goa und Macau[1]. Es ist nun der merkantilistische Kapitalismus der Holländer und Engländer, der den Indischen Ozean wirtschaftlich so eng mit Europa verkettet wie niemals zuvor. Der bewaffnete private Monopolhandel der Ostindien-Kompanien, neuartigen Errungenschaften ökonomischer Rationalisierung, findet erfolgreicher als der portugiesische Handel Zugang zu asiatischen Produktionsgebieten; er ermöglicht dank soliderer Finanzierung und bürokratischer Organisation kontinuierlichere Geschäftsoperationen. Das Profitmotiv gewinnt nun die Oberhand: Ruhm und religiöser Missionsauftrag interessieren die militarisierten Kaufleute aus Nordwesteuropa nicht. Entdeckungen, die keine Ausbeutungschancen zu versprechen scheinen (wie die des 1606 von Holländern erreichten Australien), bleiben ungenutzt.

Während »Ost-Indien« ökonomisch dichter denn je an Europa angeschlossen wird – wohlgemerkt: unter starker Beteiligung einheimischer Kaufleute und ohne daß in irgendeiner Weise von einer »Kontrolle« des innerasiatischen Handels durch Europäer die Rede sein könnte –, gelangen mehr als nur vereinzelte Nachrichten über die Länder des Ostens nach Europa. Wie Donald Lach und Edwin Van Kley auf zweitausend Buchseiten dokumentiert haben, wird das 17. Jahrhundert zur Gründerzeit einer systematischen Erschließung Asiens durch europäische Berichterstatter und Gelehrte[2]. In dieser Zeit ent-

---

[1] REINHARD (1983), S. 107. Die Autorennamen in den Anmerkungen beziehen sich auf das Literaturverzeichnis in diesem Band (S. 235–47).
[2] LACH/VAN KLEY (1993).

stehen für zahlreiche Gegenden Asiens – an erster Stelle wären Persien, Nordindien, Siam, China und Japan zu nennen – welthaltige und detailgenaue enzyklopädische Reisebeschreibungen und Landeskunden. Sie sind natürlich von Übertreibungen und Fehlwahrnehmungen nicht frei, lassen aber doch die Naivitäten und den Wunderglauben früherer Berichte weit hinter sich zurück. Wer sich um 1700 in Europa über die asiatischen Reiche unterrichten will, dem steht eine umfangreiche Bibliothek von Standardwerken zur Verfügung. Am Ende des 17. Jahrhunderts kennt das europäische Publikum die größeren Länder Asiens (und besonders ihre Küstenlandschaften). Das 18. Jahrhundert wird diesen Grundzügen nur noch Nuancen, Aktualisierungen und Umwertungen hinzufügen. Auch in diesem Sinne – dem des Wissens – kann das 17. Jahrhundert das des Indischen Ozeans heißen.

Die erfahrungswissenschaftliche Grundhaltung, die wir mit dem Begriff der Aufklärung verbinden, findet sich nicht erst im 18. Jahrhundert, der eigentlichen Epoche dieser Geistesrichtung. Schon viele der europäischen Beobachter Asiens im späteren 17. Jahrhundert sind »philosophische« Reisende, bei denen sich empirische Beschreibung und kritisches Räsonnement verbinden. Unter ihnen finden sich zahlreiche Ärzte und Naturforscher, Diplomaten und Missionare – Leute im Besitz der fortgeschrittensten gelehrten Bildung ihrer Epoche. Bei aller Vielfalt ihrer Interessen verbindet sie neben der Naturkunde ein zentrales Thema: die politischen Formen, in denen sich die zeitgenössische Staatsbildung in Asien – wir befinden uns in einer Phase nahezu gleichzeitiger staatlicher Konsolidierung und absolutistischer Zentralisierung auf Kosten von Aristokratien und anderen intermediären Machtgruppen – quer durch den Kontinent vom Osmanenreich bis zum Japan der Tokugawa-Shogune vollzieht.

Die Beschäftigung mit solchen Fragen erlahmt angesichts neuer Instabilitäten in Asien (mit der Ausnahme Ostasiens) und des Eintritts vieler europäischer Absolutismen in ihre mildere, die sogenannte aufgeklärte Phase. Die großen Übersee-Debatten des 18. Jahrhunderts entzünden sich weniger an den

Verfassungen der altvertrauten asiatischen Reiche als am Neuentdeckten, und der große Fund der zweiten Hälfte des 18. Jahrhunderts ist die Südsee. Kapitän James Cook und seine gelehrten Mitreisenden kümmern sich nicht um den Indischen Ozean. Er ist für den größten aller europäischen Seefahrer und seine Auftraggeber in der britischen Admiralität kein Thema mehr. Zweimal benutzen die Cookschen Expeditionen den maritimen Highway von Batavia zum Kap der Guten Hoffnung. Bei seinem größten Abenteuer, der zweiten seiner drei Reisen, steuert Cook auf der Hinfahrt aber vom Kap aus tief nach Süden, erreicht, ja, überschreitet den Polarkreis und dringt dann durch südlichste Wasserwüsten – Indischer Ozean nur mehr im geographischen, nicht länger im zivilisatorischen Sinne – strikt westlich bis zu dem vor, was sich als Neuseeland herausstellen wird. Deshalb erfahren wir auch so gut wie nichts über den Indischen Ozean von seinen beiden hochbedeutenden Begleitern: dem Universalgelehrten Johann Reinhold Forster und seinem Sohn Georg, einem der wichtigsten Intellektuellen der deutschen Spätaufklärung. Cook kreuzt im November 1772 durch das heute in unseren Atlanten so genannte »Indische Subpolarbecken«. Georg Forster, der eindringliche Reisebeschreiber, beklagt die »traurige Einförmigkeit, in welcher wir sehr lange unangenehme Stunden, Tage und Monathe in diesem öden Theil der Welt zubringen mußten«[3]. Kaum ein Wort mehr zum Indischen Ozean. Man ist auf dem Weg ins irdische Paradies – nach Tahiti. Dort, nicht in den, wie man in diesen Jahrzehnten zu glauben beginnt, erschöpften alten Hochkulturen Asiens sucht und findet man das Gegenprinzip zur Zivilisation des modernen Europa.

Die geographischen Entdecker des 18. Jahrhunderts lassen also den eigentlichen Indischen Ozean buchstäblich links liegen. Er gehört nicht länger zu den fernen Herausforderungen, sondern fast schon zu den vertrauten Horizonten Europas, und die Reisebeschreiber klagen über die Schwierigkeit, dem Pu-

---

[3] FORSTER (1983), S. 121.

blikum noch etwas Neues vom Kap der Guten Hoffnung, aus Surat, Batavia oder Canton zu berichten. Das soll nun keineswegs heißen, daß dieses Meer nebensächlich würde. Das Volumen des direkten Schiffsverkehrs von Süd- und Ostasien zum Kap und umgekehrt nimmt während des 18. Jahrhunderts deutlich zu, zumal in seinen letzten beiden Jahrzehnten im Zusammenhang mit dem Aufschwung des chinesischen Tee-Exports. Auch erhält der Indische Ozean durch die weltweite englisch-französische Auseinandersetzung, die um 1740 auf Indien und die indische See übergreift, eine neuartige militärstrategische Bedeutung. Man schlage nur Captain Alfred Thayer Mahans alten Klassiker von 1890 auf – »The Influence of Seapower upon History« –, um zu erfahren, wie wichtig zeitweilig der ostindische Seekrieg gewesen ist. Erst die Niederlage der französischen Ostindienflotte im Jahre 1783 sicherte unwiderruflich die britische Vorherrschaft auf dem Subkontinent.

Die Nostrifizierung des Indischen Ozeans und seiner angrenzenden Gewässer bis hinauf zur Chinasee im europäischen Bewußtsein, sein Verlust an exotischem Reiz im Vergleich zum südlichen Pazifik bedeutet nun keineswegs, daß unter den Tausenden von Europäern, die ihn überquerten, nicht auch eine erkleckliche Anzahl von Philosophen gewesen wären – »Philosophen« nicht im heutigen technisch-professionellen Sinne beamteter Denker, sondern in dem des 18. Jahrhunderts: nicht Lehrer der Philosophie, sondern ihre Praktiker, Männer, die sich im tätigen Leben dem Denken der europäischen Aufklärung verpflichtet fühlten. Dieses nun ist bekanntlich alles andere als ein wohlgefügtes Dogma – dem Anspruch nach ja eben das genaue Gegenteil davon –, und so finden wir durchaus unterschiedliche Formen des ambulanten Philosophentums. Eine davon verkörpert so plastisch wie niemand sonst der Botaniker, Ökonom und Kolonialfunktionär Pierre Poivre.

II.

Pierre Poivre, der von 1719 bis 1786 lebte, war bis vor etwa zwei Jahrzehnten so gut wie vergessen. Nur spezielle biographische Lexika verzeichneten ihn noch. Allenfalls als Randfigur der frühen französischen Kolonialgeschichte tauchte er gelegentlich auf. Sein bemerkenswertes Buch, in dem er Schlußfolgerungen aus seinen Reisen im Indischen Ozean zog, die »Voyages d'un philosophe« von 1768, ist im 19. und 20. Jahrhundert niemals neu aufgelegt worden. Weder die Reise- noch die Aufklärungsforschunng haben diesen »minor classic« so gewürdigt, wie er es verdient. Nachdem Henri Cordier in den achtziger Jahren des vorigen Jahrhunderts, als man nach Vorläufern des im beginnenden Zeitalter des Hochimperialismus erneuerten französischen Interesses an China und Vietnam suchte, auf einige unveröffentlichte Reisetexte Pierre Poivres aufmerksam gemacht hatte, leiteten erst Madeleine Ly-Tio-Fane mit ihren Untersuchungen über den französischen Gewürzhandel im Indischen Ozean und vor allem Louis Malleret mit seiner monumentalen Poivre-Biographie von 1974 die Wiederentdeckung einer der farbigsten Figuren unter den Asienreisenden und Naturforschern des 18. Jahrhunderts ein. Da sich Poivres verschiedene Reisen aus den »Voyages d'un philosophe«, einem eher argumentierenden als erzählenden und beschreibendem Text, in ihrer Ereignisfolge und Datierung nicht genau erschließen lassen, bedurfte es des umfassenden Studiums verstreuter Manuskripte, das Malleret unternahm, um Poivres Leben in seinen Einzelheiten zu rekonstruieren. Auf dieser bedeutenden Forschungsleistung beruht die folgende biographische Skizze.

Pierre Poivre wurde am 23. August 1719 in Lyon als Sohn eines Kurzwarenhändlers aus alter Seidenhändlerfamilie in ein wohlhabendes Bürgermilieu hineingeboren. Asiatische Geschäftskontakte hatten keinen unwesentlichen Anteil am Erfolg der Familie Poivre. Es ist unbekannt, warum man den Sohn zur Erziehung den Missionaren von St. Joseph in Lyon anvertraute; bis dahin hatte die Familie keine kirchlichen Ambitionen zu erkennen gegeben. Jedenfalls finden wir ihn 1736 als Schüler am Seminar der 1664 gegründeten Société des Missions Etrangères in Paris. Aufgabe der Gesellschaft, die im Zuge der katholischen Erweckungsbewegung im Frankreich des 17. Jahrhunderts entstand und, selbst kein Orden, sondern eine Organisation von Weltpriestern und Laien, in einem gewissen Konkurrenzverhältnis zu den Jesuiten lag, war es, die Anfänge der Mission in Japan, China und den Königreichen Hinterindiens, also des kontinentalen Südostasien, auf solide organisatorische Füße zu stellen, einen einheimischen Klerus zu rekrutieren und auszubilden und im Fernen Osten eine Kirchenhierarchie aufzubauen. Über Pierres Studien am Seminar sind kaum Nachrichten überliefert. Außer einer theologischen Ausbildung sollte den Zöglingen wohl vor allem das charakterliche Rüstzeug für die Heidenmission unter schwierigsten Bedingungen vermittelt werden.

1740 verließ Pierre Poivre, ohne ordiniert worden zu sein, das Seminar, für den Dienst in Tonking bestimmt, dem nördlichen der beiden Teilstaaten, aus denen Vietnam seit dem Beginn des 17. Jahrhunderts bestand. Am 17. Januar 1741 schiffte er sich mit dem Ziel China ein. Nach einer Überfahrt von sechs Monaten traf er Ende Juli in Macau ein, dem portugiesischen Stützpunkt an der chinesischen Küste, den sich die Angehörigen aller im Chinahandel aktiven europäischen Seemächte zunutze machten. Pierre hielt sich eine Weile abwechselnd in Macau und in Kanton auf, der einzigen Stadt, in welcher der chinesische Kaiser – wenige Jahre zuvor war der ungemein tüchtige, aber auch energisch christenfeindliche Kaiser Yongzheng auf den Drachenthron in Peking gelangt – den Europäern den Handel mit einer Gruppe chinesischer Monopolkaufleute gestattete. Die Franzosen, seit 1698 im Chinahandel engagiert, waren gut ins Geschäft gekommen. Noch war die spätere kommerzielle Vorherrschaft der britischen East India Company an der Chinaküste nicht abzusehen. Poivre hatte reichlich Gelegenheit, nicht nur die komplizierten Mechanismen und Rituale des Chinahandels kennenzulernen, sondern auch die heftigen Rivalitäten zwischen den Kaufleuten der verschiedenen europäischen Länder und zwischen den religiösen Kongregationen zu beobachten, besonders zwischen den Jesuiten und den Missions Etrangères. Von China außerhalb der beiden Städte scheint er wenig gesehen und die chinesische Sprache nur rudimentär erlernt zu haben. Doch hat er ohne Zweifel jede Chance genutzt, sich mit landeskundigen Missionaren zu unterhalten, die beim Verlassen des Reiches der Mitte unweigerlich in Macau Station machen mußten.

Seine Oberen meldeten früh Zweifel an Poivres apostolischer Berufung an, schickten ihn aber schließlich doch zur Verstärkung der dortigen durch Bürgerkrieg und Hungersnöte, Pest und Christenverfolgungen aufs äußerste bedrängten Missionarsschar nach Tonking. Am 24. März 1742 kam er nach einer zweiwöchigen gefahrvollen Überfahrt auf einer chinesischen Dschunke an der Küste der Landschaft Annam an, also im mittleren Teil des langgestreckten Landes Vietnam. Es hatte ihn damit nicht nach Tonking, sondern in den südlichen der beiden vietnamesischen Teilstaaten verschlagen, den die Europäer Cochinchina nannten[4]. Achtzehn Monate später traf er wieder in Macau ein, aus dem Orden verbannt und unter dem – heute nicht aufklärbaren – Verdacht stehend, Goldbarren unterschlagen zu haben. Poivre, der Sohn des unteren Großbürgertums, war die bedrückende, von kleinlichstem Zank und endlosem Streit um Vorrechte und Zuständigkeiten vergiftete Atmosphäre im Missionarsmilieu vermutlich ohnehin leid. Seine glanzlose ekklesiatische Lebensphase war nun vorüber. Er hatte es nicht eilig, nach Frankreich zurückzukehren, besuchte die französische Niederlassung in Pondichéry südlich von Madras, trieb einige private Geschäfte und schrieb seine vietnamesischen Erfahrungen in einer (später wie die meisten seiner Aufzeichnungen nicht veröffentlichten) landeskundlichen »Mémoire sur Cochinchine« nieder. Als er sich nach neuerlichen sechzehn Monaten in China am 16. Januar 1745 in

---

4 Vgl. zur politischen Lage im Vietnam des 18. Jahrhunderts unten S. 228f., Anm. 107.

Kanton auf dem 600-Tonner *Dauphin* einschiffte, um über Französisch-Indien nach Europa zurückzufahren, verstand er eine Menge vom Asienhandel, hatte zu mindestens drei asiatischen Gesellschaften – der südchinesischen, der südindischen und der südvietnamesischen – landeskundliche Studien getrieben und hegte ehrgeizige Visionen einer großen Zukunft für Frankreich im fruchtbaren Lande am Mekong. Nicht in der Mission, sondern in Handel und Politik sah er seine eigene Zukunft.

Die Rückreise, die Poivre in seinen »Mémoires d'un voyageur« schildert[5], verläuft hindernisreich, um es vorsichtig zu sagen. Erst am 2. Juni 1748, also dreieinhalb Jahre nach seinem Aufbruch von Canton, wird Pierre sein Heimatland wiedersehen. Es herrscht Krieg zwischen Frankreich und England. Die *Dauphin* gerät zwei englischen Kriegsschiffen mit 120 Geschützen in die Quere. Dagegen hat sie mit ihren dreißig Kanonen keine Chance. Poivre, obwohl als Passagier kein Kombattant, wirft sich ins Getümmel. Eine feindliche Kugel reißt ihm den rechten Unterarm ab. Man rettet ihn aus dem brennenden und sinkenden Schiff und unterzieht ihn auf der englischen *Deptford* der im damaligen Seekrieg nicht unüblichen Operation einer Amputation ohne Narkose. Mitten in der Operation droht auf dem Schiff ein Pulverfaß in die Luft zu fliegen, der Chirurg läßt Säge und Patienten im Stich, und der arme Poivre findet sich, wie er später schreibt, in »der grausamsten Situation, die man sich vorstellen kann«. Hinzu kommen in den nächsten Tagen Dauerregen durch ein löcheriges Kabinendach und eine Verpflegung, die aus Brackwasser und verdorbenem Zwieback besteht. Doch Pierre Poivre überlebt.

Die Engländer schaffen Beute und Gefangene nach Batavia, wo dem aufmerksamen Poivre bei allem lebhaft beschriebenen Glanz der großen Seemetropole der beginnende Niedergang des holländischen Handelsreiches nicht verborgen bleibt. Es gelingt ihm, sich dem allmächtigen Generalgouverneur, dem Baron Van Imhoff, persönlich zu nähern und ihm –

---

5 In diesem Band S. 43–118.

hier sehen wir den nimmermüden Pläneschmied bereits in voller Aktion – Vorschläge zur Belebung des batavischen Handels zu unterbreiten. Die Gefangenen, mit denen man sonst nichts anzufangen weiß, werden schließlich freigelassen; man gibt ihnen sogar eine ausrangierte Brigantine, um sie die indische Koromandelküste erreichen zu lassen. Es folgen die üblichen Kalamitäten: ein schwimmender Untersatz von siebartiger Beschaffenheit, etliche Orkane, ein Piratenüberfall. In Mergui an der siamesischen Westküste wird Poivre von einem Missionar, den er aus Paris kennt, freundlich aufgenommen. Er hat von nun an auch eine Theorie parat, die fortan bei vielen Anlässen dazu dienen wird, seinen Abschied von der Mission zu erklären: Einarmig lassen sich sakramentale Handlungen nicht vollziehen. Vier Monate in Siam, dem heutigen Thailand, genügen Poivre, um sich einen Überblick über Gegenwart und mögliche Zukunft des europäischen Handels mit diesem nach vorübergehend sehr intensiven Frankreichkontakten[6] seit einigen Jahrzehnten ziemlich abweisenden Land zu verschaffen.

Im Januar 1746 trifft er in Pondichéry ein. Dort bleibt er bis zum Oktober und hat reichlich Zeit, sich umzusehen. Er entwirft eine prägnante soziologische Skizze der multikulturellen Niederlassung, interessiert sich aber am meisten für Landesnatur und Landesprodukte. Er wird nun endgültig zu einem Geographen und Botaniker, der es mit den Meistern dieser Fächer beinahe aufnehmen kann. Selbst innerhalb der umfangreichen und anspruchsvollen Indienliteratur des 18. Jahrhunderts ist seine Beschreibung der Koromandelküste ungewöhnlich reich, genau und scharfsinnig. Die Weiterreise verläuft ausnahmsweise unbeschwerlich. Am 29. Oktober 1746 geht Poivre erneut an Bord und erreicht am 7. Dezember Port-Louis auf der Ile de France. Er hat seine wichtigste Wirkungsstätte gefunden.

Die Ile de France, heute Mauritius, liegt 800 km östlich von Madagaskar. Die kleine Insel, doppelt so groß wie Rügen, war

---

6 Vgl. unten S. 128, Anm. 117.

1598 von den Holländern in Besitz genommen und 1710 von ihnen wieder verlassen worden; nur ein paar entlaufene Sklaven und tausende Hektar Zuckerpflanzungen blieben zurück. 1715 wurde sie von der Compagnie des Indes, der halbstaatlichen französischen Ostindienkompanie, als herrenloses Land in Beschlag genommen. 1810 fiel Mauritius, mittlerweile französische Kronkolonie, als Kriegsbeute an Großbritannien. Daher ist die heute selbständige Insel ein Teil des britischen Commonwealth.

Poivre erreichte die Ile de France zu einem günstigen Zeitpunkt. Seit 1735 hatte ein tatkräftiger Gouverneur, Mahé de La Bourdonnais, die Insel nicht nur zu einem leistungsfähigen Durchgangshafen auf einer der meistbefahrenen Schiffahrtsrouten der Welt und zu einer wichtigen Marinebasis ausgebaut, sondern auch durch die Begünstigung von Sklaveneinfuhren aus Afrika die Fundamente für eine Exportproduktion von Zuckerrohr, Baumwolle und Indigo gelegt. Mauritius sollte die Erfolgsgeschichte der französischen Zuckerinseln in der Karibik wiederholen, es sollte als Proviantquelle französische Schiffe von den Dienstleistungen der Holländer am Kap der Guten Hoffnung unabhängig machen, und es sollte im Zeitalter einer immer schärfer werdenden Rivalität mit Großbritannien als französisches Sprungbrett in den indo-pazifischen Raum dienen[7]. In Mustergärten, vor allem auf seinem Gut »Mon Plaisir«, experimentierte er mit Pflanzen, die er aus Brasilien, Madagaskar und Java eingeführt hatte. Zwei hortikulturelle Traditionen wurden hier unter dem Gesichtspunkt imperialer Nützlichkeit zusammengebracht: der Akklimatisationsgarten, wie ihn die holländische Ostindienkompanie schon seit langem am südafrikanischen Kap betrieb, und der wissenschaftliche botanische Garten, für den der Jardin du Roi zu Paris das in ganz Europa bewunderte Modell abgab[8]. So war es La Bourdonnais in Ansätzen gelungen, die Insel in einen wissenschaftlichen Beobachtungsposten der »Indes Orienta-

---

7 TOUSSAINT (1972), S. 47–52.
8 GROVE (1995), S. 176.

les« zu verwandeln. Innerhalb weniger Jahre hatte Mauritius eine beachtliche Bedeutung im französischen Überseereich erlangt. Da kam der Geograph und Agrarexperte gerade recht, auch wenn sich vorerst noch keine amtliche Aufgabe für ihn fand. In März 1747 begleitete er La Bourdonnais, dessen Gouverneurszeit beendet war, nach Angola und Martinique. Auf dem Atlantik fiel er erst in die Hände von Seeräubern, dann von Engländern. Inzwischen hatte er es sich zur Gewohnheit gemacht, wo und unter welchen Umständen auch immer er sich befand, die örtliche Pflanzenwelt und ihre landwirtschaftliche Nutzung zu studieren. Nach siebenjähriger Abwesenheit erreichte Poivre im Juni 1748 wieder französischen Boden.

Er war nun ein ausgewiesener Ostindienexperte und noch dazu einer mit einem Projekt – wir befinden uns in der großen Ära der Projektemacherei! Dieses wurde unverzüglich einer Instanz vorgetragen, die neuerdings durch den Krieg mit England in arge finanzielle Bedrängnis geraten war und gute Ideen zu schätzen wußte: der 1664 vom großen Minister Colbert, dem merkantilistischen Strategen, gegründeten, mittlerweile mehrfach reorganisierten Compagnie des Indes. Schon zu Beginn des 17. Jahrhunderts war erstmals der Vorschlag aufgetaucht, Franzosen sollten sich in den Gewürzhandel einschalten. Verschiedene Versuche in diese Richtung wurden jedoch immer wieder von Holländern und Engländern zunichte gemacht. 1696 hatte der Reisende und Naturforscher Abbé Labat die typisch aufklärerische Idee entwickelt, statt bestehende Gewürzinseln militärisch zu erobern, neue anzulegen. Er dachte besonders an die Einführung der Gewürzkultur auf den Maskarenen-Inseln Réunion und Mauritius[9]. Hier konnte Poivre, Träger eines verpflichtenden Namens, 1748 anknüpfen und seinen großen dreischrittigen Plan entwickeln: Verwandlung der französischen Maskarenen in Gewürzinseln, Durchbrechung des holländischen Gewürzmonopols und Aufbau von Handelsbeziehungen mit Vietnam, einem für europäische Kon-

---

9 MALLERET (1974), S. 98 f.

kurrenten derzeit kaum zugänglichen Land, das zudem als Hintertür nach China dienen könnte. Die Direktoren des Compagnie lassen sich überzeugen und betrauen Poivre persönlich mit der Durchführung des Projekts. Bereits Ende Oktober 1748 schwimmt er wieder auf hoher See.

Poivre unternimmt nun die abenteuerlichste Reise seines Lebens[10]. Er ist jetzt eine Art von Diplomat und kommandiert eine eigene Fregatte, die man auf der Ile de France für ihn ausgestattet und bewaffnet hat. Eine Schiffsbesatzung von 180 Mann steht ihm zu Gebote. Sein Salär ist beträchtlich; gestaffelte Erfolgsprämien werden für die Zukunft in Aussicht gestellt. Die Instruktionen allerdings bleiben vage: Tun Sie, was Sie für richtig halten, schreiben ihm die Herren Direktoren; lassen Sie sich durch Klugheit, Erfahrung und Pflichteifer leiten, dann wird schon Brauchbares herauskommen: »Angeleitet durch Weisheit und Erfahrung und vom Wohle des Staates beflügelt, ist Ihnen der Erfolg gewiß!«[11] Ein frommer Wunsch, eine Rechnung, wie man bald sehen kann, gemacht ohne den Wirt. Am 29. August 1749 geht die *Machault* an der cochinchinesischen Küste vor Anker.

Poivre, der China und Cochinchina kennt, weiß, was sich für eine Tributgesandtschaft an den süd-vietnamesischen Hof geziemt. Er hat dem Herrscher mehrere große Kisten voller Geschenke mitgebracht, dazu von der obligaten Zwischenstation Pondichéry Pferde, Schweine und Hühner, mit denen er die Züchterkunst des kolonialen Frankreich unter Beweis stellen will. Nach Wochen des zeremoniellen Hin und Her und einer beschwerlichen Reise auf einer schlammigen Staatsstraße macht die kleine Gesandtschaft Ende September dem neununddreißigjährigen Kaiser Vo Vuong in seinem Sommerpalast zu Hué ihre Aufwartung. Nun beginnen die Poivreschen Diplomatieversuche an einem Hofe, der das Ritual und all das Personal aufweist, das man von einer Miniaturkopie des Ho-

---

10 Louis MALLERET (1974, S. 117–46) hat ihren Verlauf sorgfältig rekonstruiert. Vgl. auch POIVRE (1885a, 1885b, 1993)
11 Zitiert nach MALLERET (1974), S. 117 f.

fes zu Peking erwarten darf: Mandarine verschiedenster Ränge, Eunuchen, Jesuiten, einen kaiserlichen Favoriten. Jeder intrigiert gegen jeden, und selbst der schlaue Poivre sieht sich bald als Opfer der Verhältnisse hoffnungslos verstrickt. Ein Teil der Geschenke und vor allem der Warenproben, mit denen er Eindruck machen will, werden ihm gestohlen. Für jene mitgebrachten Handelsgüter, die er verkaufen kann, bleibt eine akzeptable Bezahlung aus. Die Bakschisch-Forderungen der Würdenträger übersteigen bald bei weitem den dafür vorgesehen Etatansatz. Poivre muß zahllose Gespräche über sich ergehen lassen. Ausgerechnet der Außenminister erkundigt sich, ob es in Europa Frauen gebe, und ist mit der Antwort zufrieden, als Poivre die Frage verneint[12]. Ganz so einfältig sind die Vietnamesen natürlich im allgemeinen nicht. Wenn sie schließlich den angestrebten Handelsvertrag – also die Einräumung von kommerziellen Privilegien für die Compagnie des Indes – verweigern, dann haben sie gewiß manche guten Gründe dafür. In sechs Audienzen verspricht der wankelmütige König, dessen exzentrisches Gebaren Poivre in allen Einzelheiten beschreibt, allerlei, ist aber nichts mit Brief und Siegel zu geben bereit. Am 10. Februar 1750 verläßt der Gesandte unverrichteter Dinge das Land. Kurz danach beginnen Christenverfolgungen, werden die Missionare vertrieben. Von Pondichéry aus unternehmen die Franzosen 1752 einen letzten, ebenfalls scheiternden Versuch, den Handel mit Vietnam zu öffnen. Ein Jahrhundert später werden sie als Eroberer wiederkommen.

Zurück auf der Ile der France, zieht Poivre, der durch Krankheiten und Unfälle ungefähr die Hälfte seiner Schiffsbesatzung verloren hat, Bilanz[13]. Woran ist seine ökonomische Diplomatie gescheitert? Man kann im nachhinein die Gründe aufzählen und Poivres eigene Liste ergänzen: die doch noch unzureichende Erfahrung des dreißigjährigen Gesandten; seine Ankunft während der Regenzeit, also außerhalb der Handelssaison; un-

---

12 MALLERET (1974), S. 129.
13 MALLERET (1974), S. 156 ff.

durchsichtige Währungsverhältnisse; eine relativ starke Handelspräsenz der Portugiesen, die überdies durch jesuitische Landsleute über Einfluß bei Hofe verfügten, der gegen die Franzosen geltend gemacht wurde; vor allem die Tatsache, daß die vietnamesischen Außenhandelsbedürfnisse durch chinesische Kaufleute zu einem großen Teil besser und billiger befriedigt wurden. Poivre selbst, im Staatsdenken seiner Zeit versiert, erkennt hauptsächlich politische Ursachen: Die vietnamesischen Verhältnisse erscheinen ihm als deutliches Beispiel für eine willkürliche, jede Beständigkeit im Wirtschaftsverkehr vereitelnde orientalische Despotie. Nicht die systematisch ausgeübte Allmacht des Herrschers ist in seinen Augen das Merkmal eines solchen Systems, sondern dessen geradezu anarchische, durch Korruption verschlimmerte Ordnungslosigkeit, ein Wirrwarr sich überkreuzender Tyranneien, unter welchen diejenige des Despoten nur eine ist. Vietnam sei im Grunde ein Land ohne Regierung, ein Staat der Diebe[14]. Auch hätten die Vietnamesen keinen Begriff von Ökonomie; die Idee des Handels habe sich noch nicht gegenüber der des Feilschens und des Betrügens durchgesetzt[15].

Pierre Poivre findet eine solch eloquente Erklärung für seinen Mißerfolg, daß seine Auftraggeber sie ihm abnehmen. Sie tun dies auch deshalb, weil seine Mission so ganz folgenlos doch nicht war. Seine Berichte und die einiger seiner Mitreisenden vermitteln ein facettenreiches Bild von einem Land, über das man bis dahin viel weniger wußte als etwa über seinen Nachbarn Siam. Zudem hat er eine nützliche Fracht von Gewürzen, Textilien, Metallarbeiten und Elfenbein mit zurückgebracht und vor allem fleißig lebende Pflanzen und Samen gesammelt. Das Projekt eines kontinuierlichen Handels mit Vietnam ist um 1750 gescheitert. Das Vorhaben, große französische Nutzgärten im Indischen Ozean zu schaffen, harrt der Verwirklichung. Ihm widmet Poivre in den folgenden Jahren

---

14 MALLERET (1974), S. 163.
15 MALLERET (1974), S. 168.

von der Ile de France aus seine ganze Energie. Auf Java besorgt er sich Apfelbäume, in Kanton Liqi-Stecklinge und Teesträucher aus der chinesischen Provinz Fujian. Er fährt auf die Philippinen, auf die Molukken, nach Ceylon und sammelt dort unter zuweilen konspirativen Umständen Samen oder Jungpflanzen der Gewürznelke, des Muskat, des Kakao, des Brotbaums und anderer Kostbarkeiten. Die Verluste unter den empfindlichen Pflanzen sind erheblich, da es an Methoden pfleglicher Beförderung mangelt. Unzureichende Gärtnerkunst macht zahlreichen von ihnen selbst noch nach der sicheren Ankunft auf der Ile de France den Garaus. Auch vermutet Poivre, immer mißtrauischer werdend (und dies offenbar nicht zu Unrecht), in einigen Fällen Sabotage durch seine Gegner. Das große Vorhaben der Eroberung der Gewürze (»la conquête des épices«) hat nämlich nur wenige enthusiastische Befürworter und eine stattliche Zahl von Gegnern. Pierre Barthélémy David, der Gouverneur der Ile de France, gibt Poivre nicht die Schiffe, die dieser braucht; General Dupleix in Pondichéry hilft ihm wenig, weil er angeblich keine Direktiven erhalten hat; und die Compagnie des Indes in Paris weiß den Eifer ihres Agenten längst nicht so zu schätzen wie vordem. Schließlich wird ein gewisser Jean-Baptiste Fusée Aublet, den Poivre, offenbar übertreibend[16], für einen bösartigen Dummkopf hält, zum Direktor der Gärten auf der Ile de France ernannt[17]. So kehrt Poivre denn im April 1756 der Ile de France den Rücken und zieht sich nach Frankreich zurück – nicht ohne aufs Neue den Engländern in die Hände zu fallen und eine Weile von ihnen in Irland eingekerkert zu werden.

---

16 Vgl. GROVE (1995), S. 177–79.
17 MALLERET (1974), S. 209.

III.

In Frankreich ist Pierre Poivre mittlerweile ein bekannter Mann. Man schätzt ihn in Naturforscherkreisen. Der Staatsminister Henri-Leonard Bertin, ein großzügiger Förderer von China-Studien, folgt seinen Vorhaben mit Interesse. Durch seine Überzeugung von der Landwirtschaft als Quelle des Nationalreichtums ist er der aufstrebenden wirtschaftspolitischen Richtung der Physiokratie verbunden, die in der klugen Bewirtschaftung des Bodens – und nicht etwa im Horten von Edelmetallschätzen oder in der Ausnutzung von Handelsmonopolen – die Quelle des Wohlstandes einer jeden Nation sieht[18].

Nahe seiner Heimatstadt Lyon kauft Poivre sich aus den nicht unerheblichen Erträgen seiner tropischen Geschäfte und den Einkünften einer Staatspension ein kleines Anwesen. Er wird zum korrespondierenden Mitglied der Akademie der Wissenschaften zu Paris und zum ordentlichen Mitglied der Académie des Sciences, Arts et Belles Lettres zu Lyon berufen, die eine bedeutende Rolle im geistigen Leben der Stadt spielt. Hier hält er neben zahlreichen Referaten zu Fragen der Naturkunde und der Wirtschaftspolitik in den Jahren 1763 und 1764 Vorträge über Landwirtschaft und Gartenkunst bei den Völkern der Welt und über den Zusammenhang zwischen der Agrikultur und den *schönen* Künsten. Er hilft bei der Gründung einer Société Royale d'Agriculture in Lyon und wird bald deren Präsident. Praktische Verbesserung ist das Leitmotiv, unter dem die Aktivitäten der Akademie und besonders der Société stehen. Poivre erstrebt sie auf allen nur erdenklichen Gebieten. Besonders interessieren ihn die Möglichkeiten, neue Pflanzen in Frankreich zu akklimatisieren[19].

1768 erscheint ohne Poivres Erlaubnis in der Schweizer Stadt Yverdon ein Buch, das auf einigen seiner Lyoner Akade-

---

18 Vgl. einführend GÖMMEL/KLUMP (1994); unübertroffen die Skizze bei SCHUMPETER (1954), S. 223–43.
19 Zur großen Bedeutung des Themas »agriculture« in den damaligen Provinzakademien Frankreichs vgl. BOURDE (1967), Bd. 3, S. 1536–40.

miememoranden beruht: die schon erwähnten »Voyages d'un philosophe«, die in diesem Band vorgestellt werden[20]. Eine Fortsetzung der Lyoner Vorträge, in der Poivre im Juli 1765 die verschiedenen Formen landwirtschaftlicher Arbeit behandelt, ist nicht erhalten[21].

Die »Voyages« sind eine teils anschaulich, teils mit kräftiger Rhetorik geschriebene Mischung aus Augenzeugenbericht und politisch-ökonomischem Raisonnement im Stile der Zeit. Man kann sie lesen als Beschreibung der Welt zwischen Afrika und China durch einen Reisenden von ungewöhnlichem Erfahrungsreichtum, dessen Beobachtungsspektrum vom botanischen Detail bis zur Staatsverfassung reicht, ebenso aber auch als einen Beitrag zu der Debatte um Wesen und Wert außereuropäischer Gesellschafts- und Politikformen. Diese Debatte ist so alt wie die dokumentierten Begegnungen reisender Europäer mit den Völkern und Ländern des islamischen Nahen Ostens und Zentral- und Ostasiens. Im 17. Jahrhundert wurde sie breit geführt wurde und erreichte mit dem Werk »De l'esprit des lois« (»Vom Geist der Gesetze«), einem Klassiker der Weltliteratur, des Richters und Weingutbesitzers Montesquieu 1748 einen Höhepunkt.

Poivres ganzer Habitus in den »Voyages d'un philosophe«, die durchaus etwas Originelleres sind als eine bloße Paraphrase und Ergänzung Montesquieus und anderer früherer Autoren, ist der des Empirikers und Fachmanns, der mit geschultem Blick hinter die Erscheinungen zu sehen vermag. Er folgt dabei einer selbstverordneten Methode: Wohin er auch reist, als erstes macht er sich ein Bild vom Zustand der Landwirtschaft und versucht, eine Erklärung für diesen Zustand zu finden. Nicht die farbenprächtige folkloristische Kulisse, durch die so viele Touristen, so meint Poivre, sich blenden lassen, repräsentiere den wahren Charakter eines Landes und den Grad seiner Zivilisiertheit, sondern allein die Art seiner Bodenkultur. Da man Qualität und Effizienz von Landwirtschaft empi-

---

20 In diesem Band S. 131–215.
21 MALLERET (1974), S. 249.

risch feststellen könne, bedürfe es keiner abstrakten Diskussionen um den Wert von gesellschaftlich-politischen Einrichtungen, wie sie etwa zur gleichen Zeit über das Für und Wider der konfuzianischen Beamtenherrschaft in China geführt wurden. Ob die »Gesetze« – im umfassenden Sinne politisch-gesellschaftlicher Grundregeln, den Montesquieu diesem Begriff gab – eines Landes weise seien oder töricht, ob seine Regierung zum allgemeinen Wohle handele oder nach egoistischen Macht- und Bereicherungszielen, lasse sich ziemlich einfach an dem Kriterium ermessen, ob die Landwirtschaft unter den jeweiligen geographischen Einschränkungen ein Höchstmaß an produktiver Entfaltung erreiche. Dabei geht es Poivre nicht allein um das schiere Erzeugungsvolumen, sondern auch um den Zusammenhang mit persönlicher und staatsbürgerlicher Freiheit – Sklaverei in jeder Form lehnt er entschieden ab – sowie um die, modern gesprochen, Umweltverträglichkeit der verwendeten Ackerbaumethoden.

Das sind in den sechziger Jahren des 18. Jahrhunderts neuartige und ziemlich radikale Gedanken, eine konkrete Anwendung der Aufklärungsobsession mit der Idee rationaler Nützlichkeit. Poivre erweist sich als ein früher ökologisch sensibilisierter Entwicklungsökonom. Manche seiner Gegner haben die Sprengkraft dieser ruhig vorgetragenen Gedanken erkannt.

Unter den Physiokraten, einer Bewegung, die sich 1757 gegründet hatte, als Poivre gerade von Mauritius zurückkam, und deren Grundtext, das »Tableau économique« des Arztes und genialen Sozialtheoretikers François Quesnay 1758 erschienen war, zeichnete sich Poivre durch seine ungewöhnliche naturkundliche Kompetenz, seine beispiellose internationale Erfahrung in nahezu allen Teilen der bekannten Welt sowie durch den ausgeprägten Kosmopolitismus seines Denkens aus, den man auf den zusätzlichen Einfluß des »Essai sur la nature du commerce en général« (1755) von Richard Cantillon zurückgeführt hat[22]. Trotz seiner Parteinahme für die phy-

---

22 GROVE (1995), S. 191.

siokratische Lehre war Poivre alles andere als ein Dogmatiker, und es ist ein unberechtigter Vorwurf, er habe zu denjenigen Reisenden gehört, die nur das sahen, was sie sehen wollten[23]. Seine Offenheit gegenüber nichteuropäischen Gesellschaften hatte zwischen seinen frühen »Mémoires d'un voyageur« und den »Voyages d'un philosophe« merklich zugenommen. In den sechziger Jahren war er bereit, das zu seiner Zeit immer beliebter werdende Axiom von der zivilisatorischen Überlegenheit Europas dadurch zu relativieren, daß er dem technischen und naturkundlichen Wissen chinesischer Reisbauern, indischer Baumwollweber oder siamesischer Zuckerproduzenten eine Anerkennung zollte, die sich nicht bloß aus einer unverbindlich universalistischen Gesinnung, sondern aus präziser Sachkenntnis ergab. Poivre gehört damit zu den vorerst letzten europäischen Autoren, die nicht *a priori* von der technologischen Überlegenheit Europas über den Rest der Welt überzeugt sind und den Wert von »local knowledge« respektieren[24].

Es darf nicht überraschen, daß ein Physiokrat, dem die Ernährung der Menschen mehr am Herzen liegt als ihre zivilisatorische Unschuld, kein Anwalt der unzerstörten Wildnis sein kann, anders gesagt: kein Rousseauist. Er begrüßt Urbarmachung und Kolonisation, etwa im Fall der Holländer, die das Kap von einer Wüstenei in eine blühende Landschaft verwandelt hätten[25]. Aber es gebe kluge und unsinnige Weisen der Landnutzung: Während am Kap sorgfältig aufgeforstet worden sei, hätten die Franzosen auf der Ile de France die Wälder rücksichtslos vernichtet[26]. Einerlei ob europäische Siedler oder asiatische Despoten – wer immer in kurzfristigem Ausbeutungsinteresse Raubbau an der Natur betreibt, weckt Poivres entschiedenen Tadel. Diese Einstellung war um die Mitte des

---

23 So der namhafte Voltaire-Forscher R. Pomeau, zitiert bei Vyverberg (1989), S. 65.
24 Vgl. allgemein Adas (1989), S. 89 ff.
25 Siehe unten S. 134f., 137.
26 Siehe unten S. 147.

18. Jahrhunderts neu und ungewöhnlich. Viel charakteristischer war immer noch eine Haltung, wie man sie beiläufig etwa im Artikel »Madagaskar« des Zedlerschen Universallexikons findet: »Es sind sonderlich noch viel überflüßige Wälder auf der Insel, die man ausrotten und Aecker daraus machen könnte«[27]. Nur wenige Vorgänger Poivres sahen die Natur als einen organischen Wirkungszusammenhang und erkannten, daß sie keineswegs ein Schatzhaus der Schöpfung ist, aus der sich der Mensch hemmungslos und ungestraft bedienen kann. Zu diesen Vorgängern gehört etwa der von Poivre bewunderte Georg Everhard Rumphius (Rumpf), der 1627 oder 1628 in der Nähe von Hanau geboren wurde, 1653 in den Diensten der Holländischen Ostindienkompanie Batavia erreichte und 1702 im Verwaltungsdienst der Kompanie auf der indonesischen Insel Amboina starb. Seine Lebenswerk ist das großartige »Amboinische Kruidboek« (Amboinisches Pflanzenbuch), das postum zwischen 1741 und 1755 in Holland erschien, eine penible Beschreibung und bildliche Repräsentation der Flora einer kleinen tropischen Insel, eine Gesamtaufnahme eines Naturraumes, die noch nicht zugunsten einer bloß klassifizierenden Systematik die Aufmerksamkeit für Beziehungen zwischen dem einzelnen Organismus und seiner Umwelt verloren hat[28]. Wie Rumphius sein geliebtes Amboina, so malte sich Poivre die »eigene« Insel – Mauritius – immer wieder als Garten aus. Hinter der Nüchternheit des Gärtners, Botanikers und Agronomen scheinen dabei gelegentlich Paradiesbilder und Inselutopien älterer europäischer Traditionen auf, wie sie sich gerade in der Zeit von Poivres aktivster Wirksamkeit mit der neu entdeckten Südsee verbinden. Zwischen 1766 und 1769 unternimmt Louis-Antoine de Bougainville seine berühmte Weltumsegelung, während deren letzter Etappe er Poivre auf der

---

27 Grosses vollständiges Universal-Lexicon aller Wissenschaften und Künste..., Bd. 19, Halle/Leipzig 1739, Sp. 120.
28 Vgl. BEEKMAN (1996), S. 80–116; zur Förderung der Naturkunde durch die Holländische Ostindienkompanie vgl. VAN BERKEL 1993.
29 BOUGAINVILLE (1982), S. 422.

Ile de France begegnet[29]; 1771 erscheint sein Bericht, der den Tahiti-Mythos vom unverdorbenen Menschentum inmitten einer makellosen Natur begründet. Poivre hat sich später die in der Folge Rousseaus und der Südseeberichte aufkommende Naturschwärmerei zunutze gemacht, um seinen landschaftspflegerischen Zielen eine zusätzliche Bedeutung und einen neuen propagandistischen Appell zu verleihen[30]. Nicht in seinen eigenen Schriften, sondern in denen des Seeoffiziers Jacques Henri Bernardin de Saint-Pierre (1737-1814), vor allem in dessen Bericht von seinem Mauritius-Aufenthalt in den Jahren 1768 bis 1770, seinen »Études de la Nature« (1784) und zuletzt in der Erzählung »Paul et Virginie« (1788), hat die Vision der Ile de France als eines tropischen Arkadien dann einen literarisch gültigen Ausdruck gefunden[31].

Seine eigenen, früh entwickelten Interessen ebenso wie die Physiokratie, der er sich in den späten fünfziger Jahren anschließt, verweisen Pierre Poivre wie selbstverständlich auf Zusammenhänge zwischen Natur und Landnutzung auf der einen, gesellschaftlicher und staatlicher Organisation auf der anderen Seite. Die um die Jahrhundertmitte herrschende Lehre war dabei ein gemäßigter Klimadeterminismus im Sinne Montesquieus[32]. Von dieser Sichtweise setzt Poivre sich deutlich ab. Hatte Montesquieu die politischen Systeme zum Teil als Konsequenzen geographisch-klimatischer Umstände betrachtet, hatte er also etwa die ungebremste Alleinherrschaft eines Despoten in einen Zusammenhang mit der Kontrolle großflächiger Ebenen in heißen Länder gebracht, so sieht Poivre umgekehrt die politischen Verhältnisse als gleichsam unabhängige Variable an. Nicht die Natur bestimmt die Politik, sondern umgekehrt. Übrigens hätte er sich dabei auch auf den – keineswegs immer eindeutigen – Montesquieu berufen können, der an einer wenig beachteten Stelle bemerkt, nicht die

---

30 Vgl. GROVE (1996), S. 237–54.
31 Vgl. für den literatur- und kulturgeschichtlichen Zusammenhang vor allem CHARLTON (1984), bes. S. 131 ff.
32 Vgl. GLACKEN (1967), S. 551 ff.

natürliche Fruchtbarkeit, sondern der Grad an politischer Freiheit bestimme, ob ein Land agrarisch genutzt werde[33]. Nichts anderes ist eine von Poivres zentralen Thesen.

In den meisten menschlichen Gesellschaften, so Poivre, besteht ein Drang zur Nutzung der Naturschätze, weshalb es auch falsch sei, zum Beispiel – wie manche Zeitgenossen es taten und wie es dann im 19. Jahrhundert allgemein üblich wurde – von der »natürlichen Faulheit« der Bewohner der Tropen zu sprechen. Dieser Drang könne aber durch schlechte gesellschaftlich-politische Verhältnisse unterdrückt oder deformiert werden. Dies ist nach Poivres Auffasung sowohl in Europa als auch in Asien möglich. Ein bemerkenswerter Gedanke: Poivre sieht keineswegs substantielle Unterschiede zwischen abend- und morgenländischen Gesellschaften; die gleichen Torheiten können hier wie dort begangen werden. Besonders mißfallen ihm, anders als dem weniger radikalen Montesquieu, »feudale« Zustände jedweder Art. Mogul-Indien ist ihm ein Beispiel dafür, wie ein landfremdes System feudaler Belehnung unter Bedingungen ständiger politischer Turbulenz zu einer Überausbeutung des Bodens führt, die durch die raffinierte Ackerbaukunst des indischen Bauern nur mühsam kompensiert werden kann. In Malaia werde eine der heißesten Gegenden der Tropen seit einigen Jahrzehnten von »lois bizarres« geprägt, einer feudalen Ordnung, die ziemlich genau der des mittelalterlichen Nordeuropa entspreche. Kein Wunder also, daß die Malaien die vorzüglichen agrarischen Möglichkeiten ihres Landes kaum nutzen und sich solch – aus der Sicht des Nützlichkeitsphilosophen – absurden Dingen hingeben wie dem Krieg, der Piraterie, der Seefahrt, der Emigration, überhaupt »les aventures et la galanterie«[34]. Nicht zufällig seien Dolche das Vorzeigeprodukt des malaiischen Gewer-

---

33 » Les pays ne sont pas cultivés en raison de leur fertilité, mais en raison de leur liberté; et si l'on divise la terre par la pensée, on sera étonné de voir la plupart du temps des déserts dans ses parties les plus fertiles, et des grands peuples dans celles où le terrain semble refuser tout.« *De l'esprit des lois*, XVIII, 3 (MONTESQUIEU 1951, Bd. 2, S. 532)
34 POIVRE (1768), S. 54; siehe unten S. 161.

bes. Die besten Böden der Welt lägen brach oder würden der ganz unwirtschaftlichen Bestellung durch Sklaven überlassen. Während Malaia von dem »génie destructeur des lois féodales«[35] im Banne gehalten werde, leide Siam, ein anderes »irdisches Paradies«,[36] mindestens ebenso schlimm unter dem völlig anders beschaffenen System des übelsten Despotismus. Staat und Priestertum würden hier zu gigantischen Parasiten; Eigentumsrechte seien unbekannt; es gebe unzählige Narreteien wie den Umstand, daß die riesigen unproduktiven Elefantenherden des Königs das Land verwüsteten. Poivre analysiert die despotische Regierungsform in der Art und Weise, die sich in der politischen Theorie seiner Zeit nahezu von selbst versteht; Montesquieu ist abermals der maßgebende Meister, der gar nicht zitiert zu werden braucht[37]. Aber es verdient unterstrichen zu werden, daß Poivre eben nicht – wie an vielen Stellen Montesquieu selbst und dann erst recht Heerscharen seiner vulgarisierenden Anhänger – Asien und Despotie in eins setzt und daß er dadurch zu einem viel differenzierteren Interpreten asiatischer Politik und Geschichte wird. »Die Staatsgewalt muß in Asien allzeit despotisch sein,« heißt es bei Montesquieu[38]. Poivre weiß, er hat erfahren und gesehen, daß das in dieser Pauschalität nicht stimmt. Erstens gibt es, wie das Beispiel Malaias zeigt, in der Gegenwart eindeutig undespotische Systeme, die den politischen Zuständen in bestimmten Räumen und Epochen Europas viel ähnlicher sind als den Verfassungen ihrer Nachbarländer. Zweitens ist die Despotie in Asien keine naturgebene Notwendigkeit, sondern hat eine Geschichte; sie entsteht und vergeht unter angebbaren, historisch erforschlichen Umständen. Es ist hochinteressant, wie Poivre in Cochinchina, also im südlichen der beiden vietnamesischen

---

35 POIVRE (1768), S. 69; siehe unten S. 172.
36 POIVRE (1768), S. 42, siehe unten S. 156.
37 Allerdings hat MONTESQUIEU sich gerade mit Poivres Musterbeispielen für Despotie, Siam und Cochinchina, wenig beschäftigt.
38 »La puissance doit donc être toujours despotique en Asie.« *De l'esprit des lois,* XVII, 6 (MONTESQUIEU 1951, Bd. 2, S. 529)

Teilstaaten, in seiner Gegenwart den Übergang der Herrschaft der Nguyen-Dynastie in das Stadium des Despotismus mit eigenen Augen beobachtet zu haben glaubt[39]. Drittens müssen sich despotische Formen, einmal eingeführt, nicht auch in jedem Falle, wie Montesquieu es sieht, in der gesamten Gesellschaft durchsetzen. Im Mogulreich kollidierten sie, nach Poivres Analyse, mit den zähen Traditionen der hinduistischen Bauernschaft, die keineswegs völlig hinweggefegt wurden. Viertens kostet der politisch radikale, wenngleich gewiß noch nicht vor-revolutionäre Poivre, die Pikanterie der Hinneigung des Sonnenkönigs, laut Montesquieu der Repräsentant eines durch Zwischengewalten und das Prinzip der »Ehre« gedämpften und keinesfalls despotischen monarchischen Absolutismus, zu einem von Asiens schlimmsten Tyrannen, dem König von Siam, genüßlich aus[40]. Fünftens kann, wie Poivre in der holländischen Kolonialhauptstadt Batavia erlebt hat[41], europäische Herrschaft in Asien um keinen Deut weniger despotisch sein als diejenige einheimischer Potentaten. Und sechstens ist der Fall denkbar und auch eingetreten, daß sich unter einer starken und zentralisierten politischen Führung eine Gesellschaft herausbildet, die Eigentum und persönliche Freiheit in einem solchen Maße garantiert, daß bäuerlicher und bürgerlicher Arbeitsfleiß die natürlichen Anlagen des jeweiligen Landes zu voller Entfaltung bringt. Poivre erzählt als Beispiel dafür die faszinierende Geschichte eines politischen Flüchtlings aus China, Mac Cuu, der am Golf von Siam den Mini-Staat »Ponthiamas« als Siedlerkolonie gründete und, gemeinsam mit seinem Sohn und Nachfolger, trotz größter außenpolitischer Schwierigkeiten vorübergehend zu einer ganz ungewöhnlichen Blüte führte[42]. Was Poivre in den Farben der Sozialutopie ausmalt, muß sich, soviel man weiß, in ähnlicher Form tatsächlich zugetragen haben. Mac Cuu floh

---

39 Siehe unten S. 191f..
40 Siehe unten S. 112.
41 Siehe unten S. 84f..
42 Siehe unten S. 173–76.

als Ming-Loyalist und damit als Vertreter einer politischen Richtung, die der mandschurischen Qing-Dynastie in den 1680er Jahren endgültig unterlegen war. Eben diese Qing-Dynastie, deren große Kaiser Kangxi, Yongzheng und Qianlong ihr Reich seit etwa 1690 weise und friedfertig regierten (der moderne Historiker kann diesem Urteil im wesentlichen zustimmen), ist nun Poivres bestes Beispiel für quasi-bürgerliche Zustände unter einem aufgeklärten Absolutismus.

China und mit Einschränkungen auch Vietnam (Cochinchina) seien erfolgreiche, ja, für Europa in vielem vorbildliche Agrargesellschaften, die eine wachsende Bevölkerung auskömmlich zu ernähren vermöchten. Es gebe dort keine Sklaverei (wie in Siam, Malaia und in den europäischen Kolonien) oder Leibeigenschaft (wie in fast ganz Europa) und kein despotisches Obereigentum am Land (wie in Siam und Mogul-Indien), sondern nur freie Arbeit auf der Grundlage gesicherter privater Eigentumsverhältnisse. Besonders in China sei Faulheit bis in höchste Kreise sozial geächtet; Frauen leisteten einen großen produktiven Beitrag; die Steuerlast sei erträglich; sozialer Aufstieg werde durch geburtsständische Privilegien kaum behindert; kein kostbares Land gehe, wie in Europa, durch adlige Jagdreviere und eine mehr als ökonomisch notwendige Pferdehaltung verloren.

Man kann sagen, daß Poivre trotz einer zuweilen nahezu bizarren Idealisierung, die er mit den Jesuiten und vor allem mit seinen physiokratischen Mitstreitern teilt[43] und die zum Teil polemischen Zwecken dient, wichtige Wesenszüge Chinas in der Glanzzeit der Qing-Dynastie, etwa die postfeudale Freiheit von Boden und Arbeit, richtiger erkannt hat als diejenigen seiner Zeitgenossen, die ihr Bild des Landes auf die sogenannte »Mandarinenherrschaft« verengten und der Lage auf dem Lande keine Beachtung schenkten. Im Rückblick von der »Dekadenz« Chinas im 19. Jahrhundert, deren Anfänge und Ursachen schon in der Spätzeit des Kaisers Qianlong

---

43 Zum sehr positiven Chinabild Quesnays und anderer Physiokraten vgl. MAVERICK (1948); GUY (1963), S. 341-54; ÉTIEMBLE (1989), S. 322-33.

Farbtafel 1: Pierre Poivre, Porträt

Farbtafel 2: Weltkarte von Luis Brion de la Tour 1783

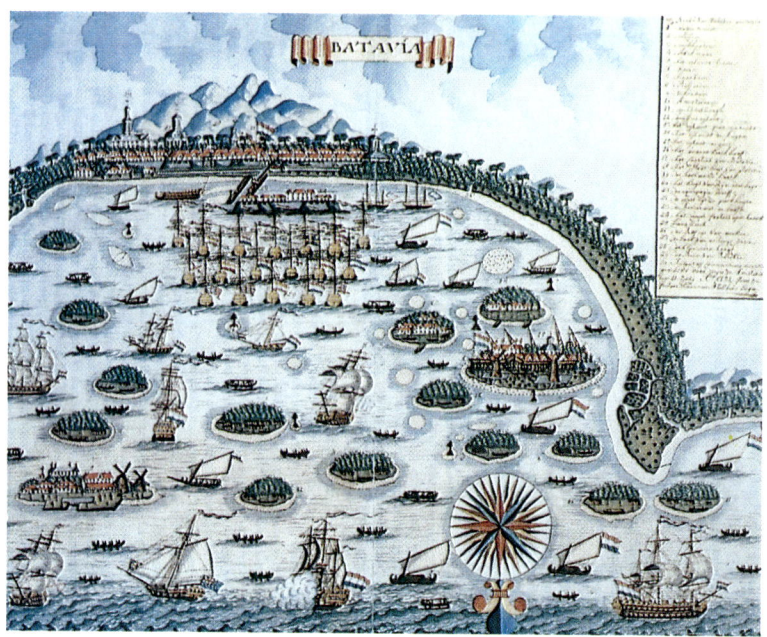

Farbtafel 3: Matheus Sager, Die Reede von Batavia, 1752

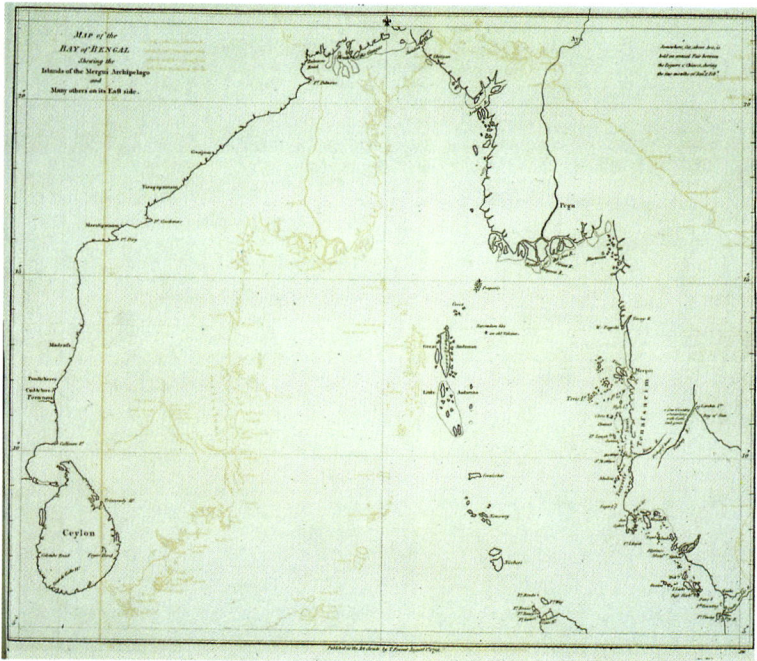

Farbtafel 4: Golf von Bengalen

(reg. 1736–1796) zu suchen sind, muß die Sinophilie eines Quesnay oder Poivre wahnhaft und phantastisch erscheinen, doch reflektierte sie in den 1750er und 1760er Jahren, aktuelleste Nachrichten nutzend, einen politischen und wirtschaftlichen Blütezustand, wie ihn das kaiserliche China bis dahin selten erlebt hatte und später nie wieder erleben würde. Die Physiokraten waren Zeitgenossen und Zeugen dieser kurzzeitigen Entwicklungsspitze. Schon Poivres Neffe, der bekannte Reisende und Naturforscher Pierre Sonnerat, kam wenig später zu einem ganz anderen Urteil. Poivre ist dabei in den Grundzügen seines Chinabildes nicht orginell. Auffällig ist er aber wieder einmal in der Sorgfalt und Akkuratheit seiner Beschreibung der Landwirtschaft. Auch einige der Jesuiten hatten sich dafür interessiert, in ihren Schriften die chinesische Landwirtschaft als eine Gartenbaukultur porträtiert[44] und sogar Modelle chinesischer landwirtschaftlicher Geräte nach Europa geschickt[45], doch wenige Beobachter näherten sich dem Gegenstand mit der Erfahrung des Praktikers. Wenige Jahre vor Poivre hatte der schwedische Kapitän Carl Gustav Ekeberg, der sich insgesamt fünfzehn Monate in der Gegend von Canton aufgehalten und unter anderem einen lebenden Teestrauch und ein Rezept für Sojasauce nach Schweden mitgebracht hatte[46], ausführlich über chinesische Anbaumethoden berichtet. Vor allem verdankte man ihm eine sehr genaue Beschreibung der Reiskultur[47]. Poivre betrachtete das wenige, das er von China sehen konnte, in ähnlicher Weise mit dem Auge des geschulten Agronomen[48].

---

44 Etwa Le COMTE (1697), Bd. 1, S. 152; zur Landwirtschaft später DU HALDE (1735), Bd. 2, S. 64–71. Eine Zusammenfassung der Nachrichten, die bereits in nuce das Chinabild der Physiokraten enthält, stammt von dem späteren Generalkontrolleur der französischen Staatsfinanzen: SILHOUETTE (1729), S. 21 ff.
45 Vgl. NEEDHAM/BRAY (1984), S. 570.
46 SÖRLIN (1989), S. 105.
47 EKEBERG (1771a), S. 9 ff.
48 Die größere Genauigkeit von POIVRES Beschreibungen und Analysen gegenüber der älteren Literatur zur chinesischen Landwirtschaft betont BOURDE (1967), Bd. 1, S. 443 f.

Die »Voyages d'un philosophe« sind vor allem aus zwei Gründen bemerkenswert: Zum einen entwickelt Poivre ein einzigartiges vergleichendes Panorama der Wirtschafts- und Gesellschaftsformen, die er um die Mitte des 18. Jahrhunderts im Indischen Ozean selbst beobachten konnte. Zum anderen geht er mit dem robusten und realitätsnahen Denkinstrumentarium des Agronomen und Physiokraten zu Werke. Klischees vom märchenhaften Orient liegen hinter ihm, ohne daß er schon die ideologischen Schemata des *späten* 18. und des 19. Jahrhunderts antizipiert hätte: Volkscharakter (er taucht bei ihm nur am Rande als »génie des nations« auf), biologische Rasse, Stufenleiter der Zivilisiertheit, die Idee des fremdartigen Morgenlandes, usw. Poivre sucht nicht das Fremde im Orient, er ist an einer Exotisierung des »Anderen« überhaupt nicht interessiert und pflegt auch nicht den heute bei alten Reiseschriftstellern oft so sehr geschätzten ethnologisierend-verfremdenden Blick. Er ist beglückt, wann immer er die bürgerliche Lust am unheldenhaften Produzieren vorfindet, also das eigene große Ideal. Als Landbauspezialist interessiert er sich nicht besonders für die *höhere* Kultur. Religion und Sitten sieht er funktionalistisch als Anpassungsmechanismen: Der Vegetarismus der Inder zum Beispiel sei eine notwendige Konsequenz der Ungunst des Landes für die Viehzucht. Für alles hat der weltkluge Philosoph eine Erklärung.

IV.

Als die »Voyages d'un philosophe« 1768 erscheinen, befindet sich Poivre, mittlerweile jung verheiratet und frisch geadelt, schon wieder auf Mauritius, dieses Mal in der hohen Stellung eines Intendanten der Ile de France und der Ile de Bourbon, die beide nach den imperialen Rückschlägen des Siebenjährigen Krieges eine große Bedeutung für die französische Überseepolitik gewinnen. Da die Inseln 1764 zu Kronkolonien erklärt worden sind, steht Poivre nun unmittelbar im Dienste des Königs. Er reist jetzt nicht mehr, er regiert, freilich gemeinsam mit einem Gouverneur – eine Quelle ständiger Spannungen. Herr Poivre, so instruiert ihn die Krone, würde seinen Namen unsterblich machen, wenn er die Inseln als Gewürzproduzenten auf das Niveau der Molukken höbe[49]. Aber das ist die Kür. Die Pflicht besteht darin, Bourbon und Mauritius zu Selbstversorgern mit Grundnahrungsmitteln und darüber hinaus zu Lieferanten für den Bedarf der zahlreichen hier Station machenden französischen Schiffe zu verwandeln. Also werden neben Zuckerrohr Mais und Maniok angepflanzt und zusätzlich die von dem Agrikulturtheoretiker wenig geschätzten Schafe und Rinder eingeführt. Überhaupt geraten sich Theorie und Praxis immer mehr in die Quere: Als Administrator bemüht sich Poivre um eine Intensivierung eben jener Sklavenzufuhr (nun nicht länger aus Madagaskar, sondern aus Ostafrika), die er als Moralphilosoph verabscheut und als Ökonom für irrational hält. Alles in allem erweist sich der Gelehrte und Visionär auch den Tagesgeschäften gewachsen. Er ist, wie der führende Historiker der Maskarenen formuliert, »ein Administrator allerersten Ranges«[50].

Poivre nutzt seine Amtsjahre als Intendant, 1767 bis 1772, um im mutig riskierten Konflikt mit den Siedlern[51] und – bis zur Abberufung dieses Gegners – auch mit dem nur kurzsichtig taktierenden Gouverneur Daniel Dumas das Programm eines umfassend und auf lange Sicht angelegten Naturschutzes auf Mauritius zu entwickeln[52]. Die Natur habe alles für die Insel getan, so hält er in öffentlicher Rede den Siedlern vor, sie aber würden sie zugunsten unmittelbarer Vorteile und auf Kosten kommender Generationen ausrauben und zerstören[53].

---

49 MALLERET (1974), S. 274.
50 TOUSSAINT (1972), S. 72.
51 BERNARDIN DE SAINT-PIERRE (1983, S. 108–15) schilderte nach seinem Besuch 1769 die Siedler auf Mauritius als eine brutale, herz- und geistlose Glücksritterbande, als die eigentlichen Barbaren des Indischen Ozeans.
52 Vgl. GROVE (1996), S. 199–216.
53 »Des hommes avides et ignorans ne pensant que pour eux-mêmes, ont ravagé l'île, en detruisant les bois par le feu, empressés de faire aux dépens de la colonie, une fortune rapide, ils n'ont laissé à leur successeurs que des terres arides abandonées par les pluies et exposées sans abri aux orages et à un soleil brulant.« POIVRE (1797), S. 210.

Mit seiner Forderung, eine neue moralische Ökonomie der Natur zu denken und zu verwirklichen, wird er zu einem der ersten Umweltpolitiker. Doch er kann die fortschreitende Entwaldung der Inseln allenfalls bremsen, aber nicht für alle Zeit aufhalten. Als der Weltkrieg in der Zeit der Großen Revolution und Napoleons den Bedarf an Holz für den Schiffbau ins Unermeßliche steigert, kommt zur Sorglosigkeit der Siedler diejenige des Staates hinzu. Vollends nach der britischen Besetzung von Mauritius 1810 werden die Waldreserven der Insel rasch verbraucht. Das hat Poivre nicht mehr erlebt.

Während seiner Zeit als Intendant der Maskarenen findet er nebenbei Gelegenheit, auch seinen anderen und älteren Lebenstraum weiter zu verfolgen. Drei Expeditionen werden 1768, 1769 und 1771 auf Gewürzsuche gen Osten geschickt und kehren mit schönen Sammelerträgen zurück[54]. Aber die alte Erfahrung beweist sich, daß die meisten Arten sorgfältigster Pflege bedürfen und eigentlich nur im Königlichen Botanischen Garten von Port-Louis gedeihen. Mauritius erlebt am Ende doch nicht seine großa botanische und ökonomische Transformation; die *ganze* Insel wird nicht zum Gewürzgarten. Das ehrgeizige Projekt ist zwar biologisch möglich, aber wirtschaftlich nicht lebensfähig. Ironischerweise zeitigen Poivres Bemühungen allein im südamerikanischen Guayana dauerhafte Erfolge. Diese Region wird durch Pflanzen, die Poivre dorthin schickt, zu einem wichtigen Produzenten von Cayennepfeffer. Poivre, der drei Jahre vor der Französischen Revolution in Lyon stirbt, erlebt die Anfänge dieser Entwicklung noch und sieht sich jedenfalls teilweise bestätigt. Doch, weltwirtschaftlich betrachtet, ist das Zeitalter der Gewürze, an denen das Herz eines Mannes namens Pfeffer vielleicht hängen *mußte,* unwiederbringlich dahin. Das letzte Quartal des 18. Jahrhunderts steht im Zeichen der tropischen Massenkonsumgüter Zucker, Tee und Kakao.

War Pierre Poivre mehr als eine Kuriosität? Verkörpert er einen Typus, der für Frankreich oder gar für Europa im 18. Jahr-

---

54 Ausführlich MALLERET (1974), Kap. 18.

hundert in irgendeiner Weise charakteristisch wäre? Die Antwort muß gespalten ausfallen. Auf der einen Seite gehörte Poivre zu einer Kategorie von wissenschaftlich geschulten Imperialagenten und Kolonialbeamten, die im letzten Drittel des 18. Jahrhunderts an Bedeutung gewann. Ein Tourist oder zweckfreier Wahrheitssucher ist er nie gewesen. Zumindest seit dem Ende seiner jugendlichen Missionarsphase beflügelte die Verbindung von Geschäftssinn und Patriotismus seinen Tatendrang. Seine durchaus konsequente Berufung zum hohen Kolonialfunktionär verdankte er mehr noch als guten Beziehungen zu seinem Mit-Philosophen, dem Minister Bertin, der eigenen Erfahrung und Tüchtigkeit. Die Politik des ausgehenden Ancien Régime war offensichtlich imstande, solche Qualitäten zu würdigen. In mehreren Kolonialreichen machte sich um diese Zeit eine neue Professionalität des imperialen Personals bemerkbar. Einige hohe Offiziere und Beamte waren nicht nur Fachleute für Ökonomie, Militärwesen (oder was auch immer), sondern »Philosophen« im Sinne der Zeit. Dem Physiokraten Poivre folgten in Britisch-Indien gelehrte Anhänger von Edmund Burkes konservativer Sozialromantik, von Jeremy Benthams Utilitarismus oder der Grundrententheorie David Ricardos. Sie hofften allesamt, ihre theoretischen Überzeugungen unter den formbaren Bedingungen der kolonialen Situation in die Realität umsetzen zu können. Ein philosophischer Kopf war zum Beispiel auch Stamford Raffles, der Gründer Singapurs. Seine monumentale »History of Java« von 1817 – nicht nur eine umfassende Landeskunde, sondern auch ein anthropologisch-geschichtsphilosophischer Traktat über Asien – bezeichnet das Ende der aufklärerischen Spekulation über den Indischen Ozean und die ihn begrenzenden Länder und den Übergang zu einem europäischen Denken, das eine Selbstverständlichkeit der Aufklärer nicht länger teilt: den Gedanken, daß Europäer einen Faktor unter anderen in der vielgestaltigen Welt des Ostens darstellten, ohne sich einen auf eigene Qualitäten begründeten Überlegenheits- und damit Herrschaftsanspruch anmaßen zu dürfen.

Auf der anderen Seite war Pierre Poivre eine markant individuelle und geradezu unvergleichliche Figur mit einem monomanen, Widerstände mißachtenden Drang zur Aneignung von Gewächsen. Auch die anderen philosophischen Reisenden des 18. Jahrhunderts, die bis heute in Erinnerung geblieben sind, zeigen solche keinem Typus zurechenbaren obsessiven Züge. Dies gilt für niemanden mehr als für die vielleicht schillerndste und rätselvollste Gestalt unter den reisenden Europäern im Asien der zweiten Hälfte des 18. Jahrhunderts: Abraham Hyacinthe Anquetil-Duperron, einen wahlverwandten Gegentyp auf der Schwelle zu einem neuen Zeitalter.

Wie Poivre Pflanzen nachstellte, so sammelte Anquetil-Duperron Handschriften und sprachliches Wissen. Seine Bedeutung als Begründer der altiranischen Sprachwissenschaft und Anreger der Sanskrit-Philologie steht wissenschaftsgeschichtlich außer Zweifel. Als Reisender, der wichtige, wenngleich bibliographisch schwer faßbare Beiträge zur Geographie Indiens leistete und ein umfangreiches, gegen Montesquieu gerichtetes Werk mit dem Titel »Législation Orientale« (1778) schrieb, kann er eine Kontrastfigur zu Poivre abgeben. Sein wichtigster Biograph hat Anquetil 1934 als ein geradezu welthistorisches Individuum gefeiert: den Begründer eines transeuropäischen, eines universalen Humanismus[55]. Das mag so sein und verdiente in diesem Fall, sich weiter herumzusprechen. Uns interessiert der Reisende. Anquetil-Duperron wird 1731 in Paris als Sohn eines Kolonialwarenhändlers geboren. Er wird bei den Jansenisten gut ausgebildet und lernt früh orientalische Sprachen, darunter auch Tamil. Es zieht ihn nach Indien, wo er 1755 ankommt. Aber was zieht ihn dorthin? Nicht die Geschäfte, nicht die Rettung umnachteter Heiden, nicht der Ruhm (der eigene oder der des Vaterlandes). Offenbar reine, interesselose Begeisterung für das, was er von Asien bereits kennt. Er will mehr wissen. Dafür nimmt er, ohne die logistische Unterstützung durch den Staat, eine Han-

---

55 Schwab (1934), S. 4.

delskompanie oder einen Missionsorden, als solitärer Privatjüngling im vortouristischen Zeitalter härteste Strapazen auf sich. Er widersteht Elefanten und Räubern, Fieberattacken, Tigern und dem schlimmsten aller Feinde, den Engländern, die er bis ans Ende seiner Tage inbrünstig hassen wird (er drängt sämtliche französischen Regierungen, Indien von den Briten zu befreien, und bietet noch als Siebzigjähriger an, die Expedition persönlich zu führen)[56]. Er ist arm, kann nicht – wie vierzig Jahre später ein anderer, innerlich und äußerlich vollkommen freier Privatreisender, Alexander von Humboldt – ein Privatvermögen in seine Reise stecken. Er schläft unter freiem Himmel oder vertraut auf die Gastfreundschaft einfacher Inder, und er praktiziert mit Respekt und Geschick das Verfahren der Informantenbefragung, lauscht den indischen Weisen. Wie Poivre, aber aus ganz anderen Gründen, ist Anquetil eine vor-»orientalistische« Gestalt, jemand, der die Überlegenheit Europas in allen Lebensbereichen noch nicht zum Fundament seiner Weltsicht gemacht hat. Er ist bereit, Asiaten zuzuhören und von ihnen zu lernen – so, wie Poivre ihren gärtnerischen und ackerbauenden Betätigungen mit sachlichem Interesse zuschaut. Daß daraus im romantischen Indienbild – Indien als Hort tiefster Mysterien, usw. – neue Mythen werden, steht auf einem anderen Blatt.

Ist Poivre in seinem Asieninteresse resolut gegenwartsorientiert und wendet er sich der Geschichte nur zu, wenn sie ein praktisches Argument untermauern soll, so ist das Indien Anquetils doch schon eher ein antikes oder gar zeitloses der heiligen Bücher, der alten Chroniken, der Tempel und der Brahmanen. Freilich kann er auch, wenn er will, die aktuellen politischen Konstellationen auf dem Subkontinent mit sicherem Strich skizzieren. Dann wird der Gelehrte zum zeitkritischen Kommentator und Polemiker[57]. Der europäische Asienhandel interessiert ihn weniger unter kommerziellem als unter politischem Aspekt und unter dem Gesichtspunkt seiner Bedeu-

---
56 SCHWAB (1934), S. 105.
57 ANQUETIL-DUPERRON (1798).

tung als Kanal interkulturellen Kontakts. Poivre blickt weit über die Küstensäume hinaus und versucht, das jeweilige innere Wesen der Zivilisationen um den Indischen Ozean pragmatisch zu erfassen. Indes gibt er dabei die Perspektive des europäischen Geschäftsmanns und physiokratischen Patrioten nie völlig auf. Anquetil-Duperron hingegen, sofern er sich in seinen gelehrten Schriften mit dem neuzeitlichen Indien oder Persien befaßt (vom antiken ganz zu schweigen), sieht die Europäer allein als Mitspieler auf der asiatischen Bühne. Ein solcher Asiazentrismus war eine arge Zumutung für die Zeitgenossen. Heftige Anfeindungen seiner Persien-Studien und ein exzentrischer Charakter trugen weiter dazu bei, Anquetil-Duperron in die Isolation zu treiben. 1762 nach Paris zurückgekehrt, widmete er sich seinen Ausarbeitungen und lebte zurückgezogen von einer kleinen Staatspension. Er starb 1805 im Alter von 74 Jahren, aus der Académie des Inscriptions et des Belles Lettres verstoßen und seiner Pension beraubt, weil er den Eid auf den Tyrannen Bonaparte verweigert hatte.

Zwei Seefahrer und Philosophen also: der ökologisch wache Entwicklungsökonom und der kulturwissenschaftliche Pionier. Der Indische Ozean selbst scheint sie nicht sonderlich gefesselt und zu Naturlyrismen und »sea pictures« hingerissen zu haben. Warum auch? Er war eine Zone der Unsicherheit und des Schreckens, und Poivre hat seiner Abneigung gegen das Reisen zur See am Beginn seiner jugendlichen »Mémoires d'un voyageur«[58] beredten Ausdruck verliehen. Je schneller man wieder auf festen Boden kam, desto besser. Was sie beide gepackt hatte, war etwas anderes: die Faszination durch Gesellschaften und Kulturen, die anders waren als die europäische. Diese Andersartigkeit hat man selten so unbefangen zu sehen vermocht wie in der kurzen Phase zwischen dem Ende eines religiösen Überlegenheitsgefühls, das sich bei Poivre nur noch in der Rhetorik subjektiver Frömmigkeit äußert, und dem Aufstieg eines materiell-geschichtsphilosophischen. Als Anquetil-Duperron 1805 stirbt, ist dieses glückliche Intermezzo bereits vorüber.

---

58 In diesem Band S. 44–50.

Zu dieser Ausgabe

Pierre Poivre soll in diesem Band mit zwei Texten vorgestellt werden. Die »Mémoires d'un voyageur«, 1968 von Louis Malleret aus dem Manuskript herausgegeben, sind eine Arbeit des jungen Poivre, in der überlieferten Rohform nicht zur Veröffentlichung bestimmt. Sie zeigen mit der Spontaneität der frischen Notiz die für Poivre charakteristische Mischung von detailscharfer Beobachtung, prägnantem Urteil (etwa bei seiner Charakterisierung des Gouverneurs Van Imhoff), religiöser Deklamation und einer »Philosophie«, die sich in den späten 1740er Jahren noch an der Moralistik des Grand Siècle, besonders La Bruyères, schulte. Aus dem umfangreichen Text der Malleretschen Edition wurden – mit einigen kenntlich gemachten Auslassungen – die Seiten 11 bis 67 übersetzt. Der nicht aufgenommene Rest des Manuskripts enthält vorwiegend Poivres Beschreibung Pondichérys und der Koromandelküste.

Bei der deutschen Textfassung von Poivres Hauptwerk, den »Voyages d'un philosophe«, die hier ungekürzt vorgestellt werden, habe ich die Übersetzung durch Gottfried Rudolph Wiedmer zugrunde gelegt, die 1769, also bereits ein Jahr nach der Publikation des Originals, bei Wilhelm Gottlob Sommer in Leipzig erschien. Wiedmers Übertragung ist etwas hölzern und einfallslos geraten, zuweilen syntaktisch verworren und begrifflich inkorrekt; ein Meisterübersetzer von Reiseliteratur wie Johann Reinhold Forster hätte die Sache besser gemacht. Am Original überprüft und nach ihm korrigiert, in Schreibung und Zeichensetzung modernisiert, kann sie dennoch das Flair der Zeit vermitteln. Geographische, botanisch-zoologische und ethnologische Bezeichnungen wurden in den kommentierenden Anmerkungen sowie in einigen Fällen völliger Unkenntlichkeit auch schon im Text selbst in die heute üblichen Formen gebracht.

Pierre Poivre

Erinnerungen eines Reisenden
vom Besuch der Sundastraße, Siams, der
Koromandelküste, der Französischen Inseln,
einiger Orte an der Küste Afrikas, usw.

Unternommen in den Jahren 1745, 1746 und 1747
an Bord des Schiffes *La Baleine*[1]

Betrachtungen über Seereisen

Ein Reisender, welcher fremde Länder ohne eine andere Absicht als diejenige durcheilt, dort ein Vermögen zu suchen, das er unter seinen Mitbürgern nicht finden kann, ist ein Mensch, der um eines sehr verächtlichen und erst recht ungewissen Zieles willen außerordentliche Mühen auf sich nimmt. Unter den menschlichen Narreteien ist diejenige, das Meer zu bereisen und bei der Suche nach Reichtum bis zum Ende der Welt vorzudringen, nicht die am wenigsten lächerliche.

Die Mehrheit derer, die lange Reisen auf sich nehmen, bildet sich ein, es genüge, sein Land zu verlassen und ferne Nationen aufzusuchen, um dort ein sicheres Glück zu finden. Unter dieser irrigen Vorstellung lassen sie ihre Familien im Stich, vergessen, was ihnen auf der Welt am teuersten sein sollte, geben sich waghalsig den Launen der Winde und dem schrecklichsten Wüten des Elements[2] anheim, liefern sich der Heimtücke der barbarischsten Nationen aus und kehren dann – nach Jahren der Sorgen, der Schmerzen und der unablässigen Furcht – erschöpften, gebrechlichen und untüchtigen Leibes in die Heimat zurück. Und die sind noch glücklich zu preisen, welchen es überhaupt gelingt, den Beschwerlichkeiten der Reise zu trotzen, und denen der Trost widerfährt, vor ihrem Tode jene Heimat wiederzusehen, die sie einst so verachteten und deren Süße sie erst schätzen lernten, nachdem sie sie verlassen hatten.

Man muß einräumen, daß die Reisenden mehr Lob verdienten, wenn sie ihre Unternehmungen großherziger und weniger selbstsüchtig betreiben. Denn die Gefahren, denen sie sich aussetzen, sind grenzenlos. Gewiß, seitdem sich die Wissenschaft der Seefahrt perfektioniert hat, sind die Schwierigkeiten weniger zahlreich und die Reisen kürzer geworden. Aber ebenso ist die Menge der Unsicherheiten gestiegen, und die Mühsal ist immer noch groß.

Nichts ist so wundervoll wie das Wissen eines Seefahrers, der mit Hilfe seines Kompasses und seines astronomischen Instruments seinen Weg quer durch die Meere findet und sicher sein kann, nach vielen Tausenden von Meilen auf den ungebahntesten Wegen, und ohne jemals Land gesichtet zu haben, am vorherbestimmten Tage an einer kleinen Insel anzukommen, die nichts ist als ein Punkt in der riesigen Weite des Ozeans. Eine solch zuverlässige und scharfsinnige Kunst ist ohne Zweifel der Ruhm und das Meisterstück der Astronomie, eine Ehre für den menschlichen Verstand und die schönste unter all den Künsten, welche der Mensch bis heute erfunden hat[3]. Nichts ist so bewunderungswürdig wie die Bauart eines Schiffes, dessen zusammengefügte und miteinander verbundene Teile imstande sind, den Wogen zu widerstehen, und dessen Segel, wenn sie klug angeordnet sind, sich untereinander ergänzen. Der Seemann bewegt mit ihrer Hilfe mühelos die außerordentlichsten Gewichte und lenkt die enorme Masse eines Schiffes mit derselben Gewandheit, mit der ein Fährmann auf unseren Flüssen den leichtesten Kahn steuert. Kaum ein Anblick ist so eindrucksvoll wie der eines Schiffes mit all den Manövern, die es unternimmt, um die Winde zu nutzen, um seine Segel zum günstigsten Einsatz zu bringen, um seine Fahrt zu beschleunigen oder zu verlangsamen, um Anker zu werfen. Nicht minder merkwürdig ist ein Schiff, wenn es ausläuft, um dem Ausland den Überfluß unserer Nahrungsmittel und Handelswaren zu bringen. Dann ist es ein schwimmendes Kaufhaus, das seine Kunden in beiden Tropen[4] findet. Es beindruckt uns auch, wenn es von einer langen Reise heimkehrt, beladen mit einer reichen Fracht von alldem, was in fernen Ländern selten und teuer ist. Schließlich ist es ein eigenartiges Schauspiel, wenn es auf offener See einem Feind begegnet, der es mit einer Artillerie zerschmettert, welche oft derjenigen unserer besten Festungen überlegen ist, oder wenn es selbst, ausgerüstet mit Kanonen und Kämpfern, Krieg und Schrekken in einen feindlichen Hafen trägt. Ein Schiff ist ein Wunder der Mechanik.

Wie außerordentlich auch immer die Kunst seines Erbauers und die Wissenschaft seines Steuermanns sein mögen: Das Vergnügen der Bewunderung liegt bei jenen, die sich mit dem sorgfältigen Augenschein begnügen und auf festem Lande und in geringer Entfernung vom häuslichen Herd in einen Hafen kommen und dort in Muße und Sicherheit das Geschick des Konstrukteurs bestaunen. Es liegt auch bei solchen, die in ihrer stillen Kammer die Tagebücher der Kapitäne und die Berichte der Reisenden lesen. Denn wer würde vermuten, daß trotz einer so vortrefflichen Mechanik und trotz aller Vorkehrungen eines fähigen Baumeisters für eine sichere und bequeme Passage ein Schiff der verdrießlichste und unerfreulichste Aufenthaltsort auf der Welt sein kann?

Man weiß kaum die Widerwärtigkeiten aufzuzählen, in die sich ein Mensch begibt, sobald er sich einschifft. Ich glaube, daß es bei etwas mehr Voraussicht und Überlegung weniger Reisende gäbe, jedenfalls weniger Glücksritter, die das Meer nur aus dem beschränkten Grunde befahren, um Reichtümer zu erwerben. Jene großmütigen Seelen hingegen, die bei barbarischen Nationen ihren Glaubenseifer unter Beweis stellen und das Licht des Evangeliums bis an die Enden der Welt tragen wollen, jene auch, die ihr Vaterland nur verlassen, um sich zu bilden und nützliche Kenntnisse heimzubringen – sie erheben sich über die Mühsal und die Unannehmlichkeiten einer Überfahrt. Alle Schwierigkeiten erhöhen nur ihren Reisedrang und ihr Verdienst.

Weil das feste Land als Wohnplatz des Menschen erschaffen wurde, handeln jene, die es verlassen, um den besten Teil ihrer Tage auf See zu verbringen, dem Willen des Schöpfers zuwider, der das Meer als Becken für die Fische grub. Alle Lebewesen halten sich an die Ordnung und verharren unweigerlich an den Plätzen, die ihnen bei der Geburt des Universums zugewiesen wurden. Nur der Mensch, durch seinen Verstand dreist gemacht, übertritt alle Grenzen, die der Urheber der Natur festgesetzt hat, und mißachtet alle Regeln.

Audiax omnia perpeti
*Gens humana rieit per vetitum nefas*⁵.

[...]⁶ Ohne hier die schwierige Frage zu prüfen, ob die Seefahrt für einen Staat nachteilig oder nützlich ist, kann es in Anbetracht der großen Zahl von Menschen, die das Meer vernichtet oder die es aus der Landwirtschaft und dem Gewerbe, diesen wahren Wohlfahrtsquellen eines Landes, abzieht, als gewiß gelten, daß ein Staat nur durch seine Bauern und Handwerker reich und mächtig ist und nicht durch unnütze Leute, die bloß unserem Luxus dienen.

Uns könnte noch eher verziehen werden, wenn das Ziel unserer Reisen darin bestünde, Nützliches nach Hause zu bringen. Davon jedoch weit entfernt, sind die meisten ausländischen Waren der Gesundheit sehr abträglich. Wir könnten sehr wohl auf Gewürze, Tabak, Kaffee, Tee und sogar auf jenes unselige Metall, die Quelle unserer Übel⁷, verzichten. Wie oft habe ich nicht verständige Chinesen sich darüber belustigen sehen, daß der gierige Europäer alljährlich sechstausend Meilen zurücklegt, um sein Silber gegen Blätter und Erde⁸ einzutauschen! Und ist im übrigen dieses nach dem Maße unserer zunehmenden Laster so kurze irdische Leben, ist es immer noch zu lang? Belagern nicht auf dem festen Lande allüberall zahllose Gefahren unsere ungewissen und sich dahinschleppenden Tage? Ist es nötig, auf dem Meere nach neuen zu suchen, dem Tode entgegenzulaufen – als ob er dann zögerte, uns seine unausweichlichen Schläge fühlen zu lassen?

Man muß gestehen – und die traurige Erfahrung unserer Seeleute bestätigt dies -, daß das Meer vor allem das verderbende Grab jener ist, die sich ihm anvertrauen, daß es eine Unmenge von Menschen vertilgt, welche ihre Tollkühnheit mit ihrem Leben oder ihrer Gesundheit bezahlen.

Die Unzuträglichkeiten des Meeres werden spürbar, sobald man eine Luft atmet, die sich von derjenigen des Landes unterscheidet, wie sie den Bedürfnissen unseres Leibes angepaßt ist. Der gesamte Organismus⁹ wird gestört. Die ersten Einwirkungen des salzigen Elements verursachen in allen Körpern einen Aufruhr der Galle und eine Verwirrung der Säfte, begleitet von einem heftigen Erbrechen, das man Seekrankheit nennt. In den ersten Momenten der Krise gibt es keinen Seefahrer, zumal keinen Novizen in diesem Metier, der nicht den Augenblick verfluchte, da er auf See ging, der sich nicht nach dem Lande zurücksehnte und der nicht aus vollem Herzen wünschte, so bald wie möglich dorthin zurückzukehren und dort den Rest seiner Tage zu verbringen. Diese Krankheit ist der erste Tribut, den man dem Meere zahlt. Glücklicherweise dauert sie nicht an und hat keine schlimmen Folgen, außer für diejenigen, deren zarte Körperbeschaffenheit eine Gewöhnung unmöglich macht. Sie werden bei jedem schlechten Wetter krank: Es genügt, daß sich der Wind ein wenig erhebt, das Schiff von den Meereswellen geschaukelt wird und die Teller verrutschen[10].

Doch dies ist nichts als der Beginn der Schrecken, die der Seereisende erleiden muß: ekelhaften Schmutz, widerlichen Gestank, hervorgerufen durch Teer und den Kot zahlreicher Tiere aller Arten, Mangel an Wasser, das genau eingeteilt werden muß, gesundheitliche Zerrüttung als Folge von Pökelfleisch und überhaupt schlecht zubereiteter und ungesunder Nahrung[11], ständigen Krach tags und nachts, fehlende Hilfe im Falle einer Krankheit, Langeweile. Dies sind die unvermeidlichen Mißhelligkeiten auf dem Meere. Hinzu kommt eine ständige Angst vor der Wechselhaftigkeit des Wetters, die den Genuß schöner Tage grausam verdirbt. Niemals erlebt ein Seefahrer die Süße geruhsamer Freuden. Die Unbilden der Witterung, der er verwegen das Schicksal seines Wanderlebens anvertraut hat, verbieten ihm das zarte Gefühl einer Ruhe des Gemütes, welche das wahre Glück des Menschen ausmacht. Wenn der ärgste Sturm ihn auf die Hilfe schönen Wetters unter dem heitersten Himmel hoffen läßt, so muß er doch unentwegt vor der Wut der Wellen auf der Hut sein. Die Seefahrt ist das vollkommenste Symbol der Unbeständigkeit des menschlichen Lebens.

Heute erscheint das Meer wie ein Spiegel, der überall die Strahlen der reinen Sonne zurückwirft und den Glanz des Tages noch vermehrt. Morgen schon gleichen seine Wogen Bergen und Abgründen. Soeben erst weht ein schwacher Wind, der mit den Wellen zu spielen scheint. Sein linder Atem bläht die Segel und belebt das Schiff, das zu lächeln scheint, wenn es leicht über die Oberfläche des Wassers gleitet. Sein Kielwasser ahmt das anmutige Geräusch eines Baches nach, der rasch dahinfließt. Das ganze Meer ist wie eine riesige Ebene, auf der Seevögel und Fische, die aus ihren Wohnorten in der Tiefe emporkommen, sich vergnügen. Der Blick wird durch nichts als einen fernen Horizont begrenzt, den die reichsten Farben verschönen; ihr bizarres Zusammenspiel bildet einen Anblick, der den Matrosen entzückt. Aber dieser Moment der Freude und der Stille ist nichts als ein Augenblick. Schon halten die wohltätigen Zephire[12] ihren Atem zurück. Das Schiff verliert Fahrt und verharrt bald wie unbeweglich. Der Horizont bedeckt sich mit dicken Wolken; das Blau des Himmels verschwindet. Auf den heitersten Tag folgt eine finstre Nacht, deren Schrecken durch Blitze vermehrt werden, die den Wolken entfahren. Währenddessen bereiten sich die besorgten Steuerleute auf den Empfang des Gewitters vor, von dem sie nicht wissen, von welcher Seite es kommen wird. Man birgt die Segel, holt die Querrahe ein. Auf den Gesichtern stehen Unsicherheit und Angst. Überall an Deck herrscht düsteres Schweigen, das bald durch furchtbare Schreie zerrissen werden wird. Schon wird das Meer weiß, es schäumt, die Wellen erheben sich. Der Wind beginnt zu wehen, er nähert sich, greift in die Segel, zerfetzt sie, reißt sie mit sich fort. Von der Gewalt getrieben, schießt das Schiff über die Kämme der Wogen hinweg, stürzt in die Tiefen der Wellenschlünde, wird umgestoßen, wiederaufgerichtet, ständig umhertaumelnd, niemals Kurs haltend. Der Himmel erglüht, der Blitz zuckt, der Donner grollt. Der fromme Seemann tut einen Schwur. Geschwächt vom Regen und vom Sturm, gegen den er sich oft nicht behaupten kann, trinkt er, um sich zu stärken und benebelt sich den Verstand. Nur mühsam kann er noch arbeiten und scheint seine Handgriffe nicht länger zu beherrschen. Kapitän, Offiziere, Steuermann, Maat und Untermaat geben konfuse Befehle;

alle schreien durcheinander; niemand versteht ein Wort. Manchmal halten die Masten der Gewalt des Sturms nicht stand, sie brechen, stürzen ab, zermalmen alles. Das Ruder wird abgerissen, dann gegen den Rumpf geschleudert; es dringt in die Hülle ein, öffnet sie, läßt Wasser hineinströmen, das bald alles füllt[13]. Das Fahrzeug läuft voll und geht unter. Zuweilen gibt man es auf, aus Furcht und aus der Erschöpfung heraus, welche auf das ständige Schlingern und Stampfen folgt.

In solchen gefahrvollen Umständen erinnert sich der furchtsame Reisende mit dem ernsthaftesten Bedauern der Ruhe, die er einst in seinem Dorfe genoß. Er beneidet den geringsten jener Leuten um sein Glück, die das Land bestellen und sich in Ruhe der Früchte ihrer Arbeit erfreuen können.

Mercator metuens otium et oppidi
Laudat rura sui...[14]

Zu Recht beklagt er die Unbesonnenheit desjenigen, der die riskante Kunst der Meerfahrt erfand. Mit größerer Berechtigung als Horaz kann er dem ersten alle Wagehälse die Vorwürfe machen, die der Dichter zu einer Zeit erhob, als die Navigation noch weniger perfekt und für das Menschengeschlecht weniger schädlich war.

Illi robur et aes triplex
Circa pectus erat, qui fragilem truci
Conmisit pelago ratem
Primus...[15]

Habgier und Gewinnstreben sind bei den Menschen sehr heftige Leidenschaften, denn sie reißen sie aus dem Schoß der Erde und schicken sie auf hohe See, wo sie ein Nomadenleben führen, immerfort ruhelos und den schrecklichsten Gefahren ausgesetzt. Je mehr ich über die tatsächlichen Unannehmlichkeiten der Schiffahrt nachdenke, um so weniger verstehe ich, warum es Menschen gibt, die kaltblütig entschlossen sind, ihre schönsten Tage der Hoffnung zu opfern, in diesem elenden Metier etwas zu finden, das sie glücklich werden läßt.

*Vom Ungemach
der Geselligkeit auf dem Meere*

Die Widerwärtigkeiten, von denen ich soeben gesprochen habe, sind nicht die einzigen, denen ein Reisender sich ausgesetzt sieht. Andere sind noch deutlicher spürbar. Sie rühren von jenen her, mit denen man auf einem Schiff zusammenzuleben gezwungen ist[16]. Die Freuden der Gesellschaft sind dem Menschen vorbehalten – süße Freuden, wenn sie von einer Sympathie des Geistes, des Geschmacks und des Gemütes gestützt werden. Das Gegenteil einer solchen Sympathie zerstört alles, trägt Zwietracht selbst unter Personen, die durch die stärksten Bande miteinander verknüpft sind, und sät Kummer und Bitterkeit auf unseren Lebensweg. Derlei Entzweiungen sind besonders fühlbar, wenn es sich bei der Gesellschaft, in der man sich befindet, um eine erzwungene handelt, wenn man nicht Herr seiner Wahl ist und mit Leuten zusammenleben muß, deren absonderliches Naturell sich nicht mit dem unsrigen verträgt und deren launisches, ungezähmtes und ungeduldiges Wesen sich in der Unordnung gefällt und allen Regeln der Geselligkeit, der Höflichkeit und des Anstandes Hohn spricht. Nirgends ist man dieser traurigen Unannehmlichkeit stärker ausgeliefert als auf See. Ein Schiff, das sich vom Lande entfernt, wird zu einer kleinen, vom Rest des Universums abgeschiedenen schwimmenden Republik. Die Gesellschaft, die sich dort zusammenfindet, ist oft eine Ansammlung von Menschen, die einander fremd sind und die nichts gemeinsam haben als die Torheit, zur See zu fahren.

In den ersten Tagen an Bord beäugt man sich, studiert sich gegenseitig und tauscht kurze seemännische Höflichkeiten aus. Bald lernt man sich näher kennen, trifft sich untereinander, bildet Grüppchen und Cliquen. Der Kapitän und die Offiziere, hochmütig darüber, auf dem eigenen Schiff zu schalten und zu walten, glauben launisch sein zu dürfen; die Passagiere und die übrigen Schiffsbewohner meinen das Recht zu haben, nicht darunter leiden zu müssen. Man erregt sich. Man sieht und trifft sich überall, aber spricht nicht mehr miteinander. Üble Nachrede hält Einzug; die Zwietracht wächst in dem Maße, wie man sich gegenseitig kränkt. Während der eine Ruhe sucht und schlafen möchte, liebt der andere Krach und findet Gefallen an lautem Gesang. Man fällt sich ins Wort, ist sich gegenseitig im Wege, kritisiert und beleidigt sich, ist untereinander verfeindet. Da gibt es kein anderes Hilfsmittel für den Passagier als viel Geduld. Er hat immer Unrecht, der Kapitän und die Offiziere hingegen haben immer Recht, denn sie sind die stärkeren, die Herren im Hause. Das läßt sie sich hochfahrend und gebieterisch betragen, und man leidet sehr unter ihren schlechten Launen, welche sie nicht verbergen können oder wollen. Unfähig selbst zu äußerlichen und unehrlichen Höflichkeitsformen, mißachten sie vollkommen die Pflichten der Zuvorkommenheit. Die kleinen Aufmerksamkeiten, die jeder wohlgeborene Mensch allen anderen und insbesondere Fremden und dem schwachen Geschlechte erweist: unsere grobschlächtigen Seeleute kennen sie nicht.

Stets auf das eigene Wohl bedacht, belasten sie sich wenig mit dem der anderen. Eifersüchtig hüten sie ihr Metier und wollen nicht, daß der Passagier sich einmischt. Wer es aus Interesse oder zum Zeitvertreib wagt, sich über die Route des Schiffes, seine geographische Breite oder andere Fragen der Navigation unterrichten zu wollen, hat von ihnen nur schroffe Worte zu erwarten. Ich weiß nicht, was sie so rüpelhaft und ungehobelt macht, denn zu Lande benehmen sie sich wie jeder andere auch. Vielleicht bilden sie sich ein, auf See das Recht zur Grobheit zu besitzen.

Wenn es ihnen nur an Anstand mangelte! Aber sie mißachten die unverletzlichsten Pflichten der zivilen und religiösen Geselligkeit. Niemanden verschonen diese gnadenlosen Verleumder, zumal nach dem Auslaufen aus einem Hafen. Keine Frau des Landes, wie tugendhaft sie auch sein mag, kann sicher sein, daß ihr Ruf nicht von ihnen zerrissen wird. Unwissend über ihre eigene Religion, reden sie schlecht von ihr, lästern, was sie nicht kennen, schmähen Gott und die Heiligen, machen sich gleichermaßen lustig über Christ und Heiden,

Schiff der französischen Kriegsmarine, um die Mitte des 18. Jahrhunderts

über Priester und Talapoin[17] und verspotten in einem Atemzuge die Zeremonien der Kirche und die abergläubischen Riten in den Pagoden, die sie auf ihren Reisen bei götzendienerischen Nationen gesehen haben[18].

Gäbe es nur auf dem Schiff einen ruhigen Ort, an den man sich zurückziehen und wo man sich durch Lektüre oder andere Vergnügungen den Verdruß ersparen könnte, an ihren verleumderischen, wüsten, anstößigen und sittenlosen Gesprächen teilzunehmen! Da man aber einen solchen Ort vergeblich sucht, muß man widerwillig ausharren und ihnen zuhören. Ich muß hinzusetzen, daß es, wenn ich hier einige der unter Seeleuten verbreitetsten moralischen Gebrechen schildere, mir keineswegs darum zu tun ist, den gesamten Berufsstand herabzusetzen. Unter Seefahrern gibt es sehr liebenswerte Leute, die über alle jene Tugenden verfügen, welche den erwähnten Lastern vollkommen entgegengesetzt sind. Auf einem Schiff ist es wie in einer öffentlichen Kutsche: Manchmal findet man sich in guter Gesellschaft und manch-

mal in schlechter. Nur erträgt sich dies in einer Kutsche leichter, da die Reise kürzer ist. […]
Wenn der Reisende, der solch große Mühen nur deshalb auf sich nimmt, um einem oft unsicheren und immer verachtenswerten materiellen Glück nachzujagen, unser Mitgefühl verdient, so ist jener unseres Lobes und unserer Anerkennung würdig, der unter den gleichen Anstrengungen die fernsten Völker aufsucht, um für sich selbst und sein Vaterland – um den Preis seiner Ruhe und oft auch seines Lebens – interessante Entdeckungen zu machen. Wer glücklich ist, solche Absichten gefaßt zu haben, ist oft auch stark genug, die Schwierigkeiten zu meistern. Vor ihm weichen die Hindernisse, verschwinden die Gefahren. Unannehmlichkeiten achtet er gering. Eine Seele, groß genug, um ihre Ruhe der eigenen Bildung zum öffentlichen Nutzen zu opfern, steht über den Ereignissen.

Warum finden sich unter der großen Menge unserer Reisenden so wenige von dieser letzteren Art? Die meisten sind unwissend und kümmern sich wenig um die eigene Bildung und noch weniger um diejenige anderer. Sie reisen ohne Aufmerksamkeit, ohne Enthusiasmus, ohne Nachdenken, verkehren mit Menschen, ohne sie zu studieren, besuchen alle Völker der Erde und verlassen sie wieder, ohne etwas von ihnen zu begreifen. Sie besitzen Augen, sehen aber nicht.

Andere, weniger für nützliche Entdeckungen als für Kuriositäten begeistert, amüsieren sich über Bagatellen, glauben lieber, was man ihnen erzählt, als was sie selbst in Augenschein genommen haben, und vertiefen nichts. Solche oberflächlichen Reisenden, die die genaue Untersuchung der Dinge aufgeben, sobald sie schwierig wird, sind zu ernsthaften Studien unfähig. Sie wissen wenig, lernen nichts und erzählen dreist drauflos. Um keine Antworten auf die Fragen schuldig zu bleiben, die man ihnen stellt, nehmen sie Zuflucht zur Lüge. Leute, die nach der Rückkehr von einer Reise das Vertrauen des Publikums gegenüber dem Heimkehrer aus der Ferne mißbrauchen, haben die Frechheit, Berichte zu publizieren, in denen sie mehr in Wundergeschichten schwelgen als das Einfache und Wahre mitzuteilen. Gezwungen, ihre Schwindeleien unablässig zu wiederholen, reden sie sich schließlich selbst ein, nichts als die Wahrheit zu sagen. So werden sie zu Lügnern aus gutem Glauben. Unter all den Reisebüchern, Historien fremder Länder, Neuartigen Berichten, Weltklugen Briefen[19] und anderen Werken, die Tag für Tag erscheinen, unser Frankreich überschwemmen und sogar bis in die Bibliotheken der Gelehrten vordringen und dort einen Platz einnehmen, der besser durch lehrreichere Bücher gefüllt würde: wie viele unter all diesen wundersamen Werken, frage ich, gibt es, deren Verfasser nicht darüber erröten müßten, daß sie die Täuschung der Belehrung vorgezogen und die Gutgläubigkeit ihrer Mitbürger dadurch ausgenutzt haben, daß sie ihnen böswillig oder aus Ignoranz falsche und zweifelhafte Nachrichten vorsetzen? Nach all dem, was ich auf meinen Reisen hinsichtlich der Unzuverlässigkeit der meisten Berichte feststellen mußte, kann ich ihren Autoren nicht länger verzeihen, wenn sie es gewagt haben, zu schwindeln.

Die einen, nach der Rückkehr von einer Reise von einer merkwürdigen Schreibwut besessen, sehen sich durch eine Truppe von Narren belagert, die Tag und Nacht damit verbringen, ihnen mit offenem Munde zuzuhören. Allmählich halten sie sich für gelehrter, als sie es sich jemals zuvor vorzustellen vermochten, und reden sich ein, genug gesehen und gelernt zu haben, um sich als Schriftsteller betätigen zu können. Sie sagen sich: ich werde ein Buch machen, und sie machen es. Erst entwerfen sie ein hochtrabendes Buch, das viel verspricht. Dann kratzen sie ihr Material zusammen und überlegen, bis zu welchem Punkt sie ihr Werk treiben können: Soll ich ein Duodezbändchen oder einen Quarto verfertigen? Und was hindert mich, zu den Ehren eines großen Foliobandes aufzusteigen? Mit breitem Rand und großen Drucktypen und Abbildungen von großzügigem Format? Aber trotz aller Vorsichtsmaßregeln: Wenn man sich die Mühe machte, aus dem Text des Buches alle großen Nichtigkeiten, die so viel Papier verbrauchen, zu entfernen – alle die Übertreibungen, Wiederholungen und Lügen, dann bliebe oft nicht mehr übrig als ein Oktavbüchlein und oft noch nicht einmal das[20].

Andere, die besser gebildet, jedoch nicht weniger auf äußeren Eindruck aus sind, glauben, ohne Nutzen gereist zu sein, wenn sie nicht einen Bericht darüber drucken lassen, was sie in den bereisten Ländern gesehen oder über sie gehört haben. Sie präsentieren Tatsachen, die richtig, aber uninteressant sind, und ergehen sich sonst in Spekulationen. Es liegt ihnen weniger daran, zu informieren, als sich den Anschein von Wissensdurst und Gelehrsamkeit zu geben. Es würde sie verdrießen, bloß von gewöhnlichen und alltäglichen Abenteuern zu erzählen. Ihr Ruf scheint von den großen Dingen abzuhängen, die sie gesehen haben wollen. Unter ihren Federn wird das Gute zum »äußerst Vortrefflichen«, das Schöne steigert sich zum »Großartigen«, das Mittelmäßige stürzt zum Allerschlechtesten ab. Sie übertreiben alles, was sie im Ausland gefunden haben, vor allem dann, wenn man ihnen schlecht widersprechen kann. Sie geben das Schlichte und Nützliche preis, blasen dreist die kleinsten Nebensächlichkeiten auf, heben Nichtigkeiten hervor und bewundern alles, um selbst bewundert zu werden.

Nein, ich verzeihe diesen unzuverlässigen Reisenden niemals die Zeitvergeudung und die Kosten, die mir ihre jämmerlichen Werke verursacht haben. Ich nehme mir das Recht, alle falschen Stellen in ihren Schriften anzuprangern, glücklich, wenn ich für die Wahrheit und das Publikum eintreten kann. Welche Absichten könnte der Pater Le Comte gehabt haben, als er seine Denkwürdigkeiten über China drucken ließ, in denen er, statt uns Interessantes über die Chinesen mitzuteilen, sich dazu hinreißen läßt, in ständigen Übertreibungen sein Glück zu preisen, ein solch höchst eigenartiges Land gesehen zu haben[21]?

Und welcher Schreibdrang bemächtigte sich des Paters Tachard, als er einen Bericht über Siam schrieb, über den sich günstigstenfalls sagen läßt, daß der gute Pater viel Lärm um nichts veranstaltete[22]? Welcher Autorenwahn trieb den Abbé Bignon, in seiner »Neuen Historie Ostindiens« über etwas zu schreiben, von dem er nichts verstand? Unter diesem Titel findet der getäuschte Leser bloß die Geschichte eines Gouverneurs von Pondichéry, für die sich die Gelehrtenrepublik wenig interessiert[23]. Diese Geschichte ist überdies ungenau, mit groben Anachronismen befrachtet und voller geographischer Fehler und unnützer Erzählungen. Was denken sich die Verfasser der »Lettres Édifiantes et Curieuses«, die alljährlich einen neuen Band mit Belanglosigkeiten herausbringen[24]? Aber ich nehme mir hier für ein Vorwort zu viel vor. Ich werde mich über alle Beschreibungen der Länder, die ich gesehen habe, an entsprechender Stelle äußern, und ich werde es mir zur Pflicht machen, jenen Schriftstellern Gerechtigkeit widerfahren zu lassen, die sich durch ihre Ehrlichkeit vor anderen auszeichnen. Welch ein Unterschied, sage ich, zwischen den Reisenden oder Interessenten, die nur schäbigem Gewinn nachhecheln, wenig auf Kenntnisse erpicht, Feinde einer Wahrheit, um die sie sich nicht bemühen und die ihnen nicht zu schade ist, um sie durch die Lüge zu ersetzen! Welch ein Unterschied zwischen ihnen und einem verständigen Reisenden, der mit seinen Augen reist, der alles sieht, alles Bemerkenswerte untersucht, die kleinen Dinge nicht verachtet, stets sein Schreib- und Zeichenwerkzeug bereithält, niemals müde wird, zu schauen, zu fragen, zu schreiben, zu studieren und sich zu unterrichten! [...][25]

Nach mehreren Reisenden kennt er [der gewissenhafte und gelehrte Reisende] alle die Nationen, welche sich den Wohnort teilen, den Gott dem Menschen gegeben hat, alle die weißen und schwarzen Völker, die unter wechselnden Himmelsstrichen überall von den Wohltaten des Schöpfers der Natur leben. Er sieht, worin sie übereinstimmen und worin sie sich unterscheiden; er studiert ihre Bräuche und Sitten, ihre Geschichte, Traditionen, Altertümer, Wissenschaften, ihre Religion, ihr Gewerbe, ihre Denkweise, ihre Abneigungen und Vorlieben. Zuweilen findet er unter den barbarischsten Völkern etwas, von dem die zivilisiertesten lernen können. Ohne Voreingenommenheit zugunsten seines eigenen Landes verschmäht er es nicht, die Hütte des Kaffern oder des Indianers[26] zu betreten, ihn zu befragen und zu studieren. Oft entdeckt er unter schwarzer Haut und hinter einem abstoßenden Äußeren schöne Seelen, deren Denkart ihn für sich selbst und seine eigene Nation erröten läßt, oder er findet eine Zuvorkommenheit, die sich nicht selten hinter barbarischen und wilden Sitten verbirgt. Ohne für ein bestimmtes Land Partei zu ergreifen, nimmt er das Gute überall auf, wo er es findet. Im Neger findet er den Menschen, im Wilden seinesgleichen, begabt mit Vernunft und Verstand – oft mehr, als unsere scharfsinnigen Logiker besitzen. Schließlich verachtet er kein Volk. Seine Heimat ist das Universum.

Es bleibt für unseren Reisenden ein weiterer Gegenstand seines Studiums und seiner Beobachtung, nicht weniger lohnend und umfangreich, als die Gegenstände, von denen ich gesprochen habe. Dies sind die verschiedenen Produkte der Erde. Er allein kann den Gesamtanblick der Natur genießen. Sämtliche Werke des Schöpfers in der ganzen Weite der Welt sind ihm bekannt, dem aufmerksamen Betrachter allen Besitzes, mit dem Gott uns bereichert hat. Allenthalben bewundert er die Großzügigkeit und Weisheit, mit welcher der Herr das über die verschiedenen Gegenden verteilt hat, was den Menschen am meisten gemäß ist, welche sie bewohnen. In der heißen Zone sieht er aus einer verbrannten Erde Bäume, beladen mit saftigen Früchten, sich erheben. In der gemäßigten Zone ist die Erde mit bekömmlichen Pflanzen übersät, mit wohltuendem und köstlichem Obst bedeckt. Inmitten einer bizarren, mitunter die Regeln der Normalität mißachtenden Natur erkennt er in allen Taten des Schöpfers ein und dieselbe Kraft, denselben Willen zum Guten, denselben freigebigen, weisen, bewundernswerten Arbeiter, würdig all unserer Dankbarkeit und Liebe. [...]

Während meines Aufenthalts in den verschiedenen Ländern, die ich besucht habe, war mein vornehmstes Studium das der Menschen. Ich habe nichts unversucht gelassen, um ihre Herzen zu ergründen, ihre Denkart kennenzulernen und ihre Ansichten über das zu verstehen, was Franzosen gutheißen oder verdammen. Ich habe ihre Gesetze, Sitten und Religionen studiert, habe die Naturgeschichte nicht vernachlässigt, habe das Wissenswerte beschrieben, habe gemalt und gezeichnet, was mir der Mühe wert schien. Ich habe Ansichten von Küsten, Reeden, Häfen und Hafenstädten angefertigt und mich nicht minder der Untersuchung des Gewerbes aller Völker, die ich besucht habe, gewidmet, ebenso ihrer Arbeitsweisen, ihrer Berufe, der Form, Zahl und Qualität ihrer Werkzeuge und Werke. Die kleinen Entdeckungen, die ich in diesen Angelegenheiten machte, mögen von Nutzen sein, und ich habe sie sogleich niedergeschrieben, um sie nicht zu vergessen.

Zugegeben, meine Mühe wurde oft schlecht belohnt. Nach gründlicher Suche ist es mir mehrmals passiert, daß ich nichts gefunden habe. Was das Studium der Menschen betrifft, so ist es undankbar und unerfreulich. Man enthüllt bei ihnen nichts als Eitelkeit, Tücke und Dummheit. Überall sind die Menschen eigensüchtig, rachgierig, hochmütig, heuchlerisch, aufbrausend, undankbar, prahlerisch, sinnenfreudig, lüstern, verweichlicht, ehrgeizig und mit Vorurteilen angefüllt. Allerorten auf der Welt hat der Mensch seine erste Bestimmung und seinen Ursprung vergessen. Er besitzt eine Seele und verhält sich so, als ob er nur einen Körper hätte. In China wie in Europa sind seine Ansichten gleichermaßen korrumpiert. Ob unter der brennenden Hitze des Äquators oder im Eis der Pole, ob Inder oder Tatar, Neger oder Amerikaner[27], ob zivilisiert oder wild: überall sind die Menschen Feinde der Tugend und laufen nichts anderem als der Lüge nach. Unsere europäischen Sitten unterscheiden sich im Grunde nicht von denen Afrikas, Asiens und überhaupt des ganzen Menschengeschlechts. Wenn ich lese, wie La Bruyère die Sitten seines Jahrhunderts ausmalt[28], dann erkenne ich diejenigen aller Nationen, bei welchen ich verkehrt habe. Und dennoch ist es wahr, daß sich der Rest von Tugend, der noch auf der Erde verblieben ist, in Europa findet, jenseits von dessen Grenzen man selten Rechtschaffenheit und moralische Stärke antrifft. Darin sind die Reisenden sich einig.

Obwohl unser Europa vom Himmel mit allem – Religion, Wissenschaften, Künsten, Erzeugnissen des Bodens – vor sämtlichen anderen Ländern begünstigt worden ist, mangelt

Beginn des Lyoner Manuskripts der »Mémoires d'un voyageur«

es dem Studium der Naturgeschichte in anderen Klimaten nicht daran, interessant, lehrreich und angenehm zu sein.

Dieser [nun folgende] zweite Teil meiner Erinnerungen enthält meine Reisen von China nach Batavia, von dort nach Mergui[29], von jenem Hafen an die Koromandelküste, von Pondichéry nach Mauritius, von dieser Insel zur Küste Afrikas und von dort über die karibischen Inseln bis nach Frankreich[30]. Das wenige, das ich von meinen Beobachtungen aufgeschrieben habe, ist nur ein schlecht verdauter und ungeordneter Abriß. Er dient allein dazu, mich an Daten und die wichtigsten Fakten zu erinnern. Ich hoffe, ihn zu meinem eigenen Vergnügen und zur Befriedigung eines Freundes, der mich um einen kleinen Bericht von den Merkwürdigkeiten meiner Reisen gebeten hat, später in eine ordentliche Form bringen zu können. Ich werde einen Essay über die Lage der Mission oder der christlichen Kirche in den Ländern, von den ich spreche, hinzufügen sowie eine Beschreibung aller Künste und Handwerke der Völker, die ich zwischen Indien und China besucht habe.

Abfahrt von China

Da die Abfahrt der europäischen Schiffe von Kanton nahte und der für die Rückfahrt nötige Monsun sich bemerkbar zu machen begann[31], besorgte ich mir von dem chinesischen Mandarin, der Macau regiert[32], die Erlaubnis, mich nach Kanton zu begeben. Dort fand ich vier französische Schiffe, die gerade ihre Beladung zum Abschluß brachten. Sie gehörten alle der Französischen Indienkompanie[33]. Drei von ihnen waren aus Europa gekommen, nämlich die *Dauphin*, kommandiert von Herrn Butler[34], die den Wimpel trug[35], die *Jason*, deren Kapitän Herr de La Mettrie-Magon war, und die *Hercule*, befehligt von Herrn Dufresne[36]. Das vierte Schiff war die *Saint-Benoît*, die von Herrn de La Bourdonnais mit einer Ladung von Ebenholz von der Isle de France geschickt worden war und deren Kommando er Herrn Joannis übertragen hatte, einem Leutnant auf Schiffen der Kompanie.

Trotz der Unsicherheit, in der wir uns in China hinsichtlich von Neuigkeiten aus Europa befanden, ließen uns die Gazetten, die mit den letzten Schiffen aus Europa gekommen waren, vermuten, daß ein Krieg zwischen den Kronen Frankreichs und Englands unvermeidlich sein würde[37]. Es wäre daher klug gewesen, in China nicht mehr als halbe Ladung an Bord zu nehmen und die Schiffe für den Fall eines Zusammentreffens mit Feinden verteidigungsbereit zu machen, doch die Superkargos[38] nahmen keinerlei Rücksicht darauf, beluden die Schiffe wie in Friedenszeiten und schickten sie sehr beschwert auf den Weg.

Am 16. Januar [1745] schiffte ich mich auf der *Dauphin* ein, dem Flaggschiff unserer kleinen Schwadron, und am 17. verließen wir die Reede von Huangpu[39]. Am 18. umsegelten wir Macau, und am folgenden Tage ließen wir die Inseln hinter uns, die den Zugang nach China bilden. Der Wind begünstigte uns bis zur Meerenge, ohne daß etwas anderes geschehen wäre als die Begegnung mit einem Schiff, das aus Manila kam. Obwohl unter muslimischer[40] Flagge, wurde es von einem französischen Kapitän namens Du Bois kommandiert.

Die Manilafahrten sind die lukrativsten, die es im Orient gibt, aber sie sind allen Europäern außer den Untertanen des Katholischen Königs[41] und den Portugiesen von Macau verboten. Aus diesem Grunde sind alle anderen Europäer, die sich an diesem Handel beteiligen wollen, genötigt, eine ausländische Kommission und eine asiatische Flagge anzunehmen, unter der ihnen der Handel gestattet wird. Um den Preis eines Geschenks ist der Gouverneur der Spanischen Inseln[42] gerne bereit, über diesen kleinen Betrug hinwegzusehen.

Weil das Schiff aus Manila nach Pondichéry[43] weiterfuhr, nahm es von uns Abschied, um Pulo Condor[44] zu erkunden und sich dadurch der Zufahrt zur Straße von Malakka zu versichern. Beim besten Wetter der Welt machten wir Bekanntschaft mit Pulo Tioman, Pulo Tinggi und Berhala[45]. Von dort durchfuhren wir die Straße von Berhala, dann die Straße von Bangka[46]. Nachdem wir die Spitze von Monopin umrundet hatten, gewahrten wir hinter uns einen kleinen Zweimaster, der auf uns zuhielt und uns durch zwei Kanonenschüsse zu verstehen gab, daß man mit uns zu sprechen wünsche.

In unserer Ungewißheit, ob Frankreich im Krieg mit den europäischen Seemächten stünde, hätte es uns als ein Glück erscheinen sollen, einem Schiff zu begegnen, das uns die letzten Nachrichten aus Europa zu geben vermochte. Unsere Kapitäne waren anderer Ansicht. So hatten wir nicht die Güte, auf das Schiff zu warten, sondern setzten alle Segel.

Für diese Unklugheit wurden wir bald bestraft. Bei Anbruch des folgenden Tages bemerkten wir vor uns zwei in der Meerenge kreuzende Schiffe. Es dauerte nicht lange, bis sie uns die Neuigkeiten, die wir am Vortage verschmäht hatten, ohne unser Zutun und auf unsere Kosten beibrachten. Seit wir sie gesehen und seit wir beobachtet hatten, wie sie die Manöver von Kriegsschiffen ausführten, nämlich unter vollen Segeln gegen Wind und Gezeiten kreuzten, wäre es klug gewesen, Anker zu werfen. Wir hätten dann Zeit gehabt, sie besser auszukundschaften; unsere Kapitäne und Offiziere hätten sich besprechen und die Bewegungen der anderen aufmerksam studieren können. Wir hätten dann unsere Feinde erkannt und dennoch genügend Zeit gehabt, unseren Kurs zu ändern und jenen aus dem Wege zu gehen, denen Widerstand zu leisten wir nicht ausgerüstet waren.

Aber wir mußten Pech haben, da wir zuvor unklug gewesen waren. Der Mensch erleidet selten ein Mißgeschick, ohne daß er nicht auch ein wenig Schuld daran trüge. Die Schiffe vor uns begnügten sich damit, uns für den Fall des Angriffs zu erwarten. Unsere Kapitäne berieten sich nun darüber, was zu tun sei, und redeten ein jeder dummes Zeug: Der eine hielt die Schiffe für Frachter, der andere für holländische Ladekähne[47], welche die Zufahrt zu der Meeresstraße bewachten. Ohnehin darf man nicht allzuviel auf das geben, was Seeleute sagen. Nachdem ich aber gesehen habe, wie grob alte Kapitäne sich täuschen und auf zwei Meilen Entfernung Schiffe mit sechzig Kanonen für Ladekähne halten können, habe ich den Entschluß gefaßt, nichts mehr von dem zu glauben, was mir diese Herrschaften erzählen, ohne es nicht selbst klar gesehen zu haben. Schließlich näherten wir uns den zwei Schiffen auf die Weite eines Gewehrschusses. Bis zu diesem Zeitpunkt hatten sich unsere Feinde unter holländischen Flaggen getarnt; ihre unteren Batterien waren verdeckt, die Schießluken nahezu geschlossen. Trotz solcher Täuschung konnten wir nicht länger verkennen, daß es sich um Kriegsschiffe handelte, aber wir hielten sie für Holländer. Wir steuerten mit einem Selbstvertrauen und einer Kühnheit auf die Mitte zwischen ihnen zu, die ihre Besatzungen erschrecken mußte. Sie nahmen für Mut, was auf unserer Seite nichts als Unverstand und Blindheit war. Dann, plötzlich, strichen sie die holländische Fahne, zogen die englische auf und schickten uns ihre gesamte Breitseite hinüber. Wir erwiderten in gleicher Münze, feuerten unsere gesamte Artillerie ab und taten dies mit solchem Erfolg, daß wir ihnen trotz der Ungleichheit an Zahl und Kaliber der Waffen mehr Schaden zufügten als sie uns.

Daß die *Dauphin* die Kommandantenfahne trug und ein lebhafteres Feuer von sich gab als die anderen, führte die Feinde zu dem Schluß, sie sei ein Kriegsschiff. Sie wandten sich daher vor allem ihr zu, und beide Seiten verdoppelten den Beschuß. Mörderische Kugeln pfiffen von allen Seiten; wir schossen einige Kartätschensalven ab, die ihnen sehr zu schaffen machten. Nachdem die Feinde wahrgenommen hatten, daß wir alle drei Handelsschiffe waren, unterstrichen ihre Kanonen, diese teuflischen Maschinen von schnellster Wirkung, ihren Wunsch, wir möchten uns rasch ergeben, damit sie sich die Beute teilen könnten. Dreimal versuchten sie, uns zu entern; dreimal hatten wir das Glück, ihnen zu entgehen. Vielleicht wären wir entkommen, hätte uns der Wind ein wenig begünstigt. Um das Unheil zu vermehren, ließ uns dieser Verräter jedoch gerade in dem Moment im Stich, als wir im Handgemenge mit dem Feind lagen. Als er sah, daß weiterer Widerstand zwecklos war, befahl Herr Butler, der Kapitän der *Dauphin*, dem Kapitän der *Hercule,* an Backbord beizulegen, während er sich über Steuerbord von den Engländern entern lassen wollte. Der Plan unseres Kapitäns bestand darin, sein Schiff im Augenblick des Enterns aufzugeben, nachdem er es mittels einiger Kisten von Feuerwerksstoff[48], welche der Kanonier zum diesem Zwecke vorbereitet hatte, in Brand gesetzt haben würde. Aber dieses Vorhaben, das unsere letzte Chance war, kam nicht zur Ausführung. Da es an Wind zum Manövrieren fehlte, sah sich die *Hercule* außerstande, ihren Part in unserem Plan zu spielen. Die Engländer, denen es nicht gelungen war, uns einzunehmen, fuhren mit ihrer Kanonade fort. Dies taten sie, von hinten angreifend, mit solcher Wirkung, daß wir schließlich gezwungen waren, die Flagge der Kapitulation zu hissen[49]. Dem betrüblichen Vorbild des Kommandanten folgten alsbald die beiden anderen Kapitäne, die, obwohl sie weder Tote noch Verletzte an Bord hatten, mangels Munition nicht länger imstande waren, sich zu verteidigen. An Bord der *Dauphin* waren während des Gefechts zwei Männer umgekommen: Ein Steuermann wurde vom Ruder weggerissen, ein Bootsmann auf der Brücke in Stücke zerfetzt. Es gab vierzehn oder fünfzehn Verwundete, von denen die meisten später aus Mangel an Versorgung elendiglich starben.

Nachdem wir uns ergeben hatten, ließen uns die gierigen Sieger nicht die Zeit, zur Besinnung zu kommen. Wir sahen sie unverzüglich an Bord. Englische Wachen, mit Säbeln und Pistolen bewaffnet, wurden über das Schiff verteilt und insbesondere an den Waffenkästen und den Luken postiert. Wir verspürten schmerzlich, daß alles, was uns soeben noch gehört hatte, nun nicht länger unser eigen war. Wie alles andere war sogar unsere Freiheit verloren. Von einem Augenblick zum anderen hatten wir unseren Herrn und unser Schickal gewechselt. Wir konnten keinen Schritt auf dem Schiffe mehr tun, ohne einem neuen Gesicht zu begegnen, dem es zu gehorchen galt. Man muß jedoch zugeben, daß diese Herrschaften uns mit jeder Form von Höflichkeit behandelten.

Sobald sie die Flaggen eingeholt hatten, hatten unsere Kapitäne nichts Eiligeres zu tun, als die plombierte Tasche mit den geheimen Signalcodes[50] ins Meer zu werfen. Diese Vorsichtsmaßnahme ergreift jeder Schiffsführer, denn wenn solche Papiere dem Feind in die Hände fallen, kann er sich bei der nächsten Gelegenheit ihrer bedienen, um französische

Schiffe zu täuschen. Unsere Schiffsgeistlichen versenkten aus Furcht vor einer Profanierung durch die Engländer auch die Meßgefäße im Meer.

Unsere Kapitäne und Offiziere wurden an Bord der feindlichen Schiffe sehr gut aufgenommen. Niemand mußte sich einer Leibesvisitation unterziehen, so daß diejenigen, die es riskiert hatten, Goldbarren mit sich zu führen, in der glücklichen Lage waren, diese behalten zu dürfen. Der Kommandeur der englischen Schwadron war ein gewisser Herr Barnett[51], der auf der *Deptford* fuhr, einem Schiff mit 66 Kanonen und 300 Mann Besatzung[52]. Das andere Schiff hieß die *Preston* und wurde von Lord Nordest kommandiert. Diese beiden Herren waren ebenso wie ihre hochrangigsten Offiziere überaus liebenswürdige Leute, von denen wir nichts als Höflichkeiten erfuhren. Sie versuchten auf jede Weise, unseren Kummer zu lindern und uns unser Mißgeschick erträglich zu machen. Man ließ uns alle unsere persönlichen Habseligkeiten; einige durften sogar einen kleinen Teil der mitgeführten Waren behalten.

Die Offiziere der erbeuteten Schiffe wurden in der Großen Kajüte untergebracht und erhielten die Erlaubnis, sich tagsüber auch in der Oberen Kajüte und auf dem Vorderdeck aufzuhalten. Wir wurden einigermaßen ordentlich verpflegt – insofern dies überhaupt in der Unordnung möglich ist, die zwangsläufig auf einem Schiffe herrscht, das Prisen genommen hat. Da jedoch die Engländer zu Wasser ein sehr hartes Leben führen und uns nicht besser behandeln konnten, als sie sich selbst behandeln, fanden wir an Bord einen großen Unterschied der Lebensumstände vor, zumal ihr Wasser halb salzig und ihre Bisquits verdorben waren. Was nun aber unsere armen Besatzungen betraf, so wurden sie alle im Zwischendeck oder in den Laderäumen gefangengehalten, wo sie viel zu leiden hatten, insbesondere die Verwundeten, welche Betten und ihre Siebensachen entbehren mußten. Obwohl die Engländer die Zahl ihrer Toten und Verwundeten geheimhalten wollten, erfuhren wir während unserer Zeit bei ihnen an Bord, daß etwa zehn ihrer Leute während der Kämpfe getötet und mehr als zwanzig verletzt worden waren. Unterdessen hatte sich Herr Barnett

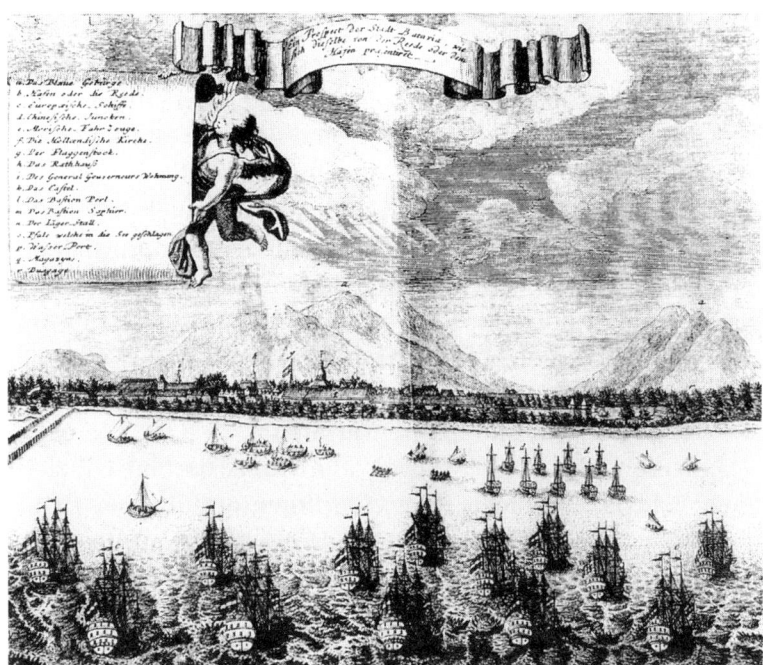

Ansicht der Reede von Batavia

entschlossen, einige Offiziere seiner Prisen geradewegs nach England zu schicken, damit sie dort der Admiralität als Zeugen dessen dienen könnten, was sich bei Bangka zugetragen hatte. Er wählte sechs von ihnen aus und schickte sie an Bord der *Preston* mit der Order, sich in die Sundastraße zu begeben, um dort auf die schwedischen und englischen Schiffe zu warten, die wir in China zurückgelassen hatten und die demnächst auf ihrem Rückweg nach Europa vorbeikommen mußten. Sie sollten unsere sechs Offiziere aufnehmen. Wir anderen wurden mit unseren drei Schiffen nach Batavia gesandt, wo wir am zehnten Tage unserer Gefangenschaft eintrafen.

Unsere Einfahrt in die Reede von Batavia[53] war ein wahrer Triumph für die Engländer. Das Kriegsschiff fuhr mit dem Stander voraus, gefolgt von den drei erbeuteten Schiffen, über denen die französische Flagge wehte und darüber der *jack*, die

Nationalflagge der Sieger[54]. Was bedeutete das für uns Gefangene? Für mich selbst werde ich zugeben müssen, daß ich niemals unser Unglück so tief empfand wie in jenem Augenblick. Nachdem wir Anker geworfen und den gewöhnlichen Salut geleistet hatten, sahen wir verschiedene holländische und englische Boote an der *Deptford* anlegen, darunter diejenigen der Leute des Hafenkommandanten, die kamen, um sich auf unsere Kosten um Herrn Barnett zu bemühen[55]. Diese üblen Schmeichler wollten uns davon überzeugen, sie fühlten mit unserem Mißgeschick. Das war nicht einfach, hatten sie doch selber den Engländern einen Lotsen und einige Freiwillige zur Verfügung gestellt, um uns zu ergreifen.

Am folgenden Tage wurden alle französischen Offiziere nach Batavia geschickt. Es wurde ihnen erlaubt, nach Gutdünken spazierenzugehen, innerhalb wie außerhalb der Stadt. Die gefangenen Mannschaften wurden auf die Insel Edam verbracht, die sich am Eingang der Reede befindet. Dies ist eine kleine Sandinsel, ziemlich bewaldet, obwohl es kein Süßwasser gibt. Die Holländer unterhalten dort einige Vorratslager für Pökelwaren, derer die Schiffe bedürfen. Sie gaben davon unseren Matrosen ein wenig ab. Diese beklagenswerten Elenden litten unter dem Schmutz und der Schwüle, die neben dem Mangel an Nahrung Krankheiten hervorriefen, an denen mehrere starben.

Die armen Matrosen starben vor Hunger – und das infolge der Habgier des englischen Offiziers, der für ihre Ernährung zuständig war. Statt ihnen die Rationen zu verteilen, die man ihm zu diesem Zwecke schickte, verkaufte er den größten Teil davon an die Holländer und besaß die Grausamkeit, seiner Knauserigkeit das Leben von mehr als vierhundert Unglücklichen zu opfern, deren bloßer Anblick jeden anderen als einen Geizhals erbarmt hätte. Was sie und uns an dieser unwürdigen Behandlung, die man sie erleiden ließ, am meisten betrübte, war, daß es uns, die wir uns in Batavia aufhielten, verboten wurde, ihnen Nachrichten zukommen zu lassen, ihnen zu helfen und sogar sie zu trösten. Die Ärzte und Geistlichen verlangten vergeblich die Erlaubnis, ihnen zu Hilfe kommen zu dürfen, und man besaß die Hartherzigkeit, so viele guten Männer zugrundegehen zu sehen, deren Verbrechen allein darin bestand, ins Unglück geraten zu sein. Man sah sie, ohne ihnen jegliche Hilfe zu gewähren, sterben – mit einer Grausamkeit, die unter den wildesten Völkern ohne Beispiel ist.

Die Urheber einer solch nichtswürdigen Behandlung waren letzten Endes die Holländer. Wir trafen sie in Batavia im Zustande großen Mangels an Personal an. Die Pest[56] und der Krieg mit den Malaien hatten die Hauptstadt Niederländisch-Ostindiens zu einem traurigen Zustande verkommen lassen. Der Anblick so vieler französischer Gefangener gab den Holländern die Idee ein, diese Unglücklichen für den Dienst in der Holländischen Ostindienkompanie[57] zu gewinnen oder sie dazu zu zwingen. Zunächst verwendete man sanfte Methoden, um sie zu verführen, nachdem man aber sah, daß alle schönen Versprechungen wenig erhört wurden, ging man den Weg der Gewalt und der Ungerechtigkeit. Der General untersagte den französischen Offizieren jeglichen Zutritt zur Insel Edam. Jeden Tag zog man von der Nahrung, die diesen armen Leuten gewährt wurde, etwas ab, und als man ihre Standhaftigkeit dadurch geschwächt glaubte, schickte man ihnen einige holländische Offiziere, denen es gelang, einige durch schöne Reden zu täuschen. Schließlich ließen sich insgesamt mehr als hundert Mann anwerben. Dabei suchte der General mit Sorgfalt solche aus, die ein Handwerk beherrschten. Man trieb die Ungerechtigkeit sogar so weit, daß man einige von denen, von welchen man sich den meisten Vorteil versprach und die sich besonders beharrlich verweigerten, ins Gefängnis warf. Zwei bedauernswerte Brüder, von Beruf Tischler, erlebten ein solch ungerechtes Geschick. Trotz all unserer Proteste hielt man sie bis zu unserer Rückfahrt in Haft.

Es ist nicht nötig, an dieser Stelle eine Beschreibung von Batavia zu geben, denn es mangelt nicht an Berichten darüber. Das, was Herr de La Martinière in seinem großen Lexikon dazu sagt[58], scheint mir weitgehend richtig zu sein. Ich werde daher von nichts anderem sprechen als dem Zustand, in dem wir diese Stadt antrafen.

Unter allen anderen Bedingungen als jenen, in welchen wir uns in Batavia befanden, wäre die Stadt für uns ein angenehmer Aufenthaltsort gewesen. Ihr Inneres und ihre Umgebung sind schön, die Häuser sauber und gut gebaut, groß und gut geschnitten, die öffentlichen Gebäude von gutem Geschmack und von einer Architektur, die den benachbarten Nationen eine hohe Meinung von den Fähigkeiten der Europäer einflößen kann. Die Festung besitzt vier Basteien[59] und wird durch einen ziemlich schlecht unterhaltenen Graben verteidigt, genügt aber, um die Holländer gegen alle Übergriffe der Javaner zu schützen. Gegen europäische Truppen könnte sie sich freilich nicht lange halten. Die Stadtmauern sind schwach und niedrig. Die Garnison, die normalerweise aus zweitausend Mann Kavallerie und Infanterie besteht, war auf acht- oder neunhundert Mann geschrumpft.

Seit mehr als fünf Jahren herrscht im Lande eine Art der Pest, die jedes Jahr die Hälfte der europäischen Einwohner hinwegrafft. Während der vier Monate unseres Aufenthalts verging kein Tag ohne ein Begräbnis. Man glaubt, daß diese Pest, der jährlich mehr als 300 Menschen zum Opfer fallen, durch eine Infektion verursacht wird, die aus den Kanälen aufsteigt, welche beinahe alle Straßen der Stadt durchfließen. Diese Kanäle wären in einem so heißen Lande wie Batavia äußerst bequem und angenehm, wenn sie klares, fließendes Wasser führten. Sie sind indessen angefüllt mit Unrat und einem stinkenden Schlamm, der bei Ebbe einen Teil des Tages über trocken bleibt und dabei die Luft verseucht und sie sehr ungesund macht.

Wenn man Batavia betrachtet, versteht man leicht, daß es eine wohlhabende Stadt ist, auch wenn sie heutzutage deutlich hinter den blühenden Zustand zurückgefallen ist, in dem sie sich noch vor wenigen Jahren befand. Man zählt immer noch etliche sehr reiche Einwohner; der Prunk ist so groß wie in jeder Stadt Europas; Karossen und andere Kutschen sind überaus gebräuchlich und werden mit viel Aufwand instand gehalten. Dies verhindert aber nicht, daß es in Batavia eine große arme und unglückliche Bevölkerung gibt. Darunter weckt niemand das Mitgefühl mehr als jene französischen Deserteure, die man an jeder Straßenecke trifft. Diese Elenden, die niederträchtig genug waren, ihr Vaterland im Stich zu lassen, zahlen hier teuer für ihren Fehler. Betört durch die Versprechungen der Holländer, daß es genüge, nach Ostindien zu gehen, um sein Glück zu machen, verließen sie die Dienste ihres Königs, begaben sich von Holland nach Batavia, wo sie statt der erhofften Schätze im Dienst dieser Republikaner nichts als das größte Elend und Stockschläge vorfanden. Es gibt keinen unter diesen Deserteuren, der nicht lieber in Frankreich auf dem niedrigsten Posten dienen würde als hier Offizier zu sein. Das sagen sie alle, und die Tränen, mit welchen sie ihre Reden begleiten, beweisen ihre Ehrlichkeit. Daß ich meine Landsleute nicht einen Teil jener Klagen hören lassen kann, die ich von diesen Unglücklichen über ihre unwürdige Behandlung durch die Holländer vernahm! Daß ich nicht allen Soldaten in unseren Armeen Kenntnis von dem traurigen Schicksal geben kann, welches hier die Deserteure erwartet! Ich glaube, daß, wenn sie es kennen würden, die Furcht, es zu erleiden, sie stärker zurückhielte als die natürliche Vaterlandsliebe. Je mehr ich diese Deserteure betrachte, desto deutlicher erkenne ich, daß es auf der Welt keinen besseren Dienst als den französischen gibt, sogar für Ausländer, wie es umgekehrt keinen härteren gibt als den holländischen. Man kann sagen, daß man in Frankreich das findet, was andernorts, besonders unter den Nordeuropäern, unbekannt ist: das Geheimnis, Disziplin und Unterordnung zu wahren, ohne die Rechte der Menschheit zu beeinträchtigen, so daß der Titel des Offiziers, der Kommandogewalt über die Soldaten verleiht, nicht zugleich auch das Recht gibt, seinen Nächsten zu verachten und ihn schlecht zu behandeln.

Jedem, der in Batavia die große Zahl französischer Deserteure sieht, die in der Garnison und auf verschiedenen Posten in den Handelshäusern tätig sind, kommt natürlicherweise der Gedanke, daß diese im Falle eines Krieges mit der Republik[60] eine ebenso große Zahl von Feinden wären, deren Unzufriedenheit man durch das Versprechen einer Amnestie ausnutzen könnte.

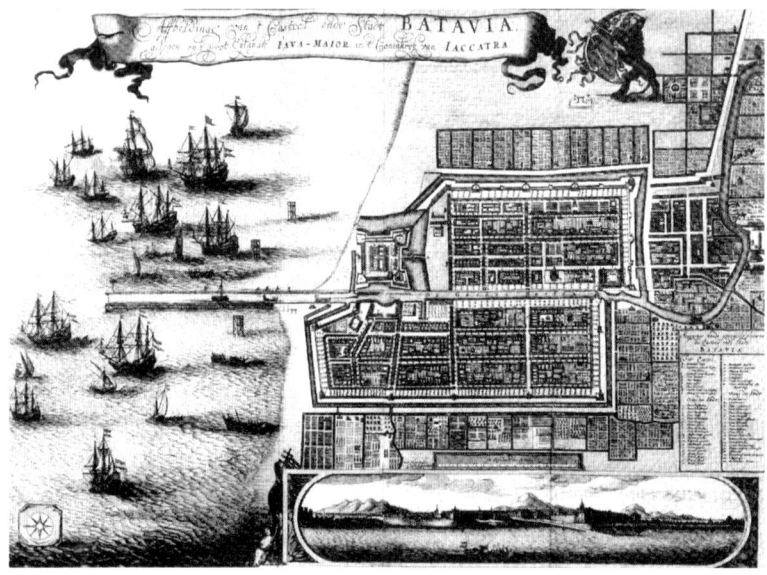

Plan von Stadt und Kastell von Batavia (H. Focken, Anfang des 18. Jahrhunderts)

Batavia ist eine Stadt, in der das Leben sehr teuer ist. Als wir dort an Land gingen, führte man uns zu einer Herberge, wo wir einen Dukaten täglich für unsere Nahrung bezahlen mußten, obwohl man genau wußte, daß wir nichts besaßen und die Engländer uns ausgeplündert hatten[61]. Aber eine solche Ausgabe lag jenseits unserer Möglichkeiten, und unser Wirt begnügte sich fortan mit einem Parduan, was vier französischen Livres entspricht. Niemals in meinem Leben habe ich das Wirken der Vorsehung so deutlich gespürt wie bei dieser Gelegenheit, und ich glaube, daß alle Offiziere der drei Schiffe dasselbe Zeugnis ablegen können. Alle sind wir ohne Geld und ohne Waren an Land gegangen, und dennoch haben wir vier Monate mit vier Livres am Tag gelebt. Wie kam das? Die Vorsehung hat sich um alles gekümmert. Ich bezahlte den Arzt, der die Wunde meines im Gefecht verlorenen Armes verbunden hatte. Trotzdem verließ ich Batavia weniger arm, als ich je gewesen war, ohne irgendeinem Erwerb nachgegangen zu sein. Mein Gastgeber, ein preußischer Staatsbürger namens

Das Kastell von Batavia, Innenansicht Anfang des 18. Jahrhunderts

Grabo, besaß die Großzügigkeit, mir für die vier Monate, die er mich ernährte, nichts abzuverlangen. Auch schickte mir eine holländische Dame, die von meinem betrüblichen Zustande gehört hatte, eine Geldbörse mit vierzig Dukaten sowie andere Geschenke und bot mir Dienste der gefälligsten Art an.

Da ich nun einmal begonnen habe, von mir selbst zu erzählen und da ich dieses hier nur für einen Freund niederschreibe, der sich für mein Schicksal interessiert, so will ich nicht versäumen, ausführlich zu schildern, was mir in den Umständen, von denen ich spreche, widerfuhr, und einige kleine Betrachtungen hinzuzufügen, die ich damals über die erlebten Mißgeschicke anstellte.

Als wir von den Engländern angegriffen wurden, bezog ich Stellung, obwohl als Passagier nicht dazu verpflichtet, auf der Galerie[62] des Schiffes – trotz eines Hagels von Gewehr- und Kanonenkugeln um mich herum. Das Gefecht hatte bereits eia Macao ce 21 dec. 1741.

Monsieur

Quoyque mon dessein ne soit pas de vous raconter notre voyage après le detail que j'en ai su dans la lettre que vous ecrit mr maigrot; je ne puis cependant me dispenser de vous donner de mes nouvelles, je suis à macao avec notre nouveau procureur qui tache de me dedomager de la mauvaise reception de mr Connain. nous nous portons l'un et l'autre à — merveille. pour mr Connain il est à Canton caché je ne scai trop pour quoy. voilà cependant le sujet de sa crainte et la raison pour laquelle il croit devoir se cacher. c'est une histoire toute recente nous ne pouvons pas scavoir quelles seront les suites.
mme je suis destiné pour le tunquin, quelques semaines après mon arrivée à macao mr Connain informé de ma destination, a d'abord voulu

Brief Pierre Poivres an M. Collet, 21. Dezember 1741, geschrieben vor dem Verlust der rechten Hand

ne Stunde gedauert, und ich hatte, ohne daß mir etwas zugestoßen wäre, auf den Feind geschossen, als der englische Kommandant uns von hinten angriff und es uns damit unmöglich machte, ihm die Bordseite zuzuwenden. Wir konnten den Längsbeschuß durch seine Artillerie nicht verhindern, der in einer für uns derart ungünstigen Position viele unserer Leute tötete und das Takelwerk vollkommen zerstörte. Als ich mich allein auf der Galerie und mit nichts als einer Pistole in der Hand dem vollen Feuer eines Kriegsschiffes von sechsundsechzig Kanonen ausgesetzt fand, zog ich mich auf das Vorderschiff zurück. Nachdem ich von dort einige Schüsse auf das andere feindliche Kriegsschiff abgegeben hatte, das uns seitwärts in der Mitte angriff, riß mir eine Kanonenkugel, die von Steuerbord durch die Kapitänskajüte gekommen war, den rechten Arm ab. Ich erhielt den Schlag, ohne ihn zu bemerken. Ich fühlte mich bloß zurückgeworfen und glaubte, dies sei von dem Luftdruck einer knapp an mir vorbeifliegenden Kanonenkugel verursacht worden. Nach meinem ersten Erstaunen wandte ich die Augen den beiden Männern zu, die neben mir verwundet worden waren. Ihr trauriger Anblick begann mich zu erbarmen, als mir klar wurde, daß ich nicht der am wenigsten unglückliche von uns war. Einige Momente zweifelte ich an meinem Mißgeschick. Meine Augen konnten mich kaum überzeugen, ich begriff nicht, wie ich meinen Arm hatte verlieren können, ohne es zu merken. Jetzt begann meine Wunde sich abzukühlen, der Schmerz wurde spürbar; mein Blut, das kräftig floß, überzeugte mich, und allerhand bedrückende Gedanken schossen mir durch den Kopf, von den denen ich mich kaum befreien konnte.

Weil unterdessen das Gefecht andauerte und für uns, die wir unfähig waren, zu manövrieren und uns zu verteidigen, immer hitziger und gefährlicher wurde, wollte ich mich zur Krankenstation zurückziehen, um mich verbinden zu lassen. Doch in dem Durcheinander fand ich weder die Station noch einen Arzt. Daraufhin setzte ich mich auf das Oberdeck zu Füßen des Steuermanns. Kaum hatte ich mich niedergelassen, da pfiff eine Kanonenkugel über meinen Kopf hinweg, die den

Steuermann in der Mitte durchtrennte. Seine obere Körperhälfte fiel auf mich. Um dem Schrecken eines solchen Anblicks zu entgehen, floh ich in eine Kammer steuerbord, wo gerade in diesem Moment eine Kugel eine Kiste mit Porzellan zertrümmerte, unter dessen Scherben ich gewissermaßen begraben wurde.

Wenig später holten wir die Fahne ein und ergaben uns. Im ersten Bewußtsein meines Unglücks und ungewiß, ob nicht noch Schlimmeres folgen würde, dachte ich vor allem an mein Gewissen. Aber in solch heiklen Augenblicken ist man kaum in der Lage, die religiösen Pflichten zu beachten! Der Geist ist verstört, das Herz kalt, die Seele gelähmt und benommen, vom körperlichen Schmerz ganz beansprucht und unfähig zu irgendeiner anderen Gefühlsregung. Ich gebe zu, daß mir trotz aller Bemühungen in jenem Moment kein Akt der Reue möglich war, der mich befriedigt hätte. Am besten ist es, stets darauf eingestellt zu sein; wenn das Unglück kommt, ist es zu spät.

Nach dem Gefecht warf ich mich in meine Koje, wo ich vierundzwanzig Stunden unverbunden in meinem Blute schwamm. Schließlich wurde ich auf das Schiff des englischen Kommandanten gebracht, der mich mit ausgesuchter Höflichkeit empfing, mich in seiner Großen Kajüte unterbrachte und mich der Aufmerksamkeit seiner Offiziere und insbesondere seines Oberchirurgen empfahl. Dieser sah sich meine Wunde an, stellte Wundbrand fest und erklärte, daß es, um mein Leben zu retten, unumgänglich sei, den Arm einige Zoll über der verstümmelten Stelle zu amputieren. Ich entschloß mich, diese Operation über mich ergehen zu lassen und ertrug sie ziemlich ruhig. Als der Chirurg sein Geschäft beendet hatte, fingen auf dem Schiffe einige Pulverfässer Feuer. Ich sah, wie alle unsere französischen Matrosen sich ins Meer stürzten, um sich in Schaluppen und Boote zu retten. Der englische Chirurg, in Schrecken versetzt wie alle anderen auch, ließ mich im Stich, ohne die Blutgefäße abgebunden zu haben, und ich lag da und verlor mein Blut in der grausamsten Situation, die man sich vorstellen kann. Glücklichereise hatte das Feuer keine Folgen, und schließlich wurde mein Verband vollendet.

Darauf verbrachte ich vier oder fünf Tage in einem Zustand, der die Ärzte beunruhigte. Da das Schiff im Oberwerk leckgeschossen war und es keinen Schutz gegen den unablässig strömenden Regen gab, lag ich in Nässe und Fäulnis. Auch war es unmöglich, mir die Nahrung zu verschaffen, die in meiner Lage erforderlich gewesen wäre. Es gab an Bord nur brackiges Wasser und keinerlei Proviant, so daß man fürchtete, daß mich die kleinste Fieberattacke hinwegraffen würde. Inmitten all dessen war ich ohne Unruhe. Ich ergab mich in den Willen Gottes und fand einen inneren Frieden, der mir das Leben rettete. [...][63]

Trotz des scharfen Schmerzes, der mich nicht verließ, aber in ruhiger Geistesverfassung in meinem Bette liegend, beobachtete ich am englischen Sieger, was der Erfolg beim Menschen bewirkt. Wie wenig braucht dieser, um von Furcht und Unsicherheit zur Freude zu wechseln! Wie blenden und betören ihn die kleinsten Erfolge! Unter den besiegten und beraubten Franzosen sah ich das Spiel des Schicksals, seinen Wankelmut und die Verachtung, die es verdient. Wie quält der Verlust der kleinsten Dinge den Menschen, wie verät er seinen Charakter, wie bringt er ihn aus dem Gleichgewicht! Der stolze und anmaßende Engländer redete laut, schwadronierte, traf Entscheidungen und hatte immer recht. Der gedemütigte Franzose schwieg, wagte nichts zu sagen, fürchtete, lästig zu fallen. Ein paar Geldstücke, die vom einen zum anderen wanderten, machten einen großen Unterschied aus. Ich sah unsere schönen Redner, so geistreich im Glücke, nun in der Erniedrigung stumm, verstockt und von Vernunft und gesundem Menschenverstand verlassen. Daraus ziehe ich den Schluß, daß derjenige, der brilliert und als genialer Kopf gilt, oftmals seinen Geist und sein Ansehen seinen glücklichen Lebensumständen verdankt, während im Gegenteil derjenige, der ignoriert oder für einen Narren gehalten wird, oft ein Wunderkind der Wissenschaft sein könnte, wäre er reich und vom Glücke begünstigt.

In meinem Ungemach erkannte ich, wie es in dieser Welt um Freunde bestellt ist. Welch ein Unterschied zwischen eigennützigen Freunden und solchen echten Freunde, die uns hochherzig aus keinem anderen Motiv heraus lieben, als uns zu Gefallen zu sein. Ich würde zu langatmig werden, wenn ich an dieser Stelle alle die Gedanken aufzeichnete, die ich mir damals machte. Die Abschweifung war bereits zu lang: Kehren wir nach Batavia zurückk!

Wir fanden diese Stadt voller begonnener Bauwerke: Lagerhallen, öffentliche Springbrunnen, Befestigungen für die Stadt und die Reede – alles Arbeiten von Bedeutung und Notwendigkeit. Da es an Arbeitern fehlte, waren sie allerdings unterbrochen worden oder wurden nur sehr langsam fortgeführt.

Batavia wird die schönen Bauten dem Herrn Baron Van Imhoff[64] verdanken, dem Generalgouverneur des gesamten Holländisch-Indien. Das ist ein Mann von großen Verdiensten, hochgeeignet für das Amt, das er ausübt, gleichzeitig ein Mann des Krieges wie des Handels, ein tüchtiger Seefahrer und erfolgreicher Kaufherr, fähig zu den größten Staatsangelegenheiten und dennoch aufmerksam auf das kleinste Detail. Seiner Ostindienkompanie ist er oberster Chef und zugleich Ingenieur und Architekt, versiert in allen nützlichen Wissensarten. Er ist die Kraftquelle der Kolonie und denkt sich, mangels tüchtiger Fachleute, nicht bloß Projekte aus, sondern setzt sie selbst in Pläne um und erleichtert dank seiner Fähigkeiten deren Ausführung.

Herr Van Imhoff würde in seiner Person das Muster einer perfekten Regierung erkennen lassen, wenn er es verstanden hätte, sich ebenso beliebt zu machen, wie er bei den Holländern, die von ihm abhängen, und den Nachbarnationen Batavias gefürchtet ist. Es ist schwierig, Mißbräuche zu reformieren, ohne die Gemüter zu reizen. Der holländische Generalgouverneur hat es für das Wohl seiner Kompanie erforderlich gehalten, verschiedenen der Übelstände abzuhelfen, deren straflose Duldung unter seinem Vorgänger große Fortschritte gemacht hatte. Er hat sich dadurch den Haß der Betroffenen, mithin fast aller Bediensteten der Kompanie, zugezogen. Noch verhaßter ist er bei den javanischen Fürsten, die er im Frieden herabsetzt oder mißachtet und im Krieg unwürdig behandelt.

Gustaaf Willem Baron van Imhoff (1705–1750), Generalgouverneur von Niederländisch-Ostindien 1743–1750

Während wir dort waren, führte der König von Madura Krieg gegen die Kompanie[65]. Auf seinen Kopf wurde ein Preis ausgesetzt wie auf den eines gemeinen Mörders. Trotz seiner allgemeinen Verhaßtheit ist Herr Van Imhoff aber der absolute Herrscher Batavias; man könnte ihn den König in der Republik Ostindien nennen[66]. Die Kompanie hat ihm eine Macht gegeben, die seine Vorgänger nicht besaßen. Er ist der Herr des Rates, der das tut, was der Gouverneur will, so daß es in dieser Republik um einiges weniger Freiheit gibt als andernorts[67]. Um schließlich das Portrait des holländischen Generals abzurunden: Er ist ein großer Politiker, der sich in der Kunst der Täuschung und Verstellung auszeichnet. Er gibt sich dieser Wissenschaft dermaßen hin, daß er niemals anders als nach ihren Vorschriften handelt: Religiös aus politischen Gründen, wäre er kirchenlos, wenn er ohne Interessen wäre. Die Politik macht ihn einfach in seinen Gewohnheiten und Ausgaben, umgänglich gegenüber denen, die seinen Anschauungen förderlich sein können; sie macht ihn zum Freund seiner Nachbarn, wenn sie ihm nützlich zu sein vermögen, und zum Feind derjenigen, deren Plünderung ihn bereichern kann. Aus diesen Gründen wird der Baron Van Imhoff von den Holländern in Ostindien gehaßt und zugleich gerühmt.

Batavia ist eine ausgesprochene Handelsstadt. Die Reede ist ständig mit Schiffen gefüllt, die ununterbrochen ein- und ausfahren. Die einen bringen aus Europa die lebensnotwendige Versorgung sowie Waren, die dann in alle Königreiche Indiens verteilt werden. Die anderen führen aus allen Häfen Asiens die reichhaltigsten und kostbarsten Frachten heran: aus Japan, China, Siam, Bengalen, von der Koromandel- und Malabarküste, aus Ceylon und Sumatra und allen anderen Inseln, auf denen es reiche und wohlgegründete Handelshäuser gibt.

Der Handel mit Japan ist besonders lohnend[68]. Von dort holt man Gold, Porzellan, Firnis, vor allem Kupfer und Zinn, und so fort, im Tausch gegen Stoffe, Gewürze, Zucker, Wohlgerüche, Schildpatt, usw. Dieser Handel, den alleine abzuwickeln die Holländer das Geheimnis gefunden haben, ist ihnen zeitweise eine Bürde gewesen. Sie haben zahlreiche Schiffe in den stürmischen Meeren vor der Ostküste Chinas verloren. Auch hatten sie sehr unter der Unehrlichkeit der japanischen Kaufleute zu leiden, die der Handel mit China vollkommen verdorben hat. Alle diese Schwierigkeiten haben sie jedoch nicht abschrecken können, und sie haben stets ein Schiff im Jahr nach Japan geschickt. Heutzutage belebt sich der Handel wieder, und gerade in diesem Augenblick liegen drei große, mit Waren für Nagasaki beladene Schiffe in Batavia auf Reede. Diese Reise, die etwa acht Monate dauert, ist für die Holländer eine goldene Reise, denn sie erbringt selbst für Kleinigkeiten beträchtliche Gewinne. Schildpatt bringt bis zu hundert Prozent, Zucker vierhundert Prozent, usw. So ist es denn nicht verwunderlich, daß die Holländer, um sich einen solch vorteilhaften Handel zu bewahren, all jene üblen Behandlungen ertragen, die sich der Argwohn der Japaner auszudenken verstand. Man kann die Einzelheiten in der »Geschichte Japans« nachlesen[69], doch scheint es falsch zu sein, daß die Holländer, um Zutritt zu jenem freien Königreiche zu erlangen, das Kruzifix mit Füßen treten müssen[70]. Ich habe mehrere Personen befragt, die mir das Gegenteil versicherten. Es ist dies eine reine Erfindung ihrer Feinde, die zu kurz gekommen sind. Wenn diese geglaubt haben, durch eine solche Anschuldigung den Holländern Pein zu bereiten, indem sie sie als Leute ohne Religion darstellen wollten, dann haben sie die Holländer allerdings an einem Punkte getroffen, an dem sie sehr wenig empfindlich sind.

Es verwundert, daß die anderen Europäer einen dermaßen lukrativen Handel preisgegeben haben. Man könnte die Profite teilen. Es wäre einfach, auf einer großen chinesischen Dschunke und in chinesischer Verkleidung in jenes Land einzudringen. Alljährlich verlassen mehr als fünfzig Dschunken die Häfen Chinas mit dem Ziel Japan; ebensoviele brechen von Siam und Cochinchina[71] auf, sämtliche mit Chinesen bemannt, mit denen man sich leicht verbünden könnte. In Japan angekommen, könnte man sich über die dortigen Verhältnisse genau informieren und sich dann eines vertrauenswürdigen chinesischen Mittelsmannes bedienen, um eine Dschunke zu mieten, die sich dann jährlich einsetzen ließe. Für jemanden, der gewisse Kenntnisse von China hat, dürfte dies leicht zu bewerkstelligen sein. Vieleicht könnte man später sogar die Erlaubnis erhalten, offen ein europäisches Schiff zu schicken. Geschenke können in diesem Lande – wie überall sonst in Asien – beträchtlich und von Nutzen sein. Ich glaube, daß der Kaiser von Japan[72] im Grunde nichts lieber sähe als eine Vermehrung seiner Zolleinnahmen durch die Ankunft zusätzlicher Schiffe. Dieses Projekt deute ich hier nur nebenbei an. Es erfordert eine ausführlichere Darlegung.

Ich fahre mit meiner Schilderung dessen fort, was ich in Batavia gesehen habe. Eifersucht und Feindseligkeit sind groß zwischen den Spaniern auf den Philippinen und den Holländern auf Java. Unterdessen hat der zur Zeit regierende Generalgouverneur alles Erdenkliche unternommen, um bei der Regierung in Manila die Freiheit des Handels in dem dortigen Hafen zu erwirken. Dieser Handel ist ein einträgliches Geschäft, das viele Piaster einbringt. Solche Verhandlungen sind aber stets zwecklos gewesen, denn der spanische Gouverneur muß an der Ausführung der Erlasse des spanischen Hofes festhalten, die allen Nationen Europas den Handel in den abhängigen Kolonien Seiner Katholischen Majestät untersagen. Der Holländer jedoch hat sich kurze Zeit danach rächen können.

Während die englischen Kriegsschiffe sich in Batavia aufhielten, verabredete der Generalgouverneur mit zweien ihrer Kaperschiffe eine Schmuggelfahrt in das Südmeer. Die Ausrüstung ging unmerklich und unter größter Geheimhaltung vonstatten. Vier Schiffe wurden für die Reise bestimmt: zwei englische Kaperschiffe und zwei Holländer. Um aber den Erfolg zu gewährleisten, mußte sichergestellt werden, daß die Spanier in Manila die Galeone nicht losschickten, die sie nach alter Gewohnheit alljährlich nach Acapulco senden[73]. Die enorme Menge an Waren, die dieses riesige Schiff trägt, hätte die Verkäufe der Holländer gestört. Und außerdem hätten die Manilaner, am Scheitern einer derart ausgerüsteten Flotte interessiert, sie womöglich an der mexikanischen Küste als Schmugglerschiffe behandeln lassen. Der Generalgouverneur erkannte diese Probleme. Er spielte den guten Nachbarn und entsandte umgehend eine Brigantine[74] nach Manila, um den Spaniern die Nachricht zu übermitteln, daß die Engländer sich mit beträchtlichen Truppen für einen Anschlag auf die Kolonie rüsteten und daß es ratsam wäre, Vorkehrungen dagegen zu treffen, insbesondere die Galeone zu schützen und sie nicht der Gefahr der Kaperung auszusetzen. Kaum war dieser wohlmeinend warnende Brief in der kleinen Brigantine auf den Weg gegangen, da wurde die für das Südmeer bestimmte Ausrüstung der Schiffe öffentlich bekannt, und ganz Batavia applaudierte der List des Generals. Wir jedoch betrachten mit Abscheu, wie sich ein Mann von hoher Position des Schleiers der Freundschaft bedient, um der unwürdigsten Betrügerei den Erfolg zu sichern. Der Holländer wußte ganz genau, daß die Engländer nicht nach Manila gehen wollten, und er gab seinen Rat allein um der Täuschung willen.

Der Kommandant der kleinen Brigantine hatte den Auftrag, von den Spaniern jene Waren zu kaufen, die eigentlich für Amerika bestimmt waren, und auf der Höhe der Ladronen[75] zu den holländischen Schiffen zu stoßen. Die armen Spanier waren in die Falle getappt. Aber kann ein Vorhaben, das auf Betrug beruht, gelingen? Dieses hier hatte den schlechtest möglichen Ausgang. Die vier Schiffe wurde von einem heftigen Sturm erfaßt, der sie auseinandertrieb. Einige verloren ihre Masten und alle entgingen knapp dem Untergang. Die ganze Reise schlug vollkommen fehl[76].

Es überrascht nicht, daß Batavia von einer permanenten Pest heimgesucht wird. Sie ist eine Strafe des Himmels. Überall herrscht Zuchtlosigkeit[77]. Es gibt keinen Holländer, der nicht mehrere Konkubinen hätte. Diese sind Sklavinnen aus allen bengalischen[78] und malaiischen Ländern; diejenigen, die man von Makassar holt, sind die schönsten und teuersten. Einige kosten bis zu dreihundert Dukaten. Die Mehrzahl der männlichen wie weiblichen Sklaven ist unverheiratet. Man kümmert sich wenig um ihren Unterricht, wenn sie ordentlich dienen. Man verbietet ihnen sogar, die christliche Religion anzunehmen. Die Holländer meinen nämlich, daß sie sie nicht mehr als Sklaven betrachten dürften, wenn sie einmal die Taufe erhalten hätten. Daher sehen sie sie lieber als Heiden oder, wie sich selbst, ohne Glauben. Denn man kann sagen, daß die Holländer keinen solchen besitzen. Dennoch gibt es drei Bethäuser: eines für die Holländer, eines für die reformierten Portugiesen und eines für die Malaien. Jedes hat seine eigenen Geistlichen, die zu öffentlichen Gebeten und Unterweisungen angehalten sind. Die Holländer erlauben es anderen, besonders den Armen, nicht, ihre Tempel zu betreten. Sie selber besuchten diese wenig, bevor Herr Van Imhoff Generalgouverneur wurde. Heutzutage bleiben sie ihnen so selten wie möglich fern, vor allem, um ihrem Chef angenehm aufzufallen, der sich die Belehrung durch die Geistlichkeit kaum je entgehen läßt. Die Calvinisten sind hier die maßgebende Gruppe. Es gibt jedoch auch eine große Zahl von Lutheranern, die dabei sind, ein Bethaus zu errichten. Katholiken fehlen, abgesehen von einigen Franzosen, die ihre Religion verheimlichen müssen. Ansonsten sind alle zugelassen: Heiden, Mohammedaner und häretische Christen genießen vollkommene Gewissensfreiheit. Der Malaie hat seine Moscheen, der Chinese seine Idole, die er ehrt und für die er öffentliche Opfer veranstaltet. In einem Wort: bei den Holländern in Batavia ist jede Religion erlaubt, wie närrisch und verrückt sie auch sein mag. Sie verbieten allein die wahre Gottesverehrung, diejenige ihrer Vorfahren[79]. Die Missionare haben unter der holländischen Regierung keine Möglichkeit, das Volk zu erreichen, während sie bei allen anderen Nationen tätig sind, sofern deren Fürst nicht gerade ein Götzendiener ist.

Unglücklich die Völker, welche die Gerechtigkeit Gottes unter das drückende Joch der Hollländer gebeugt hat! Indem sie die Freiheit und die kostbarsten Güter des diesseitigen Lebens verloren, wurden sie auch der Mittel beraubt, diejenigen des Jenseits zu erlangen. Kaum bleibt in ihrem Herzen ein gewisses Gefühl der Menschlichkeit und der Religion. Nicht ohne Regungen des Mitgefühls sieht man ein Volk, das wie alle anderen Menschen frei geboren wurde, durch Gewalt zur härtesten Sklaverei verurteilt: Tausende von Unglücklichen, Männer und

Frauen, in Paaren mit Ketten beladen, die ihre traurigen Tage mit Arbeiten verbringen, die für Lasttiere bestimmt sind; härteste Strafen für das kleinste Vergehen: Die einen werden von Hunden zerrissen, die anderen gehenkt, lebendig verbrannt oder gepfählt – nichts ist in Batavia üblicher als diese Hinrichtungsarten[80]. Wenn diese Völker von ihren gnadenlosen Herren wenigstens dadurch entschädigt würden, daß man ihnen die Kenntnis der Evangeliums predigte, wie es ihre ersten Eroberer, die Portugiesen, taten! Aber es ist ihnen einzig erlaubt, unglücklich zu sein, und verboten, Christen zu werden[81].

Ich weiß nicht, ob es das Vorbild der Holländer ist, das die malaiische Nation so bösartig gemacht hat. Man kann glauben, daß die Malaien weniger schlimm wären, wenn sie bessere Nachbarn hätten. Jedenfalls gibt es unter dem Himmel vielleicht kein heimtückischeres Volk. Man kann sich in keiner Weise auf sie verlassen. Es gibt zahllose Beispiele für ihre Verrätereien. Die Malaien sind um so furchterregender, als sie selber nichts fürchten. Das grimmigste Tier, das es auf der Welt gibt, ist ein Malaie im Opiumrausch[82]. Sie rauchen das Opium wie Tabak. Sobald die Dünste der Droge ihnen zu Kopfe steigen, ziehen sie ihren Kris[83] und töten jeden, rechts wie links, dem sie begegnen. In diesem Falle gibt es zur Wahrung der öffentlichen Sicherheit kein anderes Mittel, als den Rasenden wie einen tollwütigen Hund abzuschießen[84].

Neben Grausamkeit und Heimtücke ist die Eifersucht das vorherrschende Laster der Malaien. Dieses Laster ist unter allen barbarischen Völkern verbreitet, die das Recht und die sanfteren Umgangsformen des gesellschaftlichen Lebens nicht kennen. Ein Malaie fühlt sich schon dann entehrt, wenn seine Frau durch einen anderen Mann bloß angeblickt wird. Er ist dann gegenüber beiden, obwohl sie unschuldig sind, zu den äußersten Exzessen fähig. Unsere französischen Damen würden solche hassenswerten Ehemänner nicht mögen. Die Sklaverei, die sonst jeden abstumpft, der nicht als Herr über seinen eigenen Körper geboren ist, vermindert bei dem Malaien diese Eifersucht hinsichtlich seiner Frau in keiner Weise, und der Herr würde sein Leben aufs Spiel setzen, nähme er sich Freiheiten mit der Frau seines Sklaven. Die Holländer sehen sich vor, die Malaien in diesem Punkte zu provozieren. Als wir in Batavia ankamen, waren sie gefällig genug, unsere jungen Leute vor der Schwäche oder Unklugheit zu warnen, ihren Sklavinnen zu nahe zu treten. Vielleicht ist dieser Rat nicht unnütz gewesen.

Die Malaien sind körperlich nicht besser beschaffen als geistig. Wie fast alle Inder sind sie von häßlichem Körperbau; auch haben sie eine unangenehme rötliche Hautfarbe. Sie kleiden sich spärlich, insbesondere jene, die weniger Umgang mit Europäern haben. Sie sind faul und daher arm, die meisten Diebe und Piraten. Man glaubt nicht, wie sehr sie an den benachbarten Küsten gefürchtet werden. Alljährlich breiten sie sich auf einer großen Zahl von Barken wohlbewaffnet über die Meere aus, um ihr Glück zu machen. Sie rauben dann alles, was sie finden, auch Männer und Frauen, die sie in ihrem Lande als Sklaven verkaufen. Nur Europäer werden erbarmungslos umgebracht, wenn sie in ihre Hände fallen.

Haben solche Menschen eine Religion? Können sie eine haben, wo sie doch keine Menschlichkeit besitzen? Ein Teil der Malaien hat die mohammedanische Religion angenommen. Die anderen sind Götzendiener, die man Bugis nennt[85]. Die Menschen dieser barbarischen Nation kennen eigene religiöse und weltliche Zeremonien; sie haben eine eigene Gelehrsamkeit und Ärzte, die unter ihnen angesehen leben; schließlich besitzen sie eine eigene Geschichte, die – wie diejenige aller orientalischen Völker – mit großen, sagenhaften Ereignissen angefüllt ist, welche sie mit viel Emphase erzählen, ohne selbst daran zu glauben.

Der Beginn der malaiischen Geschichte ist eine hochtrabende Erzählung von einem Goldenen Zeitalter, von der Zeit der ersten Menschen, deren Unschuld das Glück ihrer Tage verbürgte. Durch das Dunkel der Fabeln hindurch erkennt man Tatsachen, wie sie auch unsere eigenen heiligen Bücher lehren: die Epoche des Unglücks des Menschengeschlechts, seiner Verbrechen und der Strafen, die ihm der Himmel auferlegte. Die Kenner der malaiischen Sprache glauben wegen der Übereinstimmung von Sprache und Schrift bei beiden Völkern, daß diese Nation ursprünglich eine Kolonie der Araber war.

Die Malaien besitzen eine trotz ihrer Monotonie ziemlich angenehme Musik, die süß und leidenschaftlich ist. Sie benutzen verschiedene Instrumente, von denen das am einfallsreichsten erdachte eines ist, welches sie Paravana nennen. Es handelt sich dabei um ein ganz aus Holz gefertigtes Instrument in Form eines Schiffchens von zwei Fuß Länge und einem Fuß Höhe. Der Hohlraum des Instruments wird durch achtzehn Stäbchen abgeschlossen, von denen das mittlerste das längste ist und die übrigen sich nach beiden Seiten hin verkürzen. Man schlägt die Stäbchen wie eine Pauke mit zwei kleinen Stöcken, deren Spitze eine Holz- oder Elfenbeinkugel von der Größe unserer gewöhnlichen Billiardkugel aufgesetzt ist[86].

Dieses Instrument ist besonders dann ziemlich angenehm, wenn es von einer schönen Stimme begleitet wird, wie sie bei malaiischen Mädchen nicht selten anzutreffen ist. Der Tanz, den sie zur Musik des Paravana aufführen, ist ebenso wie die Musik selbst extrem eingeschränkt. Er besteht aus immer denselben wiederholten Schritten, unziemlichen Gesten und einer lüsternen Körperhaltung.

Was die Produkte Javas und der anderen malaiischen Städte betrifft, so wären Untersuchungen, die man darüber anstellen würde, sehr ergiebig und könnten die Kenntnis der Naturgeschichte außerordentlich bereichern. Das wenige, das sich dem durchreisenden Besucher darstellt, weckt große Erwartungen.

Zunächst ist das gesamte Küstengebiet extrem fischreich. Man fängt dort Seezungen, Rochen, Barben, Kapitänsfische, Schwertfische und alle möglichen anderen Sorten vorzüglicher Fische und Schalentiere. Die Gestade sind mit verschiedenen Spezies von schwarzen, weißen und – was sehr merkwürdig ist – schwarz-weißen Korallen sowie mit Meerorgeln[87], einer roten Korallenart, bedeckt, außerdem mit einzigartigen Meerespflanzen. Man findet dort Muscheln und Schnecken aller Arten und Versteinerungen von Holz, Fischen, Krebsen und anderen Tieren.

Der Boden ist hier sehr fruchtbar und gut bewaldet. Die kleinsten Inseln, die oft nicht mehr als Punkte im Meer sind, tragen schöne Bäume. Da mangels Arbeitskräften große Teile des Landes unbebaut sind, nehmen Wälder ausgedehnte Flächen in Anspruch. Sie sind voller Elefanten, Nashörner, unterschiedlicher Arten von Tigern, Bären, Hirschen, Rehen, Gazellen, Zibetkatzen, Schweinen, Büffeln, Ziegen, Krokodilen, Salamandern und Beutelratten. Die Luft wird von Fischervögeln mannigfacher Art bewohnt, von Riesenfledermäusen, deren Fett gut und deren Fleisch schmackhaft ist, von Papageien in allen Farben. Am auffälligsten sind die vier oder fünf Arten von Loris[88]. Einige davon sind völlig rot, andere haben einen violetten Kopf, einen karminroten Hals und Bauch, grüne Flügel mit gelber, zinnoberroter und veilchenblauer Zeichnung und einen Schwanz von golddurchwirktem Rot. Sie sind ohne Zweifel die schönsten Papageien der Welt. Auch findet sich auf diesen Inseln ein Papagei, den man Cracatoa nennt. Er ist ganz schwarz mit einer leuchtend roten Haube. Alle diese Vögel erlernen das Sprechen leicht. Man sieht schöne grüne Tauben, die gut schmecken, Wachteln, Rebhühner, gelbe und schwarze Amseln, Turtel- und Ringeltauben. [...][89]

Zu den Früchten, die man auf Java und anderen malaiischen Inseln antrifft, gehören die Muskatäpfel, deren Kerne das sind, was man Muskatnüsse nennt. Der Baum, der diese Frucht trägt, hat Höhe und Form unserer Nußbäume. Sein Blatt gleicht deren Blättern und ist lediglich etwas kleiner. Seine Frucht ist zuerst ein grüner Apfel, wird dann gelb und erreicht die Größe unserer schönsten Nüsse. Das Fruchtfleisch hat einen aromatischen und etwas herben Geschmack, den man durch Zucker oder Branntwein korrigieren kann. Die Konfitüre ist sehr haltbar und von gutem Nutzen, sofern man sie maßvoll verwendet, denn sie führt zu Verstopfung. In den Apotheken kann man die Tugenden der Muskatnuß erfahren. Diejenigen des Muskatapfels sind ungefähr dieselben. Vom Muskatbaum wird auch der Mazis[90] gewonnen, der nichts anderes ist als eine Haut, welche die Nuß umgibt. [...][91]

In Batavia waren wir vier Monate lang Gefangene der Engländer gewesen – und dies in einem neutralen Land. Nach vielen Schwierigkeiten, die uns die Engländer und vor allem die Holländer bereiteten, die uns jegliche Hilfsmittel zum Verlassen ihres Land verweigern und uns so in den Dienst ihrer Kompanie zwingen wollten, verließen wir Batavia schließlich voller Freude, aber in einer überaus schlechten Brigantine. Der Rat von Batavia hatte das Kommando Herrn de Charnays gegeben, einem in Aceh[92] mit seinem Schiff *Le Favori* in Gefangenschaft geratenen französischen Kapitän, der wie wir seit vier Monaten in Batavia festgehalten worden war. Um abfahren zu können, war es nötig, von Herrn Barnett einen Paß zu erwirken, der es uns ermöglichen würde, nach Pondichéry zu segeln. Wir unsererseits versprachen, nicht im Kriege zu dienen, bis wir ausgetauscht werden würden[93].

Abreise von Batavia und Überfahrt nach Mergui

Am 24. Juni [1745] stachen wir in Batavia in See, etwa sechzig Männer, davon siebzehn Offiziere. Die Besatzung bestand zu einem großen Teil aus Kranken, und wir waren äußerst bewegt von dem Leid und Elend, das die Engländer und Holländer diesen Menschen zugefügt hatten. Aber die Freude darüber, dieses unheilvolle Land verlassen zu können, und die Hoffnung, bald die Heimat wiederzusehen, gab uns allen die Kraft des Mutes. Einige Tage lang fuhren wir an kleinen Inseln vorbei, nicht ohne uns zuweilen vor den Malaien zu fürchten, die sich um uns herum zu schaffen machten. Wir mußten mehrere Tote ins Meer werfen, darunter einen armen muslimischen Kapitän, der kurz nach der Abfahrt gestorben war und den nun Haie von monströser Größe vor unseren Augen verschlangen. Am 10. Juli ließen wir die Prinzeninsel hinter uns und hatten gutes Wetter bis auf die Höhe der Malediven, die wir suchten, um dann Ceylon umsegeln und die Küste mit den

Westwinden hinauffahren zu können, die dieses Meer zwischen Juni und August regieren. Aber nach etwa einem Monat Überfahrt merkten wir, daß wir infolge von Strömungen, die uns nach Osten trugen, Ceylon verfehlt hatten. Da Gegenwinde uns nun darin hinderten, Pondichéry, das Ziel unserer Reise, zu erreichen, entschlossen wir uns, den Hafen von Mergui anzusteuern, um dort die Rückkehr günstiger Winde abzuwarten.

Am 26. Juli erlebten wir auf der Breite von drei Grad einen fürchterlichen Sturm. Die Gewalt des Windes, verbunden mit der schlechten Bauart unserer Brigantine brachte uns um Haaresbreite an den Rand des schrecklichsten Schiffbruchs. Wir waren manövrierunfähig. Die Wogen des aufgewühlten Meeres erhoben sich wie Berge über unseren Köpfen und öffneten sich unversehens wie Abgründe. Unser Schiff bekam Schlagseite und hätte uns beinahe in den Untergang gerissen. Aber der Gebieter der Winde und Wellen, unser Herr, hat uns errettet.

Man muß selbst in eine solche Situation geraten sein, um unsere Schwachheit ermessen zu können und das, was der Mensch mit seinem Hochmut gegen einen Atemhauch des Allmächtigen vermag. Die stärksten Schiffe, diese schwimmenden Festungen, mit denen wir bei den entferntesten Nationen Furcht und Schrecken verbreiten, sind in der Gegenwart des Herrn der Winde nichts als trockenes Laub, mit dem er spielt. *Mirabiles elationes maris, mirabilis in altis Dominus*[94].

In solchen Momenten der Gefahr erkennt man den Irrtum der kleinen Eitelkeiten, die unseren Alltag bestimmen. Inmitten der Wogen sieht man den Tod auf das Schrecklichste einherkommen. Dieser furchtbare Anblick beendet unsere unentwegte Zerstreuung; man erinnert sich gerne dessen, was man nie hätte vergessen sollen. Ein Sturm ist das lebhafteste Bild der Verwirrung der Elemente, die den völligen Umsturz der Maschine, auf welcher wir rollen, ankündigen wird und das Letzte Gericht, auf das die Christen hoffen. Glücklich sind die, welche solchen Gefahren entrinnen und dann genügend Mut haben, um die Vorsätze, die sie faßten, auch wirklich in die Tat umzusetzen! Was ist unser Leben anderes als ein unablässiger Sturm, in dem die meisten untergehen? Nur wenige gute Piloten erreichen den Hafen.

Nach qualvollen vierundzwanzig Stunden ließ die Wut der Winde nach, der blaue Himmel kehrte zurück, das Meer beruhigte sich, und Freude folgte auf unseren Schrecken. Wir setzten unseren Weg nach Osten fort, um in Mergui zu überwintern.

Am 12. August erlebten wir einen Sturm, der noch schrecklicher war als der erste. Am 6. gegen vier Uhr abends erschienen zwei Feuer vor uns. Es waren die Inseln der Nikobaren, deren Bewohner, die Flüchlinge aus Pegu[95] sind, jeden Abend Feuer anzünden, um die Moskitos zu verscheuchen, unter denen sie sehr zu leiden haben.

Am folgenden Tage sahen wir indessen kein Land, doch am 10. erkannten wir in kurzer Entfernung vor uns die Inseln der Ostküste Siams. Wir hielten uns in der Mitte zwischen ihnen, im Glauben, es handele sich um die Nikobaren und es sei nötig, zwischen ihnen hindurchzufahren, um Mergui zu erreichen. Unseren Irrtum bemerkten wir erst, als es bereits zu spät war, wieder hinauszugelangen. So fanden wir uns in der höchst unangenehmen Situation, wie wir uns aus einem Archipel befreien sollten, den keiner von uns kannte. Mehr als vierzig Meilen durch diese Inselwelt blieben uns noch bis Mergui.

Am 12. gelang es uns, hinter einer Insel Schutz zu finden und so einem Ostwind der furchtbarsten Art zu entgehen. Wir entdeckten diese Insel am Tag des Heiligen Lorenz und gaben ihr daher den Namen St. Laurent[96]. Hier verbrachten wir drei Tage, um Wasser und Holz an Bord zu nehmen. Wir fanden reichlich Fische und Muscheln, von denen wir uns während der Zeit unseres Aufenthaltes ernährten. Auch fanden wir Früchte, Kokosnüsse und Palmherzen. Diese Insel, die ebenso wie die zahlreichen anderen entlang jener Küste unbewohnt ist, ist dicht bewaldet und voller Papageien und grüner Tauben. In der Mitte befindet sich eine kleine Bucht mit frischem Wasser.

Die Insel St. Laurent

In wilden Himmelsstrichen, inmitten von unkultivierten Inseln, die von der Wut des Menschen und der Raubtiere noch nicht erreicht worden sind, erscheint die Natur als besonders fruchtbar. Vom Morgen bis zum Abend ist alles stille. Der unschuldige Vogel wiederholt ohne Furcht das Loblied dessen, der ihn erschaffen hat. Er mischt sein liebliches Zwitschern mit dem Plätschern der Bäche, die als Kaskaden von den Felsen fließen. Zwischen einer Menge junger Pflanzen erheben sich bis zu den Wolken Bäume von einer wundersamen Größe. Ihre starken und dicht belaubten Äste haben niemals die mörderische Axt zu spüren bekommen. In dieser tiefen Stille, die zugleich Schrecken und Ehrfurcht einflößt, kündigt die Natur allein und kunstlos dem empfänglichen Reisenden die Majestät dessen an, der sowohl die bevölkertsten Regionen regiert wie die verlassensten. Es ist dieselbe Hand, die alles gleichermaßen geformt hat: die Erde, die der Mensch kultiviert, und die, welche er nie bewohnt. Allenthalben erkennt man das Wirken desselben Arbeiters. Welch ein Trost für einen christlichen Reisenden, der überall gläubig den Gott seines Herzens findet: unter Wilden und Barbaren, an den wüstesten Orten, wo man niemals einen Sterblichen trifft, auf Inseln, über die bis heute kein König seine Herrschaft ausgedehnt hat!

Die Winde entfesseln sich gegen uns, wir werden an unbekannte Küsten geworfen, Felsen erheben sich vor uns, mitten im Ozean gelangen wir auf einsame Inseln, wo keine menschliche Hilfe zu erwarten ist. Einerlei: Welches auch immer die neuen Gegenden sein mögen, die sich meinen Augen darbieten, ich vertraue in denjenigen, der ihr Herr ist. Gott herrscht überall. *Domini est terra et plenitudo ejus*[97].

August 1745.

Am 14. verließen wir diese Insel wieder. Wir fanden eine Reihe anderer, unter denen uns zwei mit sehr schönen und bequemen Häfen auffielen; ihre Breite liegt bei zehn Grad, dreißig Minuten Nord.

Da nach dem Verfehlen Ceylons unsere Reise länger gedauert hatte als vorgesehen, hatten wir uns aus Mangel an Nahrungsmitteln auf das äußerste einschränken müssen. Lange nur von Reis und Wasser ernährt, war ein Teil unserer Besatzung zu schwach für die Arbeit geworden. Man muß sich in einer solch extremen Situation befunden haben, um das Elend dieses Lebens inmitten der Wellen ermessen zu können: Auf allen Seiten von Riffen und von menschenleeren und unbekannten Inseln umgeben, von Abgründen und vom Tod nur durch einige schlecht zusammengezimmerte Bretter getrennt, in unserer kleinen Brigantine ohne einen Ruheplatz, nachts im Halbschlaf unter Müll und boshaftem Ungeziefer – Kakerlaken, Tausendfüßlern, Skorpionen, Nattern -, ohne Eßbares, auf verdorbenes Wasser angewiesen, in Ungewißheit, ob wir jemals das Ziel unserer Reise erreichen würden. Dies also war unsere Lage mehr als zehn Tage lang, die uns wie zehn Jahrhunderte erschienen. In diesen Umständen, in denen Klugheit und menschliche Philosophie nichts für unser Herz vermögen, kann die Religion alles. Sie tröstet das Herz und stärkt den Geist. [...][98]

Am 18. [August], den Inseln glücklich entronnen, sahen wir vor uns die Inseln Tenasserim und Kabosa, welche uns die Nähe von Mergui anzeigten. Weil es für die Einfahrt in den Hafen absolut notwendig war, diese beiden Inseln zu kennen, fertigte ich Skizzen von ihnen an, wie sie sich aus drei Meilen Entfernung darboten.

In dem Maße, in dem wie uns den beiden Inseln näherten, gewahrten wir an der Spitze von Tenasserim ein Schiff, das den Anker gelichtet hatte und sich, wie es schien, auf uns zubewegte. Wir konnten einander nicht verfehlen. Nachdem es uns sorgfältig betrachtet hatte, schickte es uns zwei Kanonenkugeln hinüber, eine luvwärts, die andere leewärts. Wir besaßen nichts, um zu erwidern. Darauf beschlossen wir, die holländische Flagge zu hissen. Unsere Bestürzung war groß, als wir feststellten, daß sie keineswegs, wie wir geglaubt hatten, die Freibeuterflagge fliegen ließen[99]. Es war die Flagge des [französischen] Reiches, die sie jedoch dermaßen verdreckt hatten, daß man sie nicht erkennen konnte.

Dieser erbärmliche Kahn war ursprünglich ein französisches Schiff gewesen, das für die Kompanie Holz zwischen Pondichéry und Mergui transportiert hatte. Dann wurde es von einem Herrn Baudrand kommandiert und fuhr im Auftrag von Muslimen, deren Flagge es zeigte, um jene Unannehmlichkeiten des Krieges zu umgehen, die wir selbst bereits mit den Engländern gehabt hatten. Unter dem Kommando des Kapitäns und zweier französischer Offiziere bestand die gesamte Mannschaft vollständig aus Laskaren[100]. In dem Moment, als dieses Schiff gerade in den Hafen von Mergui einfahren wollte und der Kapitän bereits seinen Maat auf die Suche nach einem Lotsen losgeschickt hatte, wurde es von vierundzwanzig Banditen geentert, die aus englischen Diensten desertiert waren und die ihr trauriges Los nach Mergui verschlagen hatte. Sie hatten sich zweier großer siamesischer Kanus bemächtigt, eroberten das Schiff und ermordeten seinen Kapitän. Da sie ohne jeden Proviant waren, nahmen sie uns das wenige, das wir noch besaßen. Wären wir weniger arm gewesen, wären wir den Händen dieser Bösewichte nicht entkommen. Aber nachdem sie sich überzeugt hatten, daß wir nichts mehr besaßen, ließen sie uns gehen, nachdem wir zwölf Stunden lang schlimme Ängste ausgestanden hatten.

Ankunft in Mergui und Beschreibung dieses Hafens im Königreich Siam

Nachdem wir am 20. die Piraten verlassen hatten, fuhren wir durch den Kanal, der sich zwischen der Eiseninsel und der Königsinsel befindet und der so schmal ist, daß er noch nicht einmal die Breite eines Pistolenschusses erreicht. Niemand von uns kannte diese Passage, und dennoch gingen wir das Risiko ein und waren – mit mehr Glück als Verstand – erfolgreich. Die eigentliche Zufahrt befindet sich im Norden der Insel und ist ungefährlich.

Am 22. kam der Offizier, der nach Mergui geschickt worden war, auf einem siamesischen Boot zurück und brachte Verpflegung und einen Lotsen mit. Noch am selben Tag gingen wir im Hafen von Mergui vor Anker. Es handelt sich um einen großen Fluß, der die Provinz Tenasserim durchströmt und sich bei Mergui in zwei Mündungsarmen ins Meer ergießt, die eine Insel umschließen: Maderamalan. Noch am selben Abend ging ich an Land und fand Unterkunft bei Herrn Cavau, einem französischen Missionar, der in Mergui lebt[101]. Während der vier Monate, die ich in jenem Lande verbrachte, erfuhr ich von diesem Herrn alle erdenklichen Gefälligkeiten. Ich hatte viel Zeit ihn kennenzulernen, hatte er doch seinerseits nichts anderes zu tun, als zu meiner Belehrung beizutragen. Was Mergui im besonderen betrifft, so ist das beste an ihm sein sicherer und bequemer Hafen. Die Luft dort ist gut, und unsere Kranken waren rasch wiederhergestellt.

Der Boden ist gut und würde weit mehr hervorbringen, wenn weniger träge Bewohner sich die Mühe machten, ihn zu bestellen. Aber das Land ist noch unberührt. Überall findet man Wald. Ich weiß nicht, ob dieses Stück Erde seit der Sintflut jemals kultiviert worden ist. Man erschließt und bebaut nur in dem Maße und der Weise, wie es das Bedürfnis erfordert. In dem einen Jahr sorgt man sich kaum um die Unglücksfälle, die im folgenden eintreten können. Das Beispiel der Ameise sagt dem faulen Siamesen nichts. Jedoch wurde die Gegend in dem Jahr, in welchem ich mich dort aufhielt, von einer Hungersnot bedroht, und der Reis begann sehr knapp zu werden.

Das Land ist dünn besiedelt. Es wird von den Burmesen[102] bewohnt, den alteingesessenen Herren dieser Erde, die die Siamesen später usurpiert haben, sowie von Muslimen[103], portugiesischen Mestizen, Siamesen und einigen Chinesen, von denen viele nach Siam kommen und sich im gesamten Königreich ausbreiten. Von all den Nationen, die in Mergui wohnen, sind die Burmesen die besten. Sie sind ruhig, treu, weniger arbeitsscheu als die anderen; sie sind gesellig und empfangen

Siamesisches Haus, auf Pfählen gebaut

gern Fremde. Diese bedauernswerten Elenden werden von den siamesischen Mandarinen[104] aufs äußerste gequält, die sie bestehlen und ihre Frauen und Töchter entführen, die weniger häßlich sind als die übrigen Frauen des Landes.

Christen gibt es sehr wenige; man zählt davon nicht mehr als vierhundert Männer und Frauen. Vormals wurden sie von den Beamten des Königs von Siam extrem übel behandelt. Daraufhin hat sich der französische Bischof, der in der Hauptstadt residiert, verpflichtet gefühlt, den König zu bitten, daß die Christen von Mergui nur von dem dort ansässigen Missionar abhängig sein sollten. Der König hat die Bitte dergestalt gewährt, daß der Missionar von Mergui vom siamesischen Hof zum Gouverneur über alle *gens à chapeau*[105] eingesetzt wurde, die in dem Hafen wohnen oder ihn passieren. Diese Christen sind zweifellos meist nicht mehr wert als die Heiden. Der Missionar hat alle Hände voll zu tun, sie zu beaufsichtigen und den Frieden unter ihnen zu wahren. Weit davon entfernt, damit zufrieden zu sein, daß sie der Herrschaft und den Räubereien der Siamesen entzogen sind, führen sie oft Prozesse untereinander und tragen die Sache der unterlegenen Partei vor das Appellationsgericht der Heiden. Dort verschaffen sie sich mit Hilfe von Geschenken die schwärzesten Ungerechtigkeiten, so daß der arme Missionar seine Autorität ständig durch die Kanaille bloßgestellt sieht – und das von seinen eigenen Christen!

Zustand der christlichen Religion in Siam und insbesondere in Mergui

Die christliche Religion macht in diesem Lande nicht die geringsten Fortschritte. Die Gebote des Königs halten den Eifer der Missionare vollkommen zurück. Sie verbieten bei den härtesten Strafen, auch nur einem Untertanen die Lehren der Religion nahezubringen, so daß es im gesamten Königreich keinen einzigen christlichen Siamesen gibt, obwohl unsere Missionare seit mehr als sechzig Jahren unter ihnen wirken[106]. Auch gibt es keine Hoffnung für die Zukunft, denn der Geist des Irrtums und der Finsternis waltet in dieser unseligen Nation. Da sie treulos gegenüber den Gesetzen der Natur sind und aller Laster schuldig, die allein schon die Vernunft verdammt, wie sollten sie sich dann den Schönheiten des Evangeliums gegenüber würdig zeigen? Das Christentum setzt die Humanität voraus. Um einen Siamesen zu einem Christen zu machen, muß man ihn zuvor in einen Menschen verwandeln. Die Gnade des Glaubens läßt sich allein durch das Leben der natürlichen Tugenden erlangen, und nach den Lehren unserer erleuchtetsten Gelehrten[107] ist sie stets die Belohnung dafür. In dieser Einstellung hat mich bestätigt, was ich selbst in Mergui erlebt habe.

Als wir nach Mergui einfuhren, kam ein siamesischer Lotse und mit ihm ein Dolmetscher an Bord, dessen Gestalt mir von derjenigen verschieden zu sein schien, die ich früher schon in verschiedenen Teilen Ostindiens an Siamesen hatte beobachten können. Die Neugier trieb mich, diesen Menschen auf Portugiesisch zu fragen, welcher Nation er zugehöre. Er antwortete, er sei in Mergui geboren und habe einen cochinchinesischen Vater. Er konnte einige Brocken Vietnamesisch, die ihn sein Vater gelehrt hatte. Nach manchen Freundschaftsbezeugungen, gab er mir zu verstehen, daß es seinem Vater angenehm wäre, jemanden zu treffen, der seine Sprache spräche, und daß er mich einlüde, sie zu besuchen, sobald wir den Hafen erreicht haben würden. Zwei oder drei Tage nach meiner Ankunft führte mich der Mann zu seinem Haus. Dort traf ich einen würdigen Greis inmitten einer recht zahlreichen Familie. Offenheit, Schlichtheit und Unschuld zeigten sich auf seinem durchfurchten Gesicht. Ich begrüßte ihn auf Vietnamesisch[108]. Als er mich in seiner Muttersprache reden hörte, erschien Freude auf seinem Antlitz – so wie eine durch lange Trockenheit entstellte Pflanze ergrünt und neue Kraft gewinnt, wenn man sie wässert. Trotz der Schwachheit, die sein hohes Alter verursachte und die ihn zwang, auf einer Matte zu ruhen, raffte sich der Greis auf und warf sich mir zu Füßen, um mich in der Weise seines Landes zu begrüßen. Als er fragte, welcher Zufall mir die Kenntnis des Vietnamesischen eingetragen habe und welche Absichten ich jetzt in Siam verfolge, erzählte ich ihm, daß ich aus Cochinchina käme, wo ich zwei Jahre lang gelebt hätte, daß es mein Ziel sei, nach Pondichéry zu fahren, daß jedoch Mißgeschicke mich an die Küsten von Siam und Mergui geworfen hätten. Gerührt und mit Tränen in den Augen erwiderte der Alte: Das ganze Leben hier ist nichts als ein einziges Elend! Achtzig Jahre sind vergangen, seit ich das Licht der Welt erblickte. Ich kann die Zahl meiner Tage nur durch die Zahl meiner Unglücksfälle zusammenrechnen. Ich stamme aus der Provinz Champa in Cochinchina; der Hafen Huehan[109] ist mein Heimatort. Seit meiner frühesten Kindheit widmete ich mich zusammen mit meinem Vater der harten Arbeit des Fischens. Eines Tages führte ihn seine Waghalsigkeit in seiner Barke außer Sichtweite der Küste hinaus auf das offene Meer. Plötzlich erhob sich der heftigste Nordwind. Vergeblich versuchten wir, unseren Hafen zu erreichen, nachdem wir uns immer wieder dem Untergange nahe geglaubt hatten. Erschöpft von Anstrengungen und Hunger, gewannen wir irgendwo Land. Es war die Küste von Kambodscha. Es würde zu lange dauern, von dem Übel zu berichten, das wir in diesem barbarischen Land durchlitten. Mein armer Vater konnte ihm nicht standhalten, er starb und ließ mich ohne Hilfsquellen allein zurück. Seit jener Zeit bin ich lange von Königreich zu Königreich gewandert. Schließlich hat mich mein unseliges Schicksal nach Siam geführt, wo ein Armer, wie ich es immer gewesen bin, sich nicht vor Tyrannei, Gewalt und Unrecht schützen kann. Seit mehr als zwanzig Jahren führe ich hier ein armseliges Leben; ich haben keinen Moment der Freude und sehe überall nur Ungerechtigkeit. Das Leben ist mir unerträglich geworden, meine schwachen Augen öffnen sich nur mühsam dem Licht. Mein einziger Trost sind meine Kinder, in denen ich unablässig die Liebe zur Tugend anrege. Ich habe ihnen erlaubt, die christliche Religion anzunehmen, weil sie mir weniger ungerecht zu sein scheint als die übrigen.

Ich selbst würde meine Tage dem Gott opfern, den sie anbeten, wenn er mir möglich wäre, mich über die Pflichten jener Religion zu unterrichten. Ich kann keine andere Sprache als die meines Heimatlandes. Man versteht mich nur in meiner Familie, der ich die für das Alltagsleben wichtigsten Worte beigebracht habe. Darüber hinaus können sie mir nichts mitteilen, und ich fasse nichts von den barbarischen Sprachen auf, die man in diesem Lande spricht. Seit siebzig Jahren sind Sie der erste, der meine Sprache gelernt hat. Wenn Sie sich bereitfinden, mich zu unterweisen, werde ich zuhören. Vielleicht ist Ihr Pech für mich eine Wohltat des Himmels. Unsere Begegnung läßt mich eine Freude spüren, die ich auf dieser verfluchten Erde nicht mehr zu erhoffen gewagt hatte. So sehr ich ein Ende meiner Leiden und meines Lebens ersehne, so sehr spüre ich doch, daß meinem Gewissen noch etwas fehlt. Sagen Sie mir, worauf ich nach einem so traurigen Leben wie dem meinigen hoffen darf. Gibt es einen Richter über die Tugendhaften und die Ungerechten? Wenn es ihn gibt, will ich ihn kennenlernen, ihn anbeten und in Zufriedenheit sterben. Ich versprach ihm allen Beistand, der in meiner Macht stünde. Von jenem Tage an unterrichtete ich ihn in den vornehmsten Pflichten unserer Heiligen Religion. Nach drei Monaten hatte er alles Nötige erfahren und wurde getauft[110].

Sieht man in all dem nicht die Vorsehung, die dieser gerechten Seele den Lohn zukommen ließ, den ihre moralischen Tugenden verdienten? Damals erinnerte ich mich trostvoll eines Gedankens von La Bruyère: »Wäre ich in meinem ganzen Leben nichts als der Apostel einer einzelnen Seele gewesen, hätte ich nicht geglaubt, auf der Erde eine nutzlose Bürde zu sein.«[111]

Die Einwohner von Mergui sind sehr arm. Da sie wenig essen und sich sehr spärlich kleiden, brauchen sie wenig zum Leben. Die Kleidung der Siamesen besteht aus einem einfachen Stück Stoff, das ihnen als Hose dient. Die Frauen kleiden sich ganz wie die Männer mit der Ausnahme, daß diejenigen unter ihnen, die zu den reichen Leuten gehören, den Hals mit einer Art von Taschentuch bedecken. Die Mandarine tragen eine Weste nach persischer Art. Ich verzichte auf eine ausführliche Beschreibung ihrer Art, sich zu kleiden, da diese dem Publikum bereits durch verschiedene Berichte aus jenem Lande vorgestellt worden ist. Sie essen auf eine sehr unappetitliche Weise, wie sie einer barbarischen oder wilden Nation entspricht.

Die Einwohner von Mergui sind in ihren Sitten sehr locker. Der Reichtum, welchen unsere Philosophen als die Giftquelle all unserer Laster beklagen, ist nicht die einzige Ursache solcher Liederlichkeit; die Armut trägt ebenfalls viel dazu bei. In diesem Lande gibt es nichts Gewöhnlicheres als Väter und Mütter, die ihre Töchter vom zartesten Alter an prostituieren – und dies öffentlich und ohne zu erröten. Zur Schande ihres Geschlechts bemühen sich die Mädchen selbst um Männer, die sie für einen sehr mäßigen Preis in ihr Serail aufnehmen. Diese Freiheit, die der Vernunft so sehr widerstrebt, ist eine allgemeine Gefahr für die Fremden, die in Mergui an Land gehen. Sie resultiert vor allem aus dem großen Elend der Bevölkerung. Glücklich die Nation, deren weise Regierung gleichermaßen den Reichtum wie die Armut auszuschließen versteht! Bei allen Völkern der Welt findet sich die Tugend allein in durchschnittlichen Glückslagen.

Eigentümlichkeiten der Regierung Siams

Die siamesische Regierung ist eine fürchterliche Tyrannei. Dieses unglückliche Volk kennt die Zahl der unterschiedlichen Herren, die es seit dem Beginn der Monarchie besessen hat, nur als die der Tyrannen, die es unterdrückten. In Siam besteht das größte Recht des Königshauses darin, straflos die Untertanen in diesem ausgedehnten Reiche zu berauben. Alles gehört einem einzigen Menschen. Der Untertan kann noch nicht einmal über seinen eigenen Körper verfügen. Nachdem die Könige den Privatleuten allen Besitz wegnahmen, haben sie ihnen auch noch die Freiheit genommen; sie glaubten, es sei ruhmvoller, Sklaven als ein freies Volk zu regieren.

Welch eine Überraschung ist es für den Reisenden, der die Rechte der Humanität kennt, eine Nation zu sehen, die verpflichtet ist, die Früchte ihrer Arbeit einem ungerechten Menschen zu überantworten, dem es Freude bereitet, Elende zu schaffen. Wie merkwürdig ist es, einem Volk von Sklaven zu begegnen, die vor den Füßen eines ihrer Landsleute kriechen, welcher das Geheimnis gefunden hat, als einziger frei zu sein. Dieses Volk kann sich glücklich schätzen, wenn man es im Genusse eines erbärmlichen Lebens läßt, seines einziges Besitzes, den aber die Grausamkeit des Fürsten wiederum ungewiß sein läßt. Ich jedenfalls kann nur mit Empörung betrachten, wie die Minister dieses unwürdigen Königs von Haus zu Haus laufen, alles an sich nehmen, was ihnen gefällt, die Frau aus den Armen ihres Mannes reißen, Verzweiflung in ganze Familien tragen, sei es durch tatsächliche, sei es durch vermutete Zügellosigkeit. Durch die schlechte Behandlung, die sie ihm antun, machen sie den Armen für seine eigene Armut verantwortlich; sie begnadigen andere nur nach Maßgabe dessen, was sie in deren Häusern an Objekten der Aneignung vorfinden können und begegnen überall den Untertanen des Königs mit derselben Unmenschlichkeit, mit der eine barbarische Nation ihre Feinde behandelt.

In der Nachahmung des Königs sind die Mandarine öffentliche Diebe, welche die Nation ruinieren. Nach ihrem Beispiel wiederum bestehlen sich die Privatleute untereinander. Überall gibt es Plünderung und Straßenraub. Da der Diebstahl ein notwendiges Übel geworden ist, macht jeder davon Gebrauch. Das Studium der Wissenschaften ist unmöglich geworden, da es nicht dem unmittelbaren Lebensunterhalt dient. Sämtliche Künste werden vernachlässigt, denn wenn jemand sich in ihnen auszeichnet, wird er gezwungen, für den König zu arbeiten, der ihn mit Stockschlägen belohnt. Der Bauer wagt es nicht, sein Feld zu bestellen, da er sicher sein kann, daß man kommen und ihm sein Korn abnehmen wird; der Gärtner wird entmutigt, Gemüse zu kultivieren und Obstbäume anzupflanzen, weil er damit rechnen muß, daß man ihn um die Früchte seiner Arbeit bringet. Hat zufällig die Natur, die in diesem Lande fruchtbarer ist als anderswo, einen besonders vortrefflichen Obstbaum hervorgebracht, so bleibt dem Besitzer nichts anderes übrig, als ihn unverzüglich zu fällen, denn wenn ein solcher Baum entdeckt würde, kämen alsbald Soldaten und würden seine noch unreifen Früchte für den König oder einen der Mandarine beanspruchen. Weil von da an der Besitzer des Baumes nichts mehr ist als dessen treuhänderischer Verwahrer, wird er für alle Früchte verantwortlich gemacht, die zur Zeit der Reife fehlen, seien sie nun abgefallen, von Vögeln und Insekten gefressen oder von Nachbarn – oder sogar von den Soldaten, die sie gezählt haben – gestohlen worden. Der Unglücksrabe ist allein dafür verantwortlich, und wie sorgfältig er den Baum auch Tag und Nacht bewacht haben mag, so kann

Ein siamesischer Mandarin

er doch gewärtigen, für seine Mühen mißhandelt oder durch willkürliche und ungeheuerliche Geldstrafen ruiniert zu werden. Es gibt in Siam keinen besseren Beruf als den des Diebes. Die Siamesen haben diese schöne Kunst zu unvorstellbarer Perfektion getrieben. Gelehrte haben ihre Schreibstifte bemüht, um Kunstgriffe und Schliche aller Art zu lehren. Sie haben sogar eine Geschichte derjenigen geschrieben, die sich durch ihre schönen Taten auf diesem Gebiete auszeichneten. Diese Geschichte der berühmten Diebe, die durch die Zahl ihrer Bände auffällt, kann sich mit Recht die »Geschichte der Nation« nennen, denn es gibt keine andere.

Einzigartig ist, daß die Könige den Diebstahl durch ihre Gesetze verboten haben, ihn aber durch ihr Beispiel so stark gutheißen – so als hätte das Vorbild des Fürsten mehr Einfluß auf die Gemüter der Untertanen als alle Anordnungen. Es stimmt, daß dieses Gesetz nur auf die Armen angewendet wird und daß die kleinen Diebe von den großen abgeurteilt werden. Ich füge nun eine Geschichte hinzu, die das Wesen der siamesischen Regierung gründlich erkennen läßt und die beweisen wird, bis zu welchem Punkt der Hof von Siam die Ungerechtigkeit gegenüber dem Volke treibt.

Der ehrenhafte Diebstahl bei den Siamesen

Diejenigen, welche die verschiedenen Berichte über das Königreich Siam gelesen haben, wissen, daß es von mehreren Nationen bevölkert ist, deren Wohnquartiere teils innerhalb, teils außerhalb der Hauptstadt Ayudhya verteilt sind[112]. Peguaner, Laoten, Christen, Portugiesen, Burmesen, Malaien, Kambodschaner, Chinesen, Cochinchinesen: alle diese unglücklichen Leute, tyrannisiert in ihren eigenen Ländern, kommen nach Siam, um ein Asyl gegen die Belästigung durch ihre Fürsten zu suchen. Weit entfernt von dem, was sie suchen, werden sie zu Sklaven, mehren die Zahl der Untertanen eines neuen Herrn und werden Opfer der barbarischsten Regierung. Einige unter den Ausländern, besonders Vietnamesen, nehmen die christliche Religion an und stellen sich damit unter den Schutz des französischen Bischofs, der in diesem Lande die Person des Königs repräsentiert und es trotz der Ungerechtigkeit und den bösen Absichten der Regierung verstanden hat, sich seine Würde zu erhalten und den Respekt, der ihm gebührt.

Da die Mandarine sich nicht getrauen, den Christen jene Scherereien zumuten, mit denen sie straflos alle anderen behelligen, suchen sie ständig nach Vorwänden, um die Christen zu berauben, ohne daß der Bischof sich beschweren kann. Keine Klugheit und Vorsicht kann vor ihren Tricks und Betrügereien schützen. Im Wohnquartier der Christen gab es einen Alten, der im Schweiße seines Angesichts ein Vermögen an-

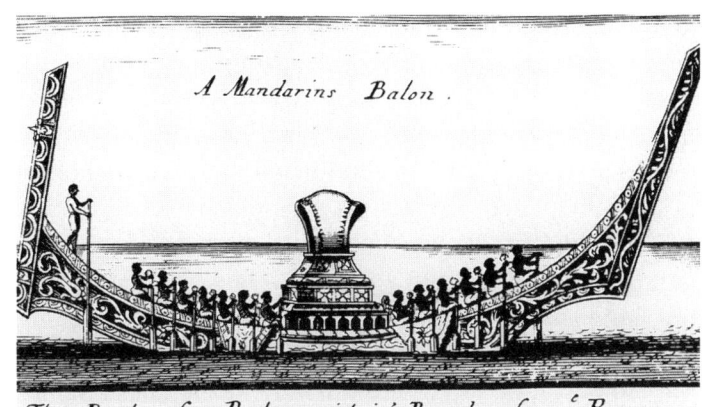

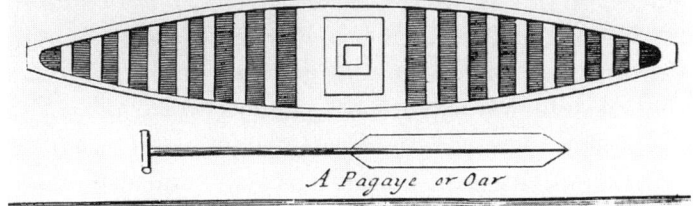

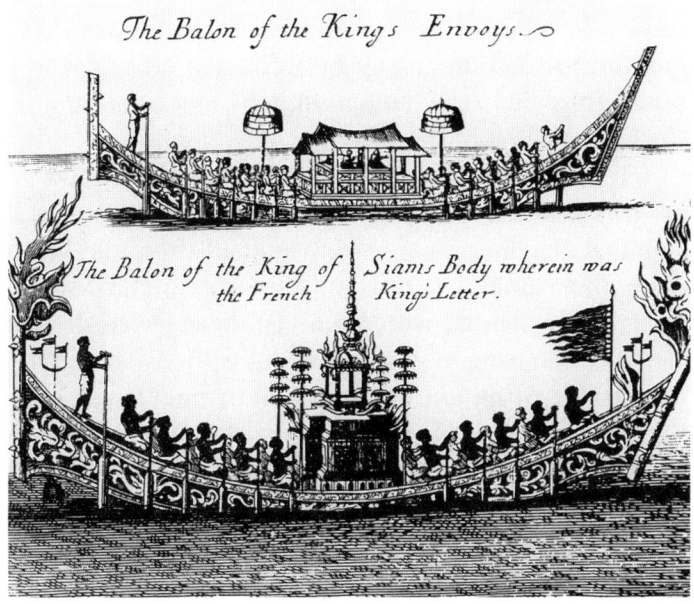

Siamesische Staatsboote (Balons)

gehäuft hatte, mit dem er eine zahlreiche Familie ernährte. Dieser Alte zog den Unwilen des Hofes auf sich; sein Verbrechen bestand darin, reich zu sein. Der Barcalon oder Premierminister des Königreichs[113] nahm sich vor, ihn auszuplündern. Um Klagen des französischen Bischofs zu vermeiden, war es erforderlich, sich wenigstens den Anschein von Rechtmäßigkeit zu geben und dem bedauernswerten Unglücklichen irgendwelche Missetaten zu unterstellen, die den beabsichtigten Raub rechtfertigen würden. Eine Lösung war bald gefunden: Im Schutze der Dunkelheit schaffte man den Balon[114] des Ministers vor die Tür des Alten. Bei Anbruch des folgenden Tages veranstaltet man ein großes Geschrei: Wer hatte es gewagt, den Balon des Mandarins zu stehlen? Man läuft zum Bischof, um ihm vorzuhalten, wie falsch es wäre, seinen Schutz jenen Unwürdigen zu gewähren, die das Eigentum des Barcalon persönlich stehlen würden. Der bedauernswerte Alte wird in Ketten gelegt; man wirft ihn ins Gefängnis, und beschlagnahmt sein Eigentum zugunsten des Barcalon – und all dies, ohne daß es dem Unschuldigen möglich gewesen wäre, sich zu rechtfertigen, oder dem Bischof, ihm seine Protektion zukommen zu lassen. Was an diesem Verhalten der Siamesen am meisten abstößt, ist, daß man, weit entfernt sich eines derart drastischen Unrechts zu schämen, ihm als einer ehrenhaften Geistesleistung Beifall spendet

Ich könnte noch andere ähnliche Tatsachen erwähnen, eine krasser als die andere. Dies möge aber genügen, um die Denkart der Siamesen zu veranschaulichen, die sich um so geistvoller dünken, je besser es ihnen gelingt, zu stehlen, ohne dabei ertappt zu werden. Es ist diese Geisteshaltung, die sich die Siamesen in einem dreisten Sprichwort zuschreiben, das sie im Gespräch mit Ausländern unentwegt im Munde führen: Der Himmel hat, so sagen sie, den Franzosen die Kriegskunst, den Holländern die Kenntnis des Handels, den Chinesen das Wissen um die Moral, den Portugiesen die Fähigkeit der Seefahrt und den Siamesen *esprit* gegeben.

Auswirkungen einer tyrannischen Regierung

Unter einer Regierung, die so ungerecht ist wie diejenige, von der ich spreche, kann kein Staat blühen. Wenn ein Privatmann nicht ungestraft reich sein darf, fehlt ihm der Anstoß zur Nachahmung. Damit verliert er den Gewerbefleiß[115], der die Kraftquelle eines Staates, der Nerv und die Stütze einer Gesellschaft ist. Keine andere Nation ist so unwissend und so wenig erwerbsam wie die Siamesen, und es gibt keinen König, der so schlecht bedient wird und so wenig Hilfe bei seinen eigenen Untertanen findet wie der siamesische. In diesem erbarmungswürdigen Lande sind die Menschen weit davon entfernt, der Erde die Reichtümer zu entlocken, die in ihr verschlossen sind, sich der Manufaktur, dem Gewerbe, dem Handel und überhaupt jeder Arbeit hinzugeben, die überall zu Überfluß und zu den lebensnotwendigen Gütern führt. Sie denken bloß an das alltägliche Überleben und sind weniger darauf erpicht, sich durch gegenseitige Dienstleistungen reicher zu machen, als sich durch Diebstähle untereinander verarmen zu lassen. Der König steht nicht besser da als der Privatmann. Man bestiehlt ihn in dem gleichen Maße, in welchem er andere bestiehlt. Da er für die Dienste, die er in Anspruch nimmt, nicht bezahlt, arbeitet man schlecht – aus Furcht und ohne Anteilnahme und Ehrgeiz. Der Mandarin, der den Geist des Hofes in sich aufgenommen hat und allein auf Geld sinnt, das er sich auf jedwede räuberische Weise beschafft, verzichtet auf die Ausgaben, die für den Dienst des Königs und die öffentliche Sicherheit unentbehrlich sind. So gerät alles in Niedergang.

Der Soldat, der keinen Sold erhält und kaum daran Interesse findet, ein Vaterland zu verteidigen, das ihm nichts als Elend und Unannehmlichkeiten beschert, hütet sich, sein Leben zu riskieren und flüchtet, wenn der Feind erscheint. Nichts ist weniger ungewöhnlich als ein einzelnes bewaffnetes malaiisches Boot, das die gesamte siamesische Küste erzittern läßt. Die Offiziere, denen die Streitkräfte des Königreiches anvertraut sind, schauen ohne Beschämung zu und ohne sich diesen ansonsten so verachtenswerten Piraten entgegenzustellen. Dazu wäre es allein erforderlich, eine kleine Bewaffnung zu finanzieren und den Mut zum Kampfe aufzubringen. Dafür müßten die Menschen selbst verantwortlich sein, denn die nötigsten Ausgaben entsprechen niemals dem Geschmack des Hofes. Die gutwilligsten Mandarine erkennen die Unmöglichkeit, Vorsorge für die öffentliche Sicherheit zu treffen. Sie fürchten, dafür bestraft zu werden, nicht getan zu haben, was zu tun unmöglich gewesen wäre. Sie kommen unter sich überein, dem König zu verschweigen, was an Verdrießlichem in den Provinzen geschieht, so daß diesem elenden Fürsten der Zustand seines Königreiches vollkommen verborgen bleibt. So wird er von jenen behandelt, die ihm am meisten zugetan zu sein scheinen. Kann ein Tyrann andere Dienste erwarten?

Von welcher Entrüstung auch immer ein Reisender ergriffen werden mag, wenn er gewahr wird, wie ein Mann, den die Königswürde zum Vater seines Volkes machen sollte, sich allein damit beschäftigt, Elend zu erzeugen, wie dieser Mann sich gegenüber dem schmeichelhaftesten Vergnügen abgestumpft zeigt, das darin besteht, Gutes zu tun und das allein die höchste Machtfülle erstrebenswert macht – man muß zugleich einräumen, daß niemals ein Mensch bedauernswürdiger und unglücklicher gewesen ist. Stets ist er in seinem Palast eingeschlossen, wo mannigfaltige sinnliche Genüsse die Unruhe, die Furcht, den Argwohn, die Eifersucht und überhaupt all die wilden Leidenschaften nicht auszuschließen vermögen, welche die grausamen Rachegeister der unterdrückten Nation sind. Er geht nur selten aus – und dann mit ungeheurem Aufwand –, um seinen Untertanen die Gestalt ihres Zwingherrn zu zeigen. Statt den Jubel eines glücklichen und zufriedenen Volkes entgegenzunehmen, sieht er auf allen Gesichtern nur Haß, Furcht und Wut.

Überall hört man undeutliche Stimmen, die von nichts anderem als von Armut, Elend und Unrecht sprechen. Die Jungen verfluchen den Tag, der sie als Untertanen eines so grausamen Fürsten geboren werden ließ. Die Alten erzählen sich die Schmach und Bedrückung, in der ihr armseliges Leben verlief und sehen schon das Unglück ihrer Nachkommen voraus. Glücklich sind diejenigen, die wünschten, keine Nachkommen zu haben, da sie ihnen doch nichts anderes hinterlassen können als das letzte Elend und die Furcht vor schlimmsten Übeln. Wenn dem Tyrannen noch irgendein Gefühl der Menschlichkeit bleibt, dann gibt es auf Erden keinen unglücklicheren Mann.

Siams Reichtümer

Nach allem, was ich über die Räubereien und Unbilligkeiten des Königs von Siam gesagt habe, könnte man meinen, daß das Königreich wohlhabend ist. Keineswegs: seine Ausgaben, durchaus mittelmäßig, übersteigen die Einkünfte. Da es in Siam keinerlei manufakturelles Gewerbe gibt, muß man beträchtliche Summen ins Ausland abfließen lassen, um sich die notwendigsten Dinge zu beschaffen. Es genügt zu sagen, daß ein König unmöglich reich sein kann, wenn alle seine Untertanen arm sind. Nichts ist falscher als die Berichte, etwa der des Pater Tachard[116], über den unmäßigen Reichtum Siams. Ich weiß nicht, ob der Pater Tachard die enormen Schätze gesehen hat, von denen er spricht, die Götzenbilder aus purem Gold, die Paläste, Städte und Gebäude, von denen er solch großartige Beschreibungen gibt. Sie sind mit einem Male vor Augen verschwunden, die weniger prophetisch sind als die seinen, oder haben vielleicht niemals außerhalb seines üppigen Berichts existiert. Ich begreife nicht, welches Interesse man daran haben konnte, die Reichtümer dieses fremden Landes, seine Streitkräfte, seine Macht und die angebliche Bereitschaft des Königs und seiner Untertanen, unsere Heilige Religion anzunehmen, derart nach Herzenslust zu übertreiben. An all dem war nicht Wirkliches außer einer maßlosen Übertreibung und einem fürchterlichen Schwindel.

*Bemerkung über die Gesandtschaft
des Königs von Siam an Ludwig XIV.*

Ein Reisender, der das Königreich Siam kennt, kann sich des Lachens nicht enthalten, wenn er in unseren Geschichtsbüchern liest, welche Mühe sich der französische Hof gab, um die Freundschaft jenes indischen Königs zu suchen, welche Hoffnungen er mit jener berühmten Gesandtschaftsreise verband, die der Eitelkeit Ludwigs XIV. so ungemein schmeichelte, mit welchen Ehren man die siamesischen Botschafter empfing, denen nach dem Vorbild des Königs unsere Prinzen und hohen Adligen die außerordentlichsten Höflichkeiten erwiesen[117]. Man erkannte bei ihnen den Geist, die Gefühle, die Erziehung, die edle Haltung und andere schöne Eigenschaften, welche die Franzosen stets bei allem finden, das aus der Ferne kommt. Es ist angebracht festzustellen, daß die drei siamesischen Botschafter Abschaum des Volkes waren[118], gemeine Leute, unwissend und wenig beschlagen in der Politik des Hofes, der sie entsandte, denn in Siam sind nur wenige Mandarine in die Staatsangelegenheiten eingeweiht. Es ist wahr, daß die Dolmetscher der Delegation viel dazu beitrugen, das Publikum zu täuschen, indem sie geistreiche Antworten formulierten, die in starkem Gegensatz zur schwarzen und grotesken Gestalt derjenigen standen, die sie angeblich geäußert hatten. Sicher ist, daß die Gesandten nach ihrer Rückreise in ihre früheren gesellschaftlichen Stellungen zurückkehrten. Der eine war Fährmann, der andere Arzneihändler, der dritte Lastträger. Dieser dritte hatte das Pech, auf Befehl des Königs totgeprügelt zu werden, weil er gewagt hatte, in Siam zu äußern, daß der Hof von Frankreich den seines eigenen Landes unendlich übertreffe.

Wir sind in Frankreich zu sehr zugunsten von Fremden eingenommen, vor allem den am weitesten entfernten. Ich weiß nicht, aus welchen Motiven unsere Reisenden, vor allem die Missionare und unter ihnen wiederum vornehmlich die Jesuiten, uns von allen Ländern, die sie besuchen, solch günstige und irrtümliche Vorstellungen geben. Wie konnte der Pater

Die drei an den Hof Ludwigs XIV. entsandten siamesischen Botschafter

Tachard die Stirn haben, Ludwig XIV. so gröblich irrezuführen, indem er ihn glauben machte, am anderen Ende des Universums gebe es einen großen Herrscher, der, betört von Ludwigs glanzvollen Siegen, dessen Freundschaft suche und dessen Religion annehmen wolle? Davon war in Siam niemals die Rede. Und wenn Ludwig der Große am Ende seiner Tage weniger leichtgläubig und weniger selbstgefällig gewesen wäre, hätte er niemals eine Gesandtschaft nach Siam geschickt, um Freundschaftsbeziehungen mit dem angeblichen großen Monarchen aufzunehmen, der in Wahrheit nichts war als ein Sklavenkönig, ein schändlicher Tyrann, wegen seiner Inhumanität unwürdig, unter die Menschen gezählt zu werden, auch wenn er sich König des Himmels, des Weißen Elefanten, von Siam, Pegu, usw., nennen ließ. Man muß zugeben, daß die Eitelkeit die mächtigsten Fürsten oft ziemlich lächerlich aussehen läßt und daß unser großer König manchmal recht klein war.

Ich werde mich nicht länger bei der Regierung Siams aufhalten. Ich hätte sogar überhaupt nichts darüber gesagt, wenn diejenigen, die sich vor mir dazu geäußert haben, dies mit größerer Wahrheit getan hätten. Der jetzt herrschende König ist ein Mann in den sechzigern[119], der seinen grausamen und blutrünstigen Sohn regieren läßt[120]. Da dieser der Enkel eines Usurpators ist[121] und da es noch Kinder aus der Familie der legitimen Könige gibt[122], trifft er alle möglichen Vorkehrungen, um sich beim Tode seines Vaters die Krone zu sichern. Dennoch glauben die siamesischen Politiker, daß es nach der jetzigen Regentschaft eine Revolution zugunsten der alten Familie geben wird, weil der Prinz, von dem ich gesprochen habe, bei den Mandarinen und beim Volk extrem verhaßt ist[123]. Er hat mehrfach mit den verwerflichsten Methoden versucht, seine Rivalen zu beseitigen, aber immer ohne Erfolg. Diese haben stets das Geschick und das Glück gehabt, sich ihrer Mörder zu erwehren, und sie haben sich zuletzt gegen Verfolgung und Verrat dadurch geschützt, daß sie die Kleidung der Talapoins angelegt haben, die ihre Personen heilig und verehrungswürdig macht, ohne sie zu etwas zu verpflichten.

Bemerkungen über die Talapoins[124]

Die Verehrung, die in diesem Lande die Talapoins genießen, ist außerordentlich. Darin stimmen König, Mandarine und Volk überein. Ein Schuldiger und Übeltäter, dem es gelingt, in ihre Tempel zu fliehen, findet dort Asyl gegen alle Nachstellungen der Justiz. Die enorme Macht der Gottesdiener schützt alltäglich Kriminelle selbst gegen den Groll des Königs. Es ist dies wie in Portugal, Spanien oder einst in Italien. Ich werde nichts Neues über die Lebensweise der Talapoins sagen, ihre Regeln und ihre Gebräuche, die bereits in der Abhandlung des Herrn D... beschrieben wurden[125]. Ich werde nur bemerken, daß die große Macht dieser Priester weniger von dem Respekt herrührt, den sie durch die Ordnungsmäßigkeit ihres Lebens auf sich ziehen, als von der Furcht, in der sie den Hof durch ihre Zahl und Menge halten. Die Freigebigkeit des Publikums genügt ihnen, um ihr Leben zu fristen. Sie gehen dafür keine eigenen Kosten ein und nehmen jeden auf, der sich ihnen vorstellt. Auf diese Weise füllt sich das Königreich mit einer Truppe von Faulpelzen, die es unter dem Schutze einer gelben Kutte vorziehen, aus der Tasche des Volkes zu leben, statt zu arbeiten. Es ist ein Mißbrauch von größter Tragweite, daß die Talapoins in ihren Pagoden alle aufnehmen und allen ihr Gewand verleihen, die sich bei ihnen einfinden. Sie sind inzwischen an den Punkt gelangt, mehr als die Hälfte [der männlichen Bevölkerung] des Königreiches anzuwerben. Alle diese Männer sind der Autorität des Königs entzogen und sind unnütz für seinen Dienst, für die Landwirtschaft, für die öffentlichen Arbeiten und für die Fortpflanzung. Sie beachten den Zölibat und sind obrigkeitlich abgesegnete Nichtstuer, die das Land zugrunde richten.

In Siam sieht man besonders gut, welche Folgen es für einen Staat hat, wenn die Ehe nicht autorisiert und dem Zölibat eine zu große Freiheit gelassen wird. Abgesehen davon, daß dieser Zustand nur sehr wenigen Personen gemäß ist, widerspricht er dem wahren Wohl einer Nation vollkommen. In den Königreichen, von denen ich spreche, ist dieser Mißbrauch eine Ursache davon, daß die Landschaften verlassen sind und mehr als die Hälfte des Bodens brach liegt. Wie soll es auch anders sein in einem großen Land, in dem die Hälfte der Bevölkerung ohne Nachkommen stirbt? Die ganze Welt kennt den Grundsatz, daß sich der wahre Reichtum eines Fürsten aus der Zahl seiner Untertanen ergibt. Je bevölkerungsreicher ein Staat ist, desto blühender ist er; je mehr Bauern es gibt, desto verschwenderischer ist die Erde mit ihren Gütern. Schon Rom kannte dieses Prinzip, wo der Senat im Namen der Republik diejenigen belohnte, die Kinder hatten und sie für deren Dienste aufzogen. Es wird nicht weniger in China beachtet, wo eine in echter Politik besser bewanderte Regierung nicht nur Eheschließungen gutheißt und ehrt, sondern sogar den Zölibat ächtet, indem sie jeden Mann mit Infamie bedeckt, der sich in die Lage bringt, ohne Nachkommen zu sterben. Auf diese Weise ist die chinesische Nation zur zahlreichsten auf der Welt geworden.

Aus dem Mißbrauch, von dem ich soeben gesprochen habe und der durch die große Menge der Talapoins verursacht wird, folgt ein anderes Übel, das nicht weniger groß ist. Alle die Müßiggänger, die in einem Land, in dem man von dieser schönen Tugend nichts als den Namen findet, durch ihren Stand zur Keuschheit angehalten sind, geben sich mannigfachen Arten von Verbrechen hin, um ihre Leidenschaften zu befriedigen. Man hätte allen Grund, ihnen die Vorhaltungen zu machen, die der Apostel Paulus einst an die heidnischen Philosophen richtete, als er ihnen zu verstehen gab, daß Gott, um sie für ihre Rechtlosigkeit und ihre schuldhafte Unwissenheit zu strafen, sie dem törichten Begehren ihres Herzens und schändlicher Fleischeslust ausgeliefert habe, so daß Verbrechen, die im Widerspruch zur Natur stehen, sie mit Schande und Ehrlosigkeit bedecken[126]. Die harmlosesten unter unseren Talapoins sind diejenigen, die sich mit der Unzucht mit Frauen begnügen. Man glaubt nicht, welcher Schliche und Stratageme sie sich bedienen, um ans Ziel ihrer kriminellen Lüste zu kommen. Ich werde nur über einen Fall berichten, der während unserer Anwesenheit in Mergui für viel Aufsehen sorgte.

Buddhistischer Mönch (Talapoin) im Siam des späten 17. Jahrhunderts

In der Stadt Tenasserim, die die Hauptstadt der gleichnamigen Provinz ist und von welcher der Hafen von Mergui abhängt, gibt es eine berühmte Pagode. Aus Anlaß eines Festes, das man dort alljährlich feiert, strömt eine unglaubliche Menge von Menschen zusammen. Die Zeit der Feierlichkeit kam während unserer Überwinterung. Die heidnischen Einwohner

Merguis, nicht minder fromm als die anderen, laufen mit ihren Frauen und Kindern zur Pagode. Unter ihnen befindet sich ein junges Mädchen, dessen Schönheit und Liebreiz, gemäß der unanständigen Gepflogenheit in diesem Lande, allzusehr den Blicken der Männer preisgegeben ist. Dies weckt in den Herzen der Talapoins die unbändigste Leidenschaft. Um ihre frevelhaften Pläne zu verwirklichen, laden sie die junge Schönheit ein, die Sehenswürdigkeiten des Tempels zu besichtigen. Jugend ist wagemutig: Sie nimmt das freundliche Angebot an, besucht die merkwürdigsten Stellen in der Pagode, trennt sich von ihren Eltern, gerät ins Abseits und wird entführt. Um eine solch unwürdige Tat zu vertuschen und den Nachstellungen der Justiz vorzubeugen, betreiben die Talapoins den gröbsten Betrug. Man muß wissen, daß sich am Eingang der Pagode die monströse Statue eines Drachen befindet, von dem die Priester alle möglichen Wundergeschichten erzählen, um dem Ort Achtung zu verschaffen. Unter anderen Albernheiten versuchen sie die Leute glauben zu machen, der hölzerne Drache sei ein Vollstrecker der Gerechtigkeit und ein Werkzeug des Zorns der Götter und er verschlinge jeden, der den Unwillen des Idols erregt habe. In dem Fall, von dem ich erzäh-

Siamesischer Tempel

le, bedienten sie sich auf vorteilhafte Weise der Leichtgläubigkeit des Volkes, beschmierten das Maul des Drachens mit Tierblut und verkündeten, es sei ein Unglück geschehen und der Drache habe einen Menschen verschlungen. Die armen Eltern, die ihre entführte Tochter überall gesucht hatten, konnten nicht länger daran zweifeln, daß sie es gewesen war, die dem himmlischen Groll zum Opfer gefallen sei, und, fern davon, dem Schwindel zu mißtrauen, machten den Talapoins noch Geschenke, damit sie mit ihren Gebeten die gereizten Götter besänftigen sollten.

Auf diese Weise wird ein armseliges Volk Tag für Tag von öffentlichen Halunken getäuscht, die sich des Schleiers der Religion bedienen, um ihre finstersten Gemeinheiten zu kaschieren. Trotz der großen Zahl von Schurken, die mit den Göttern Siams unter einem Dach wohnen, findet man unter ihnen aber auch einige rechtschaffene Menschen, welche die Gesetze und die mönchischen Regeln gewissenhaft beachten. Bemüht, jedenfalls dem äußeren Anschein nach, um die Reinheit der Sitten, Lobredner der Tugend, von der sie in der Öffentlichkeit eindrucksvoll Zeugnis ablegen, kann man diesen Personen, sofern sie wirklich sind, was sie zu sein scheinen, den höchsten Ruhm nicht verweigern, zumal sie sich solch große Tugend inmitten der tiefsten Verderbnis erhalten. Einen solchen Mann haben wir in Mergui gesehen. Er war ein alter Abt eines großen Klosters. Die Strenge seiner Sitten stand ihm ins Gesicht geschrieben. Seine ernste Erscheinung, gemessen und bedächtig, weckte Respekt für seine Person. Niemals ging er aus, ohne von einer Schar bewundernder Schüler umgeben zu sein. [...][127] Er schätzte den französischen Missionar in Mergui sehr, einen in jeder Hinsicht verehrungswürdigen Mann. Von Zeit zu Zeit besuchte er ihn und erkundigte sich – nach den bei allen Nationen gebräuchlichen Komplimenten –, ob er mit seinen Christen zufrieden sei, ob sie seinen Lehren aufmerksam folgten und ob sie in der Tugend Fortschritte machten. Und er pflegte hinzuzufügen, daß er nichts auf der Welt mehr erstrebe, als das Verbrechen bestraft und die Tugend geehrt zu sehen. [...][128]

Ich weiß nicht, wie ich das Vergnügen ausdrücken soll, das mir der Anblick dieses Greises und die Gelegenheit bereiteten, ihm verschiedene Fragen über die Religion zu stellen, die er mit Würde und Ernsthaftigkeit beantwortete. Wenn ein derartiger Mensch von Heuchelei und Hochmut frei ist, gibt es für einen aufgeklärten Christen, der weiß, daß solche große Tugend ohne die Kenntnis Gottes, der Natur und der Evangelien bleibt, keinen mitleidsvolleren Anblick. Auf der anderen Seite gibt es nichts, was das Gemüt eines in der eigenen Religion wenig bewanderten Reisenden auf gefährlichere Weise beeindrucken könnte. Er kann sich nicht davon überzeugen, daß das Verdienst solcher Götzendiener fruchtlos bleibt. Welche Gewißheit hat er, daß so viel Tugend ohne Hoffnung ist? Er glaubt dann lieber, daß es eine Überheblichkeit der Christen sei, sich allein das Recht auf ewigen Lohn zuzuschreiben, als daß er zu der Einsicht käme, diese heidnischen Philosophen hätten im anderen Leben die ewige Verdammnis zu gewärtigen. Ich merke beiläufig an, daß nichts im Geiste eines Reisenden so leicht Zweifel am Glauben weckt wie der Anblick der Ausübung der verschiedenen Religionen in ihren Stammländern. Das gemessene Verhalten der Priester, die Bescheidenheit, mit der sie die religiösen Zeremonien vollziehen, eine Haltung der Aufrichtigkeit inmitten eines imposanten Kultes – all dies trägt viel dazu bei, einen Fremden den Geschmack an seiner eigenen Religion verlieren zu lassen und ihn unmerklich in eine Indifferenz oder einen Zustand des Unglaubens zu versetzen, der um so verderblicher ist, als er vollkommen jener Lockerheit der Sitten entspricht, in die jene verfallen, welche verschiedene Nationen bereisen und dabei eher Laster als Tugenden aufnehmen.

Herr de La Bruyère vergleicht einmal einen Reisenden mit einem Mann, der ein Geschäft betritt, um ein Stück Stoff zu kaufen. Er sieht dort so viele Sorten davon, daß er der Sache überdrüssig wird, seine ursprüngliche Absicht vergißt und schließlich den Laden verläßt, ohne einen Kauf getätigt zu haben[129].

ANMERKUNGEN ZU »ERINNERUNGEN EINES REISENDEN«

(L.M.) verweist auf Anmerkungen des Herausgebers der französischen Originalausgabe, Louis Malleret.

1 So der Titel des Manuskripts. Auf dem Schiff *La Baleine* legte Poivre aber nur den letzten Teil seiner Reise zurück, den Weg von der Ile de France (Mauritius) nach Frankreich, der in der vorliegenden Ausgabe nicht dokumentiert wird.
2 Des Meeres.
3 Es gab aktuelle Anlässe für ein solches Lob: Eine epochemachende Verbesserung der Navigation wurde in den 1730er Jahren durch neuartige Instrumente zur astronomischen Winkelmessung bewirkt, allen voran John HADLEYS Spiegeloktanten von 1731, der bald auch auf französischen Schiffen verwendet wurde. 1745, im Jahr der hier beschriebenen Reise, erschien eine bahnbrechende Sammlung von Seekarten: der *Routier des côtes des Indes orientales et de la Chine* von D'APRÈS DE MANEVILLETTE. Dieses Werk ermöglichte eine erheblich genauere Navigation in ungewöhnlich schwierigen Gewässern (HAUDRÈRE 1993, S. 85).
4 Denen der östlichen wie der westlichen Hemisphäre.
5 Poivre zitiert nicht ganz korrekt. Es heißt bei HORAZ: *Audax omnia perpeti / Gens humana ruit per vetitum nefas.* (»Bebt der Mensch doch vor nichts zurück / Stürzt mit tollkühnem Mut selbst zu der sündigen Tat.«) HORAZ, Oden, I, 3, Verse 25–26. *Sämtliche Werke.* Lateinisch und deutsch, hrsg. von Hans Färber, 9. Aufl., München/Zürich 1982, S. 12–13.
6 Poivre fährt noch eine Weile mit seiner rhetorischen Klage über die Hybris des Menschen fort.
7 Gold.
8 Tee und Porzellan, bzw. dessen Rohstoff, das feinerdige Tongestein Kaolin.
9 POIVRE: *toute la machine.* Die medizinischen Vorstellungen des Verfassers sind noch dem mechanistischen Weltbild des frühen 18. Jahrhunderts verhaftet.
10 Strenger übersetzt: wenn der Wind die Gleichgewichtslage des Schiffes stört (*lorsque le vent [..] derange l'assiette du vaisseau*).
11 Davon waren freilich Offiziere und Passagiere weniger betroffen als die Mannschaft. Dies gilt auch für die Verpflegungsmengen: Auf Schiffen der Compagnie des Indes erhielt ein Offizier die doppelte Ration eines einfachen Matrosen (HAUDRÈRE 1993, S. 90).
12 Westwinde. Zephyros: bei den Griechen der Westwind und dessen göttliche Personifikation.
13 Ein allgemeines Problem hölzerner Segelschiffe. Ein anderer Reisender berichtet von einem Sturm: »Das härteste, was wir auszustehen hatten, bestand in den grausamen Stößen, die das Schif von seinem Ruder litte, wenn es von den Wellen aufgehoben und angetrieben wurde. Diesem Uebel etwa durch Aufziehen des Ruders oder andere

Mittel abzuhelfen, wurden Zimmerleute und deren Gehülfen, mit Hebebäumen, Arten, Stricken und allerlei Werkzeugen versehen, in die Cajüte geführet. Sie banden Tisch und Bänke los, brachen durch die Pforte des Bodens in die untere Kammer, ließen sich gebunden aus dem Cajütefenster hinaus, und wandten alle Mühe an, dem Ruder zu helfen. Aber das wütende Meer sties ihnen so viele hohe Wellen entgegen und über den Leib, daß sie ihr Unternehmen aufgeben musten und sich nas und verwirt davon machten, ohne sich weiter umzusehen.« KAEMPFER (1777–79), Bd. 1, S. 65.

14 »... da preist zitternd der Handelsherr / Ruh und heimische Flur...«. HORAZ, Oden, I, 1, Verse 16–17 (Sämtliche Werke, a.a.O., S. 7).

15 »Dreifach wappneten Erz und Holz / Dem die Brust, der zuerst trotziger Meeresflut / Den zerbrechlichen Kiel vertraut ...«. HORAZ, Oden I, 3, Verse 9–13 (Sämtliche Werke, a.a.O., S. 13).

16 Poivre skizziert im folgenden eine Art von Soziologie des Seereisens. Vgl. aus der Sicht heutiger Geschichtswissenschaft zu diesem Thema etwa: RODGER 1986, S. 15–29. Vgl. auch WEBER (1904), S. 526–42.

17 Als »Talapoins« bezeichneten seit dem 16. Jahrhundert die Portugiesen und nach ihnen vor allem französische und englische Autoren die buddhistischen Mönche in Ceylon und Hinterindien. Andere Zeitgenossen sprachen auch von »Bonzen«. Die Herkunft des Wortes ist umstritten. Vgl. YULE/BURNELL (1886), S. 890 f.

18 Ein anderer Reisender sah das Verhältnis der Seeleute zur Religion etwas weniger verbissen: »Im allgemeinen hängt ihre Religion vom Wetter ab.« (BERNARDIN DE SAINT-PIERRE, 1983, S. 41).

19 Lettres curieuses. Poivre spielt hier auf die Lettres édifiantes et curieuses an, die der Jesuitenorden als Zusammenstellung von Materialien aus seinen überseeischen Missionsgebieten publizierte.

20 Die genannten Buchformate in aufsteigender Größe: Duodez, Oktav, Quart, Folio. Reisebeschreibungen gehörten im 17. und 18. Jahrhundert zu den am üppigsten ausgestatteten Büchern. Prächtige Foliobände waren nicht selten.

21 Louis-Daniel LE COMTE, S.J. (1655–1728) kam mit der ersten Gruppe französischer, von der Regierung Ludwigs XIV. unterstützter Jesuiten (meist mit mathematischer Fachkenntnis) in den Fernen Osten und lebte von 1687 bis 1691 in verschiedenen Provinzen Chinas. Seine ausführlichen Nouveaux mémoires sur l'état présent de la Chine (1696) schilderten, populär im Ton und ansprechend illustriert, das China seiner Gegenwart in einem sehr positiven Licht. Das Werk wurde im Original und in Übersetzungen ins Deutsche, Englische und Italienische zu einem Bestseller. Le Comte war ein durchaus seriöser Autor, auch wenn ihm die intellektuelle Statur und profunde Gelehrsamkeit einiger anderer Mitglieder der jesuitischen Chinamission fehlten. Poivres hartes Urteil wird Le Comtes Verdiensten nicht ganz gerecht. Vgl. MUNGELLO (1989), S. 330–41.

22 GUY TACHARD (1651–1712), eher ein Diplomat mit Neigung zur Intrige als ein frommer Geistlicher, gelangte gemeinsam mit LE COMTE und fünf anderen Jesuitenpatres 1685 nach Siam. Er blieb dort, während

die anderen nach China weiterfuhren. Bis 1700 reiste Tachard noch dreimal in offizieller Funktion von Frankreich nach Siam. In umgekehrter Richtung begleitete er siamesische Delegationen nach Europa. Poivre bezieht sich auf TACHARDS *Voyage de Siam* (1686) und *Seconde voyage ... de Siam* (1689). Beide Bücher zeichnen ein sehr günstiges Bild von Siam, in dem sich die französische Politik und die katholische Mission, beide eng miteinander verbunden, bis zu einem Staatsstreich im Mai 1688 gute Einflußchancen ausrechnen konnten.

23 Der Abbé Jean-Paul BIGNON (1662–1743) war einer der erfolgreichsten Wissenschaftsmanager seiner Zeit. Unter anderem förderte er Forschungsreisen nach Asien.

24 Die *Lettres édifiantes et curieuses* brachten Nachrichten aus allen Bereichen der Jesuitenmission in Asien und Amerika. Berichte über China zum Beispiel wurden seit 1702 regelmäßig publiziert. Es handelt sich zumeist um redigierte Auszüge aus Briefen aus dem Felde, ergänzt durch landeskundliche Ausarbeitungen der Patres.

25 Es folgt eine mehrseitiges Idealbild des gewissenhaften Reisenden.

26 *La cabane du caffre ou de l'ilinois.*

27 Poivre meint die amerikanischen Indianer.

28 Jean de LA BRUYÈRE (1645–1696), vielgelesener essayistischer Schriftsteller aus der Epoche des Sonnenkönigs, Verfasser der *Caractères* (1688, in zahlreichen weiteren Auflagen immer wieder ergänzt), moralistischen und zeitkritischen Portraits und Skizzen.

29 Hafen im Westen von Thailand/Siam.

30 Das Manuskript reicht nur bis zu Poivres Aufenthalt in Indien.

31 Den Kalender der Hochseesegelschiffahrt bestimmten die regelmäßig wiederkehrenden Veränderungen der Windverhältnisse. Europäische Schiffe trafen im Spätsommer oder Frühherbst mit dem Südwest-Monsun in Canton ein und verließen den Hafen wieder im Dezember oder Januar mit dem Nordost-Monsun, der sie bis zur Südspitze Afrikas trug (DERMIGNY 1964, Bd. 1, S. 246). Die Handelssaison in Canton, seit 1684 der einzigen für den Überseehandel der europäischen Handelskompanien geöffneten chinesischen Stadt, war also auf weniger als ein halbes Jahr beschränkt.

32 Macau unterstand im 18. Jahrhundert de facto einer Art von portugiesisch-chinesischer Doppelherrschaft. Die chinesische Bürokratie bemühte sich um eine möglichst weitgehende Kontrolle des Treibens der Ausländer an der südlichen Küste.

33 *Compagnie française des Indes.* Nach einer tiefen Krise am Beginn des 18. Jahrhunderts wurde die Kompanie seit 1720 wieder stabilisiert. Sie dehnte ihren Schiffsverkehr mit Asien in den folgenden Jahrzehnten erheblich aus, erreichte aber nie Umfang und Bedeutung der holländischen und englischen Ostindienkompanien zu deren Blütezeiten. Zur Zeit von Poivres Reise machte der Chinahandel etwa ein Viertel des Geschäftsvolumens der Kompanie aus (FURBER 1976, S. 210). Siehe auch unten S.217f., Anm. 25.

34 Butler de Troverne, ein irischer Kapitän, Bürger von Saint–Malo (L.M.).

35 Die Standarte des jeweils ranghöchsten kommandierenden Offiziers (L.M.).
36 Dufresne de la Villeherbe.
37 Im Österreichischen Erbfolgekrieg der Jahre 1740–1748, der durch einen preußischen Angriff auf Österreich nach dem Tod des habsburgischen Kaisers Karl VI. ausgelöst wurde, bildete sich bald ein weltweiter englisch-französischer Gegensatz heraus, der 1745 zum Seekrieg im Mittelmeer, im Atlantik und im Indischen Ozean führte.
38 Superkargos: Ausdruck spanischer Herkunft für die ranghöchsten Vertreter der westlichen Handelsfirmen in den asiatischen Export- und Importhäfen. In Canton waren die Superkargos der Ostindienkompanien zunächst nur während der drei Monate andauernden Handelssaison angewesen, ließen sich im Laufe des 18. Jahrhunderts aber immer häufiger ganzjährig in den speziell für Ausländer reservierten Faktoreien vor der Stadt nieder (DERMIGNY 1964, Bd. 1, S. 355).
39 Poivre schreibt: Ouarapu. Die *Dauphin* hatte vermutlich ca. 200 Personen an Bord (MALLERET 1974, S. 51).
40 *Maure*. Die Bezeichnung »maurisch« oder im Englischen »moorish« wurde im 18. Jahrhundert auf asiatische Muslime unabhängig von ihrer ethnischen Herkunft angewendet.
41 Des Königs von Spanien.
42 Der Philippinen.
43 Französische Besitzung an der Südostküste Indiens. Siehe auch unten S. 222, Anm. 49.
44 Inselgruppe vor der Südküste Vietnams.
45 Poivre schreibt: *Pulo Timor, Pulo Tinggi, Vaya*.
46 Das Seegefecht, dessen Beginn hier erzählt wird, fand also offenbar nach dem Passieren der Bangka-Straße an der Einfahrt zur Sunda-Straße, die Sumatra und Java trennt, statt. Der deutsche Reisende Engelbert Kaempfer, der im Mai 1690 dieselbe Strecke in umgekehrter Richtung segelte, bemerkt dazu: »Der gefährlichste Theil des ganzen Wegs aber ist die erwähnte Straße oder Meerenge von Bangka, welche durch die Insel dieses Namens und die Küsten von Sumatra gebildet wird. Diese Küsten sind ganz eben, ohne Hügel und Berge, aber sehr waldicht. [...] Alle Schiffe, welche [von Batavia] nach der Ostküste von Malacca, nach Siam, Cambodia, Cochinsina und Japan gehn, müssen diese Strasse passiren.« (KAEMPFER 1777–79, Bd. 1, S. 6 f.)
47 *Bots*.
48 *Artifice*.
49 Louis Malleret fand im Londoner Public Record Office Commodore Barnetts Bericht von diesem Seegefecht, der Poivres Bericht im Detail bestätigt.
50 *Les signaux* (L.M.).
51 Curtiss Barnett, der Commodore der britischen Meerengenschwadron.
52 Die *Deptford* war mit 60 Kanonen und etwa 300 Mann Besatzung ein Kriegsschiff mittlerer Größe. Die britischen »first rates« des 18. Jahrhunderts führten hundert oder mehr Kanonen mit sich.

53 Heute Jakarta, die Hauptstadt Indonesiens. Die Hafenstadt im Nordwesten der Insel Java wurde 1619 von den Holländern als befestigtes Hauptquartier ihres ostindischen Seeimperiums angelegt. Zur Zeit von Poivres zwangsweisem Besuch hatte Batavia etwas über 20000 Einwohner innerhalb und weitere 100000 außerhalb der Mauern. Die größte Bevölkerungsgruppe bildeten malaiische Sklaven (nur die Versklavung von einheimischen Javanern war gesetzlich verboten), gefolgt von Chinesen (VAN DER BURG 1994, S. 33; ABEYASEKERE 1989, S. 19–31).
54 Der »Union Jack« (volkstümliche Bezeichnung der britischen Nationalflagge).
55 Als Ergebnis dieser Bemühungen wurden die drei erbeuteten französischen Schiffe für 72000 Pfund Sterling an die Regierung Niederländisch-Ostindiens verkauft. Die beiden anderen Schiffe, die noch zu Commodore Barnetts Schwadron gehörten, hatten zur gleichen Zeit drei weitere französische Schiffe unter ihre Kontrolle gebracht. Frankreich reagierte damit, den Handelsvertrag mit den Niederlanden von 1739 außer Kraft zu setzen, und zwang Holland, die gekauften französischen Schiffe zurückzugeben und eine hohe Entschädigung für die verlorene Ladung zu zahlen (MALLERET 1974, S. 55; ZIMMERMANN 1903, S. 120).
56 Vielmehr, wie man heute weiß: die Malaria. Bis 1733 wurde Batavia allgemein als eine schöne und gesunde Stadt gepriesen. Nach 1733 nahm die Sterblichkeit als Folge der Verbreitung von Malaria rapide zu, und schon zu Poivres Zeit hatte das Zentrum des niederländischen Asienimperiums den Ruf, einer der tödlichsten Orte in den Tropen zu sein. Fielen vor 1733 etwa 5–10% aller europäischen Neuankömmlinge während des ersten Jahres epidemischen Krankheiten zum Opfer, so waren es nach 1733 40–50% (VAN DER BURG 1994, S. 55, 59, 60). Die erste Malariaepidemie von 1733 kann überhaupt als das Ende von Batavias »goldenem Zeitalter« betrachtet werden.
57 Verenigde Oost-Indische Compagnie (VOC). Diese 1602 gegründete Monopolhandelsgesellschaft kontrollierte den gesamten holländischen Asienhandel und übte zugleich auf Teilen der indonesischen Inseln, insbesondere auf Java, sowie auf Ceylon (Sri Lanka) staatliche Hoheitsfunktionen aus. Die VOC beschäftigte zahlreiche Ausländer in ihren Diensten, darunter viele Deutsche. 1745, als Poivre Batavia sah, hatte die VOC den Höhepunkt ihres geschäftlichen Erfolges in ihrem Zentrum Java bereits überschritten. Der Asienhandel der VOC war bereits seit 1690 nicht länger profitabel. Die Zahl der nach und von Batavia verkehrenden VOC-Schiffe hatte im Jahrzehnt 1720–1730 mit 260 ihren Höhepunkt erreicht. 1740–1750 war sie auf 140 gefallen (GAASTRA 1991, S. 132; SCHMITT u.a. 1988, S. 86). 1795 wurde die VOC formell aufgelöst und ihr Vermögen (samt ihren erheblichen Schulden) von der Batavischen Republik übernommen.
58 Antoine-Auguste BRUZEN DE LA MARTINIÈRE (1683–1749): *Le grand dictionnaire géographique et critique*, 9 Bde. (in Folio), Den Haag 1726–39. Deutsche Ausgabe: *Historisch-Politisch-Geographischer Atlas der gantzen Welt, Oder grosses und vollständiges Geographisches und Kritisches*

Lexicon... Der Artikel über Batavia, der weitgehend auf Informationen des niederländischen Arztes Nicholaas de Graaff (1619–1688) beruht, findet sich hier in Bd. 2, Leipzig 1744, Spalten 372–79.
59 Vorspringende Teile an Festungsbauten. Das Kastell von Batavia war der größte befestigte Schloßkomplex, den Europäer jemals in Asien bauten.
60 Republik der Vereinigten Niederlande.
61 Es handelte sich um die »Herrenherberge«, die der schwedische Arzt und Naturforscher Carl Peter Thunberg 1775 kennenlernte: »So groß und volkreich diese Stadt ist, so trifft man hier doch weder Kaffeehäuser, noch Weinkeller, noch Wirthshäuser an; sondern alle Fremde, sie mögen mit holländischen oder andern Schiffen kommen, sind genöthigt, in der so genannten Herrenherberge zu logiren. Dieses ist ein großes, schönes, sehr viele Zimmer enthaltendes Haus. Hier bekommt man nicht nur Aufwartung, Zimmer, Betten und Essen, wofür man täglich einen Ducaton oder anderthalb Thaler bezahlt, sonern auch, wiewohl für besondere Bezahlung, Kaffee, Wein und Bier.« THUNBERG 1792–94, Bd. 1, Teil 2, S. 196.
62 Offener Seitengang neben der Kapitänskajüte.
63 Poivre fügt hier eine längere religiöse Betrachtung ein.
64 Gustaaf Willem Baron van Imhoff, Generalgouverneur von Niederländisch-Indien 1743–1750. Poivre schreibt den Namen »Dimenoff« oder »Dimnoff«. Van Imhoff war von der VOC-Zentrale nach Batavia entsandt worden, um nach Aufständen und einem großen Massaker (mit führender Beteiligung der Europäer) an der chinesischen Bevölkerung Javas, das im Jahre 1740 mehr als 10000 Tote kostete, wieder Ordnung auf der Insel herzustellen. Zu seinen ersten Maßnahmen gehörte die Verhaftung und Bestrafung seines Vor-Vorgängers, der knapp der Hinrichtung entging. Poivre zeichnet ein ziemlich genaues Bild dieses energischen, autokratischen und reformwilligen Mannes, eines aufgeklärten Despoten unter den Gouverneuren Batavias. Die langfristigen Wirkungen seiner Politik waren aber begrenzt (STEUR, 1984, S. 42–47; ZIMMERMANN 1903, S. 114–21; J. G. TAYLOR 1983, S. 82 f.).
65 Madura: eine der Ostküste Javas bei Surabaya vorgelagerte Insel. Seit den 1680er Jahren hatten die Fürsten von Madura immer wieder in die inneren Verhältnisse Javas eingegriffen und waren dabei zu einem Hauptgegner der VOC geworden. Der Krieg, den König Cakraningrat IV. 1745 gegen die VOC führte (und verlor), war das letzte Aufbäumen des maduresischen Widerstandes (RICKLEFS 1981, S. 90; ZIMMERMANN 1903, S. 115).
66 THUNBERG, der Batavia 1775 besuchte, schreibt über die Stellung des Gouverneurs (1792–94, Bd. 1, Teil 2, S. 199): »Der General-Gouverneur besitzt völlig Königliche Macht und Autorität. Was ihm beliebt, dem stimmen die andern gemeiniglich bey; und wenn diese auch gegen ihn sind, kann er die Sache doch zur Ausführung bringen, da er denn aber auch allein des Erfolges wegen die Verantwortung hat. Er besitzt auch das Recht, mit den Indischen Fürsten Bündnisse einzugehen, Krieg anzufangen und Frieden zu schließen. Ja er maßet es sich so gar wohl

an, wenn das Interesse des Compagnie es erfordert, Könige und Fürsten ein- und abzusetzen.«
67 Gemeint ist: in einer absoluten Monarchie, etwa Frankreich.
68 Im 18. Jahrhundert waren die Holländer die einzigen Europäer, denen der Handel mit Japan – zu extrem restriktiven Bedingungen, die von der japanischen Regierung diktiert wurden – gestattet war. Seit 1641 war dieser Handel auf die künstliche Insel Dejima im Hafen von Nagasaki beschränkt.
69 Der Hinweis dürfte sich beziehen auf: Pierre François Xavier de CHARLEVOIX, *Histoire et description générale du Japon*, 9 Bde. (Paris 1736), das damals im französischen Sprachraum verbreitetste Werk über Japan (bes. Bd. 7, S. 327 ff.). Vielleicht kannte POIVRE aber auch die französische Ausgabe eines älteren Werkes, auf das sich Pater CHARLEVOIX weitgehend stützt: Engelbert KAEMPFER, *Histoire naturelle, civile, et ecclesiatique de l'empire du Japon*, 2 Bde., Den Haag 1729.
70 Es handelt sich um die in der frühneuzeitlichen Japanliteratur mehrfach erwähnte Zeremonie des *efumi*. Selbstverständlich nutzten die Gegner der Holländer die propagandistischen Möglichkeiten des Vorwurfs von Apostatentum und grober Blasphemie.
71 Vietnam. Siehe auch unten S. 228f., Anm. 107.
72 Gemeint ist der Shogun aus dem Herrscherhause der Togukawa, der tatsächlich oberste Machthaber in Japan. Der Kaiser spielte daneben nur eine zeremonielle Rolle und nahm keinen Einfluß auf die Politik.
73 Die Manila-Galeone verkehrte seit den 1570er Jahren ein- bis zweimal jährlich zwischen Acapulco an der Westküste Mexikos und Manila. Ihre direkte Pazifiküberquerung ohne Landberührung war eine der strapaziösesten Seereisen der Frühen Neuzeit. Die letzte Galeone fuhr 1815.
74 Kleines, zweimastiges Segelschiff.
75 Oder Marianen: Archipel im Pazfik, ca. 2.300 km östlich der Philippinen.
76 Das Unternehmen hatte noch einen anderen Hintergrund, von dem Poivre nicht berichtet: Nach dem Ausbruch von Feindseligkeiten zwischen England und Spanien 1739 war die Manila-Galeone unregelmäßig verkehrt; im Juni 1743 war sogar eines dieser Schiffe auf dem Wege nach Manila, also mit Silber (im immensen Wert von £ 313000) beladen, von dem englischen Weltumsegler Commodore George Anson gekapert worden (SPATE 1983, S. 263–65). Die Verringerung der Silberzufuhr aus Mexiko verursachte erhebliche Störungen der indonesischen Wirtschaft. Dem Generalgouverneur ging es in dieser Situation darum, Waren aus Südostasien gegen Silber einzutauschen (FURBER 1976, S. 160).
77 Den Abstand zwischen der kolonialen Gesellschaft Batavias und den strengen Sitten im holländischen Mutterland bezeugen viele zeitgenössische Dokumente, vor allem die 1701 veröffentlichte soziologisch-anthropologische Beschreibung durch Nicolaas de Graaff. Vgl. BAREND-VAN HAEFTEN 1992, S. 132–66; für das spätere 18. Jahrhundert J.G. TAYLOR 1983, S. 52–77.

78 Indischen.
79 Den katholischen Glauben.
80 Die Grausamkeit der Hinrichtungsarten und der Körperstrafen in Batavia wurde von zahlreichen Reisenden des 18. Jahrhunderts registriert. »Die Justiz wird aufs strengste mit Spiessen, Viertheilen, Rädern, Hängen, Köpffen und dergleichen administrieret und exequiret« (VOGEL 1716, S. 102). Besonders das sonst in Asien ungebräuchliche Pfählen fiel immer wieder auf. Vgl. etwa STAVORINUS 1796, S. 288–91.
81 Der jedes Religionseifers unverdächtige Georg Forster bemerkt in ähnlicher Weise über die holländischen Kolonien am Kap und auf Java: »Die Sclaven sind in diesem Stück noch viel übler dran; denn weder die Regierung überhaupt, noch die einzelnen Eigenthumsherren insbesondre, bekümmern sich um einen so geringfügigen Umstand, als ihnen die Religion ihrer Leibeignen zu sein dünkt, im allergeringsten; daher denn auch diese, im Ganzen genommen, gar keine zu haben scheinen.« (FORSTER 1983, S. 86).
82 Eher Haschisch als Opium (L.M.).
83 Dolch. Vgl. unten S. 225, Anm. 83.
84 Poivre meint hier den oft beschriebenen Amoklauf der Malaien. Zeitgenössische Beobachter waren sich über seine Ursachen nicht einig. War er ein individueller Zornesausbruch, eine Art von persönlichem Sklavenaufstand, eine Kriegslist oder einfach das Ergebnis übermäßigen Drogengenusses? Vgl. HARBSMEIER 1994, S. 205 f. Siehe auch unten S. 225, Anm. 82.
85 Bugis: ein malaiisches Volk auf Celebes und Borneo, als geschickte Seefahrer berühmt. Anders als Poivre schreibt, waren die Bugis Muslime.
86 Poivre beschreibt hier vermutlich eine relativ einfache Variante des in der javanischen Gamelanmusik gebräuchliche Xylophons *gambang*. Xylophone sind für Java seit dem 14. Jahrhundert nachgewiesen, lange vor ihrer ersten Benutzung in Europa.
87 Orgue, Tubipora musica, auch Orgel-Koralle.
88 Innerhalb der Papageienfamilie der Loris kann man heute ca. 60 Arten unterscheiden.
89 Es folgt Poivres Beschreibung javanischer Reptilien.
90 Die »Muskatblüte«, die hier richtig als Samenmantel der Muskatnuß beschrieben wird.
91 Es folgt eine ausführliche Beschreibung der auf Java vorfindlichen Nutzpflanzen.
92 Damals noch von den Holländern unabhängiger malaiischer Staat im Nordwesten der Insel Sumatra.
93 Es war offenbar daran gedacht, in Pondichéry festgehaltene britische Kriegsgefangene gegen die heimkehrenden Franzosen auszutauschen.
94 Psalm 93, 4: »Gewaltiger als die Brandung des Meeres / Ist der Herr in der Höhe.«
95 Süd-Burma, der weltoffene, dem Meer zugewandte Teil dieses Landes.
96 Eine der zahlreichen kleinen Insel im Mergui-Archipel.

97 Psalm 24, 1: »Die Erde ist des Herrn / und was darinnen ist.«
98 Poivre fährt mit solchen religiösen Betrachtungen noch eine Weile fort.
99 Eine nicht unpassende Erwartung. Der Indische Ozean wurde im späten 17. Jahrhundert zum Operationsgebiet europäischer (und nicht bloß asiatischer) Piraten. 1721 wurde sogar eine Schwadron der Royal Navy abkommandiert, um sie zu unterdrücken.
100 Lascars: einheimische Seeleute in europäischen Diensten.
101 Pierre-Daniel de Cauna, der von 1738 bis zu seinem Tode 1756 in Siam lebte; Poivre hatte ihn schon in Paris getroffen. (L.M.).
102 Poivre schreibt: barmans. Zur Landesbezeichnung Burmas vgl. YULE/BURNELL (1886), S. 131 f.
103 *Maures*.
104 Staatliche Beamte in ganz Ost- und Südostasien wurden von den Portugiesen, später auch von anderen Europäern als »Mandarine« bezeichnet. Im Unterschied zu China, mit dem man den Ausdruck meist in Verbindung bringt, waren die siamesischen Beamtenpositionen permanent und erblich.
105 Wörtlich »Hutmenschen«. Gemeint sind Europäer und solche portugiesischen Mestizen (oft Soldaten), die sich europäisch kleideten (L.M.).
106 Schon etwas länger: seit 1662 (JACQ-HERGOUALC'H 1993, S. 42).
107 Am Rande seines Manuskripts weist Poivre hier auf St. Thomas von Aquin hin (L.M.).
108 *En Cochinchinois*. Vietnamesisch (Annamitisch) wurde in allen Teilen Vietnams gesprochen.
109 Vermutlich Faifoo (L.M.).
110 Dies ist vermutlich die einzige Bekehrung, die Poivre in seiner Eigenschaft als Missionar vornahm.
111 Poivre zitiert hier nach dem Gedächtnis aus den *Caractères* (1688) des Jean de La BRUYÈRE (1645–1696). Die Stelle lautet korrekt: »Quand on ne serait pendant sa vie qu'l'apôtre d'un seul homme, ce ne serait pas être en vain sur la terre, ni lui être un fardeau inutile.« (L.M.)
112 Ayudhya am Fluß Menam wurde 1351 als Hauptstadt des stärksten Fürstenstaates der Thai-Welt gegründet. Mit einigen Unterbrechungen war es bis zu seiner Zerstörung durch burmesische Truppen im Jahre 1767 der Sitz der siamesischen Monarchen. Erst seit 1782 wurde das nahegelegene Bangkok als neue Königsresidenz erbaut.
113 Barcalon: eine portugiesische Verballhornung von »Phraklang«. Dies war eines der höchsten Hofämter, zuständig für die königlichen Lagerhäuser und darüber hinaus zugleich für den gesamten Binnen- und Außenhandel und für die Beziehungen zu Ausländern. »Premierminister« trifft den Sachverhalt durchaus.
114 Siamesisches Ruderboot, meist aus einem einzigen großen Baumstamm gefertigt. Nach portugiesisch *balāo*. Ausführlich beschrieben bei LA LOUBÈRE (1693, S. 41 f.).
115 *L'industrie*.
116 Siehe oben S. 120f., Anm. 22.

117 Die Kontaktaufnahme zwischen Frankreich und Siam im Zeitalter Ludwigs XIV. gehört zu den eigentümlichsten Episoden der internationalen Diplomatie des 17. Jahrhunderts. Zwischen ca. 1620 und 1680 hatten die englischen, dänischen und französischen Ostasienkompanien mit mäßigem Erfolg Handelsbeziehungen zu Siam aufzubauen versucht. Französische Jesuiten, die seit 1662 am Hofe in Ayudhya tätig waren, bahnten intensivere diplomatische Beziehungen zu dem weltoffenen König Narai (reg. 1656–88) an. 1673 brachte eine kirchliche Gesandtschaft dem König Briefe von Ludwig XIV. von Frankreich und Papst Clemens IX. Narai antwortete mit der Entsendung einer Delegation, die auf See unterging. 1682 schickte Frankreich eine kleine Handelsmission nach Siam. Dort war inzwischen ein griechischer Abenteurer, Constantin Phaulkon (1647–88), der 1678 mit der englischen East India Company nach Siam gelangt war, zum einflußreichen Ratgeber des Königs aufgestiegen. Er war die treibende Kraft hinter der nun beginnenden Diplomatie und vor allem der Urheber der arg phantastischen Idee, der buddhistische König Narai könne zum Christentum bekehrt werden. 1684 wurde eine zweite siamesische Gesandtschaft nach Paris geschickt, um französische Diplomaten nach Siam einzuladen. Diese große französische Staatsmission unter dem Chevalier de Chaumont, die ausführlich dokumentiert ist, hielt sich zwischen Oktober und Dezember 1685 in Siam auf (nahezu gleichzeitig erschien eine persische Gesandtschaft, die Narai zum Islam bekehren wollte). Schon im folgenden Herbst trafen abermals siamesische Botschafter in Frankreich ein (3. siamesische Mission) und wurden von Ludwig XIV. mehrfach in Versailles empfangen. Im September 1687 kam auf sechs Kriegsschiffen die größte der französischen Delegationen nach Siam, geleitet durch Simon de La Loubère, der später einen vorzüglichen Siambericht schrieb. Zu dieser Zeit war die siamesische Kontaktbereitschaft bereit deutlich gesunken. Im September 1688 starb König Narai, Phaulkon wurde hingerichtet, ein Usurpator bestieg den Thron, und die französische Garnison wurde aus dem Land vertrieben. Mit dieser »siamesischen Revolution« (die genau gleichzeitig mit der englischen Glorious Revolution geschah) endete das siamesisch-französische Einvernehmen. Vgl. VAN DER CRUYSSE 1991; SMITHIES 1986, 1990.

118 *Hommes de la lie du peuple.* Poivre scheint hier das Personal der 2. und der 3. siamesischen Gesandtschaft zu verwechseln. Die drei Botschafter von 1686/87 waren hochrangige und gewandt auftretende Höflinge und Diplomaten (VAN DER CRUYSSE 1991, S. 374 f.).

119 König Borommakot (1680–1758, reg. 1733–1758).

120 Vermutlich meint Poivre Prinz Senaphithak, der aber 1755 wegen einer Liebesbeziehung zu einer der Königinnen seines Vaters hingerichtet wurde (WYATT 1984, S. 130 f.).

121 Phra Phetracha (reg. 1688–1703) hatte den Thron von Ayudhya als Usurpator an sich gerissen. Senapithak war der Ur-Ur-Enkel des Usurpators.

122 Die Familie König Narais (reg. 1656–1688), des zeitweiligen diplomatischen Partners Ludwigs XIV.
123 Die von Poivre vorhergesagte »Revolution« fand nicht statt. Die Thronfolge nach König Borommakots Tod im Jahre 1758 wurde aber unter Prinzen und Hofcliquen umkämpft. Nach einigen Jahren großer innerer Instabilität wurde das Königreich Ayudhya dann durch eine Revolution von außen zerstört: die verheerende burmesische Invasion von 1767.
124 Ausführlich berichtet über die buddhistischen Mönche in Siam einer der verläßlichsten aller frühneuzeitlichen Siamberichte: LA LOUBÈRE (1693), S. 113–40.
125 Les Mémoires de M. D.... sur les Talapoins (L.M., der keine genaueren Angaben macht).
126 Römerbrief, 1, 24–27.
127 Kleine Lücke im Lyoner Manuskript (L.M.).
128 Hier läßt Poivre abermals eine längere religiöse Betrachtung folgen, hauptsächlich eine Warnung vor den Verlockungen des Heidentums.
129 »Quelques-uns achèvent de se corrompre par de longs voyages, et perdent le peu de religion qui leur restait. Ils voient de jour à autre un nouveau culte, divers moeurs, diverses cérémonies; ils ressemblent à ceux qui entrent dans les magasins, indéterminés sur le choix des étoffes qu'ils veulent acheter: le grand nombre de celles qu'on leur montre les rends plus indifférents; elles ont chacune leur agrément et leur bienséance: ils ne se fixent point, ils sortent sans emplette.« (Jean DE LA BRUYÈRE, Les Caractères, éd. par Robert Garapon, Paris 1962, S. 459).

Pierre Poivre

Reisen eines Philosophen
oder
Betrachtungen
über die Sitten und Künste der Völker
in Afrika, Asien und Amerika

Es gibt keine Nation, so wild sie auch sei, die nicht Künste besäße, die nur ihr allein eigen wären. Die Verschiedenheit der Erd- und Himmelsstriche, welche die Bedürfnisse der Völker unterschiedlich macht, bietet ihrem Fleiße verschiedene Produkte an, mit welchen er ohne Unterlaß Gelegenheit findet, sich zu beschäftigen. Jedes Land hat in einer gewissen Entfernung Fabriken[1], die ihm auf eine solche Weise eigentümlich sind, daß sie unmöglich in einem anderen Lande eben dieselben sein können. Allein der Ackerbau ist die Kunst aller Menschen, unter was für einem Himmelsstriche und in welchem Lande sie auch wohnen mögen. Überall, von einem Ende der Welt bis zu dem anderen, sieht man gesittete und ungesittete Völker sich wenigstens einen Teil ihres Unterhalts durch den Anbau ihrer Felder erwerben. Allein diese allgemeine Kunst blüht nicht überall in gleichem Maße.

Weise Nationen, die sie zu verehren und mit Emsigkeit zu treiben wissen, macht sie glücklich. Bei halbgesitteten Völkern jedoch, die ihr unnütze Künste vorziehen, steht sie nur auf schwachen Füßen und auch bei solchen, die erleuchtet genug sind, ihren Nutzen zu empfinden, gleichwohl aber noch zu sklavisch den Vorurteilen ihrer alten Barbarei anhängen, als daß sie sich entschließen sollten, diejenigen, die den Ackerbau treiben, frei zu machen und zu verehren. Dann ermattet die Kunst der Agrikultur. Und bei den barbarischen Völkern[2], die sie verachten, wird man ihren Einfluß kaum gewahr.

Der Zustand des Ackerbaues ist bei den verschiedenen Völkern, die ich im Laufe meiner Reisen gesehen habe, von jeher der erste Gegenstand meiner Untersuchungen gewesen. Einem Reisenden, der ein Land nur flüchtig besucht, ist es selten möglich, Dinge darinnen zu bemerken, welche nötig sein würden, um sich von der Regierung, von der Polizei[3] und von den Sitten seiner Einwohner einen richtigen Begriff zu machen. In diesem Falle gibt es keinen kürzeren Weg, sich von der Nation, bei welcher man sich befindet, einen allgemeinen Eindruck zu verschaffen, als die Augen auf die örtlichen Marktplätze und auf die Felder zu richten. Wenn die Marktplätze einen Überfluß an Lebensmitteln haben, wenn die Äcker wohlbebaut sind und auf eine reiche Ernte hoffen lassen, dann kann man durchgängig versichert sein, daß das Land, in welchem man sich befindet, gut bevölkert ist, daß die Einwohner gesittet und glücklich sind, daß ihre Sitten aus sanften Quellen fließen und daß ihre Regierung den Prinzipien der Vernunft entspricht. Kurz, hier kann man zu sich selbst sagen: Ich bin unter Menschen.

Wenn ich im Gegenteil zu einer Nation kam, die man mitten in den Wäldern und in den Dornen, die ihre Felder bedeckten, aufsuchen mußte, wenn ich viele Meilen weit reisen mußte, um ein zwar geackertes, aber doch übel bebautes Feld zu finden, wenn ich nun endlich in einen bewohnten Ort kam und auf dem öffentlichen Markte weiter nichts als einige schlechte Wurzeln fand – alsdann zweifelte ich nicht mehr, bei einem unglücklichen, wilden oder versklavten Volke zu sein. Es ist mir niemals vorgekommen, daß es nötig gewesen wäre, diesen ersten Eindruck zu ändern, den ich mir bei den verschiedenen Nationen, die ich gesehen habe, einzig durch die Besichtigung des Zustandes des Ackerbaues zu machen veranlaßt wurde. Die Kenntnisse einzelner Dinge, die ich zuweilen, wenn ich mich lange genug bei ihnen aufhalten konnte, erlangte, haben mich allezeit dieser Wahrheit von neuem versichert: Ein übel bebautes Land wird gar sicher von barbarischen oder unterdrückten Menschen bewohnt und kann unmöglich eine zahlreiche Bevölkerung beherbergen.

Meine Herren[4], Sie werden aus den Untersuchungen, von denen ich Ihnen Rechenschaft geben will, sehen, daß der Ackerbau bei allen Völkern vollkommen von den Gesetzen, von den Sitten und von den dort verbreiteten Einstellungen[5] abhängt. Ich mache den Anfang mit einigen Teilen von Afrika.

Abendländische Küsten von Afrika

Die abendländischen Inseln und Landschaften dieses Weltteils, die ich gesehen habe, sind mehrenteils unbebaute Länder, die von unglücklichen Negern bewohnt werden. Diese dummen Menschen, die sich für so gering achten, daß sie einander einzeln verkaufen[6], denken fast gar nicht an den Anbau ihrer Äcker. Mit einem kümmerlichen Leben zufrieden, bauen sie unter einem Himmelsstriche, der wenige Bedürfnisse schafft, nur so viel an, daß sie nicht vor Hunger sterben. Sie säen nachlässig, und zwar jedes Jahr etwas Mais und sehr wenig Reis. Sie stecken verschiedene Arten von Erdäpfeln, aber auch nur wenige. Diese sind zwar nicht wie die unsrigen beschaffen, allein sie werden ebenso angebaut; wir kennen sie unter dem Namen Patates[7] und Inham[8]. Überhaupt sind die Ernten dieses Volks so armselig, daß die europäischen Seefahrer, die zu ihnen kommen, um Menschen bei ihnen zu kaufen, genötigt sind, die zur Nahrung der Sklaven, welche die Ladung ihrer Schiffe ausmachen sollen, nötigen Lebensmittel aus Europa oder Amerika mitzubringen.

Unter diesen Negern sind diejenigen, die an den Grenzen der europäischen Kolonien wohnen, dem Ackerbaue etwas mehr ergeben als die anderen. Sie ziehen Herden auf, sie bauen den Reis in größerer Menge an; man findet in ihren Gärten einige Hülsenfrüchte, deren Körner ihnen die Europäer mitgebracht haben. Allein alles, was sie von dem Ackerbaue wissen, haben sie den Europäern zu danken. Ihre Kenntnisse sind in diesem Stücke sehr eingeschränkt, und ich habe in ihrem Fleiße auch nicht das geringste entdeckt, wodurch der unsrige verbessert werden könnte.

Von dem Flusse Angola[9] an bis zu dem Vorgebirge Negre[10] und von da bis zu den Grenzen des Vorgebirges der Guten Hoffnung[11] habe ich nichts als wüstes und unbebautes Land gesehen. Die Küsten sind unbewachsen und mit unfruchtbarem Sande bedeckt. Man hat viele Meilen zu gehen, ehe man einen Palmbaum oder etwas Grünes entdeckt. Das Erdreich und die kleine Anzahl seiner Bewohner scheinen von einem allgemeinen Fluch geschlagen zu sein. Alle Nachrichten, die ich von den italienischen Missionaren, welche mit bewundernswürdigem Eifer das Innere dieser verwünschten Gegenden durchqueren, über diese Orte eingezogen habe, haben mir bestätigt, daß der Ackerbau dort fast ebenso wenig als an den Küsten getrieben wird, ungeachtet in diesen Landstrichen die Erde an vielen Stellen durch ihre natürlichen Produkte die größte Fruchtbarkeit ankündigt.

Vorgebirge der guten Hoffnung

Das Erdreich von dem Vorgebirge der guten Hoffnung war, ehe die Holländer Besitz davon nahmen, zu eben jener Unfruchtbarkeit verdammt. Aber seitdem sie sich an dieser Spitze von Afrika niedergelassen haben, bringen die Felder dort Weizen und Getreide von jeder Art im Überfluß hervor. Auch tragen sie verschiedene Arten von Wein und eine beträchtliche Menge vortrefflicher Früchte aus allen vier Teilen der Welt. Man sieht dort große Viehweiden, die mit Pferden, Rindern und wolligem Vieh bedeckt sind. Alle diese Herden gedeihen vortrefflich. Wenn man den Überfluß, den diese Kolonie genießt, mit der Unfruchtbarkeit der unermeßlichen Lande, die sie umgeben, vergleicht, so ist er ein deutlicher Beweis dafür, daß die Erde nur gegen Tyrannen und Sklaven geizig ist, daß sie, sobald sie frei ist, sobald sie von freien Händen aufgegraben und von verständigen Leuten bearbeitet wird, sobald sie weise und unveränderliche Gesetze schützen, über alles Erwarten hinaus ihre Schätze verschwendet.

Eine Menge Franzosen, durch die Widerrufung des Edikts von Nantes aus ihrem Vaterlande vertrieben[12], haben an dieser Küste ein wahres Vaterland und in diesem neuen Vaterlande Sicherheit, Eigentum, Freiheit, die einzigen wahren Gründe des Feldbaues, die einzigen Grundursachen des Überflusses, wiedergefunden. Diese Mutter, welche sie an Kindes Statt aufnahm, haben sie mit ihrem Fleiße, mit der unschätzbaren Arbeit ihrer Hände bereichert. Sie haben ansehnliche Siedlungen darin errichtet, davon einige ihren Namen von dem unglücklichen, aber allezeit geliebten Lande entlehnt hatten, welches ihnen Feuer und Wasser verweigert hatte. Die Ansiedlung *La petite Rochelle* übertrifft in Ansehung des Fleißes der Kolonisten, die sie ausmachen, und in Ansehung des Reichtums der Ländereien, die von ihr abhängen, alle übrigen.

Die Weiden bestehen dort aus verschiedenen Gräsern und Kräutern, die dem Lande eigen sind, teils auch aus Kräutern, die in Europa auf unseren Kunstwiesen wachsen, als zum Beispiel Klee, blauroter Sichelklee[13] und spanischer Klee[14]. Die fremden Pflanzen, deren Samen von den Holländern in das Land gebracht worden sind, gedeihen ebenso gut als die natürlichen Gewächse des Landes. Alle diese Arten von Samen werden gesät, nachdem man die Erde mit einem Pfluge bearbeitet hat. Man schneidet diese Kräuter bloß das erste Jahr ab; im zweiten öffnet man diese Wiesen den Herden, welche nach ihrem Gefallen darin weiden. Und man ist weiter um nichts besorgt, als daß man diese alle Abende in einen Viehhof treibt, der mit hohen und starken Palisaden umgeben ist, um sie vor den Tigern[15] und Löwen, derer in diesem Lande nicht wenige sind, in Sicherheit zu stellen.

Überhaupt werden diese Wiesen nur durch den Regen befeuchtet, ob man sich gleich der Vorsicht bedient, sie in der

Nähe eines Bachs anzulegen, wo man das Vieh bequem tränken kann. Man sieht gar genau darauf, auf allen diesen Viehweiden der Sträucher und Bäume zu schonen, unter welchen die Herden wider die Sonnenhitze gesichert sein können, vornehmlich in den Monaten Januar, Februar und März, welche in diesem Teile der Welt die heißesten des Jahres sind.

Die Getreideäcker werden daselbst ebenso wie in Europa zugerichtet. Zuweilen bedient man sich dazu der Pferde, am öftesten aber der Ochsen. Die Holländer dieser Kolonie lassen sich besonders angelegen sein, die Langsamkeit dieser letzteren Tiere zu korrigieren, indem sie sie bei guter Zeit an einen muntern Schritt gewöhnen. Ich habe auf dem Vorgebirge Wagen gesehen, die mit zehn oder zwölf Paar Ochsen bespannt waren und ebenso geschwind gingen, als wenn sie von guten Pferden wären gezogen worden.

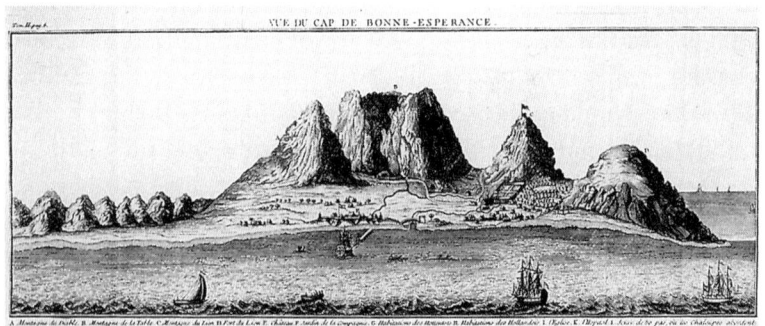

Ansicht des Kaps der Guten Hoffnung, um 1700

Die Getreide, die man gemeiniglich auf den Feldern des Vorgebirges sät, sind Weizen, türkisch Korn und Reis. Im allgemeinen sieht man diese Körner fünfzig für eines bringen. Man baut daselbst viele Pflanzen von Hülsenfrüchten an, dergleichen sind Erbsen, Bohnen und welsche Bohnen[16]. Diese Hülsenfrüchte dienen dem Zwecke, die Schiffe, welche an dem Vorgebirge anlanden und entweder nach Ostindien abgehen oder von daher zurückkommen, mit Vorräten zu versehen.

Unter diesen Hülsenfrüchten gibt es eine Art, die in Indien sehr begehrt ist und von der man sehr viel dorthin schafft. Sie ist daselbst unter dem Namen vorgebirgische Erbse bekannt[17]. Es ist eine Schminkbohne, welche keiner Stange bedarf; ihr Kern hat die Gestalt unserer welschen Bohne, nur ist er etwas breiter und platter; er schmeckt wie unsere grüne Erbse und bleibt lange Zeit frisch. Ich habe dieses Jahr einen Versuch mit dem Anbau gemacht[18], und ich glaube, daß meine Bemühung nicht vergeblich sein wird. Das Klima des Vorgebirges der guten Hoffnung scheint von seiten desjenigen, welcher pflanzt, eine Aufmerksamkeit zu fordern, die in diesem Lande nicht so nötig zu sein mag und welche vielleicht sogar den Produkten unserer Felder nachteilig sein würde.

Das Vorgebirge ist fast das ganze Jahr hindurch heftigen Ungewittern aus Nordost ausgesetzt. Deren Winde wehen mit solch einem Ungestüm, daß sie alle Pflanzen auf dem Felde zu Schanden machen und die Früchte aller Bäume abschlagen würden, wenn man ihnen nicht mit Pfählen oder anderen Dingen, womit man sie stützen kann, zu Hilfe käme, um sich der Ernte dieser Früchte zu versichern. Die holländische Kolonie ist darauf verfallen, die Felder in kleine Teile zu teilen und sie mit hohen eichnen Palisaden oder mit dicht nebeneinander gepflanzten Bäumen in der Art buchener Laubengänge, wie sie gemeiniglich die Zierde eines Gartens auszumachen bestimmt sind, zu umgeben. Diese Bäumchen oder Hecken werden alle Jahre in Gestalt eines halben Mondes beschnitten. Man zieht sie fünfundzwanzig, auch dreißig Schuh hoch, so daß jedes abgesonderte Feld wie ein Zimmer verschlossen ist.

Durch eben diesen Fleiß haben es nun die Holländer dahin gebracht, daß aus ihrer Kolonie gleichsam der Getreideboden aller der Länder und Plätze, worinnen sie sich in Ostindien niedergelassen haben, und der beste Zufluchtsort geworden ist, den die Schiffe haben können, um sich zu erholen und mit frischen Lebensmitteln zu versehen.

Als die Holländer anfingen, Weinberge in ihrer Kolonie anzulegen, suchten sie sorgfältig Setzlinge aus Ländern, die wegen ihrer Weine berühmt waren. Nach vielen vergeblichen

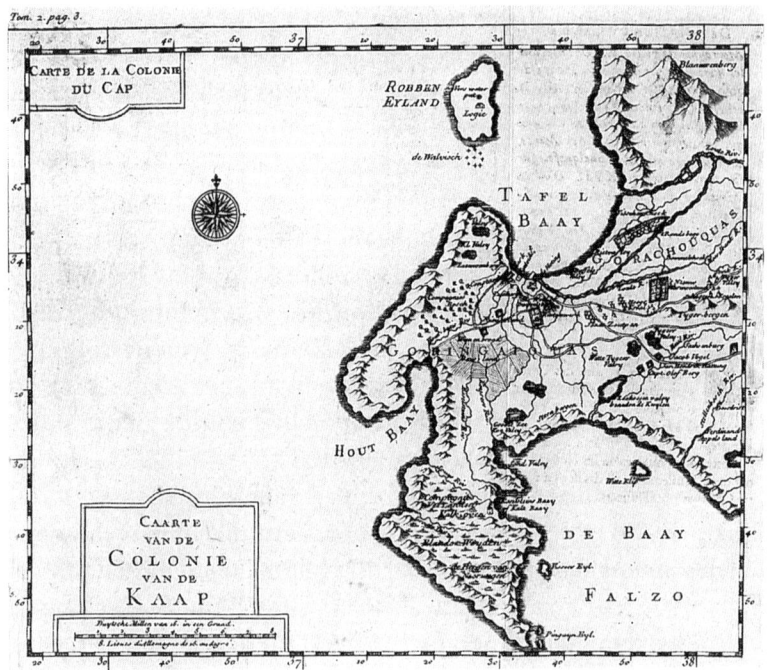

Karte der Kapkolonie der holländischen Ostindienkompanie, um 1700

Versuchen, an dem äußersten Ende von Afrika Burgunder, Champagner und andere Weine zu ziehen, ließen sie es dabei bewenden, die aus Spanien, aus den Kanarischen Inseln und aus der Levante gebrachten Pflanzen anzubauen, die aus einem Himmelsstriche stammen, welcher mit dem auf dem Vorgebirge eine größere Gleichheit hat. Die Setzlinge von dem roten Muskatellerwein, die sehr wohl gedeihen, sind gegenwärtig die häufigsten, und hauptsächlich gibt der rote Muskateller, der in einem kleinen Bezirke, Constance[19] genannt, gebaut wird, vortrefflichen Wein. Die holländische Gesellschaft hält alle Jahre die Weinlese desselben; sie läßt ihn nach Europa bringen, um den Fürsten Geschenke damit zu machen[20].

Die Weinstöcke werden auf dem Vorgebirge ohne Pfähle gezogen; sie werden umgegraben und behackt wie die unserigen. Sie sind mit verschiedenen Bäumen umgeben, an welchen man die Stöcke der großen spanischen Muskatellertrauben durch sehr hohe Spaliere befestigt, die den Weinberg gegen die Gewalt der Winde schützen.

Der Gartenbau wird auf dem Vorgebirge ebensowenig verabsäumt als die anderen Teile des Ackerbaues. Man findet daselbst alle europäischen Gemüsefrüchte und die besten von denen, die den anderen Weltteilen zu eigen sind. Außer den Gärten der Kolonisten, die so wohl unterhalten werden als in irgendeinem Teile Europas, hat die holländische Gesellschaft zwei bis drei prächtige Gärten anlegen lassen, die sie mit einem Aufwande unterhält, der einer souveränen Handelsgesellschaft würdig ist. Fünfzehn bis zwanzig europäische Gärtner, deren Geschicklichkeit man geprüft hat, ehe sie eingeschifft worden sind, müssen unter der Aufsicht eines Obergärtners, dessen Stelle einträglich und vornehm ist, die Kultur eines jeden dieser weitläufigen Gärten besorgen. In diesen öffentlichen Gärten, die auf Kosten der Gesellschaft unterhalten werden, nimmt man alle die Versuche der neuen Art des Landbaues vor. Hier erhalten Privatpersonen nebst dem nötigen Un-

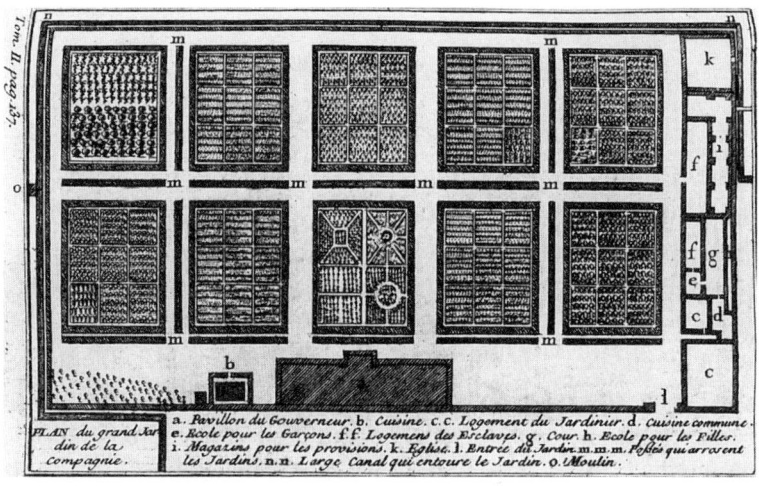

Plan des Großen Gartens der holländischen Ostindienkompanie am Kap der Guten Hoffnung, um 1700

terrichte auch das Samenwerk und die Pflanzen, die sie brauchen können, umsonst.

Diese Gärten liefern zur Versorgung der Schiffe der Gesellschaft in größtem Überflusse Kräuter und Früchte von verschiedenen Arten. Man bemerkt darin mit Bewunderung ansehnliche Plätze, die der Botanik gewidmet sind, in welchen man in der schönsten Ordnung die nützlichsten und seltensten Pflanzen aus allen Teilen der Welt sieht. Wißbegierige Reisende haben das Vergnügen, daselbst erfahrene Gärtner zu finden, die sich eine Ehre daraus machen, ihnen von jeder Pflanze Nachricht zu geben. An diese schönen Gärten stoßen weitläufige Obsthöfe an, wo man alle europäischen, afrikanischen und einige asiatische Früchte findet. Nichts ist angenehmer, als darin in verschiedenen Aussichten, sogar in einerlei Bezirke, den Kastanienbaum, den Apfelbaum und alle anderen fruchttragende Bäume aus den kältesten Erdstrichen, nebst dem Muskatnußbaum aus Indien, dem Kampferbaume aus Borneo, ingleichen den Palm- und andere Bäume aus dem heißen Erdgürtel zu erblicken.

Madagaskar

Wenn man über das Vorgebirge der guten Hoffnung hinausfährt, kommt man in das Indische Meer, und man findet anfangs die große Insel Madagaskar. Es sind uns nur erst einige Teile dieser Insel bekannt, ob wir gleich daselbst Niederlassungen gehabt und sie beinahe seit einem Jahrhunderte besucht haben[21]. Die Ländereien, die wir daselbst kennen, sind sehr fruchtbar, und die Einwohner würden gute Landleute sein, wenn ihre Erzeugnisse Käufer fänden. Sie ziehen zahlreiche Herden von Rindern und wolligen Tieren auf. Die Weiden, wie sie die Natur gebildet hat, sind vortrefflich. Man sieht in vielen Gegenden unermeßliche urbar gemachte Felder, welche dicht mit einem Wildgewächs bedeckt sind, das breite Blätter hat und fünf bis sechs Schuh in die Höhe schießt. Die Einwohner nennen es Farak. Es nährt und mästet das Hornvieh vollkommen, welches von der größten Art und von dem unsrigen darin verschieden ist, daß es eine große Geschwulst an dem Halse hat. Ein anderes kleines, feines Gras wächst von Natur in den Sandflächen an dem Ufer des Meeres und gibt den wollspendenden Tieren Nahrung. Diese sind von eben der Art als wie die in der Barbarei[22] und von den unsrigen verschieden, hauptsächlich wegen der ungeheuern Dicke ihres Schwanzes, der sechs bis acht Pfund wiegt.

Die Madegassen oder Malegachen, (dies ist der Name der Einwohner dieser Insel), bauen kein anderes Getreide an als Reis. Sie säen ihn im Anfange der Regenzeit. Dadurch ersparen sie es sich, ihre Felder einzuackern. Sie bearbeiten ihren Acker mit weiter nichts als mit dem Karst. Sie machen damit den Anfang, daß sie alles Gras umgraben; darauf stellen sich fünf bis sechs Männer in einer Reihe auf das Feld und machen vor sich kleine Löcher, in welche die Weiber und die Kinder, die ihnen nachfolgen, einige Reiskörner werfen, welche sie mit dem Fuße mit Erde bedecken. Ein auf diese Art besätes Feld trägt achtzig- bis hundertfältige Frucht, was aber mehr die außerordentliche Fruchtbarkeit des Bodens als die gute Art des Ackerbaues beweist. So schlecht man sich auch auf diesen zu verstehen mag, so reicht er doch hin, die Völker von Madagaskar in den Überfluß zu setzen[23]. Ich habe kein Land in der Welt gesehen, wo der Reis und die wesentlichen Lebensmittel wohlfeiler sind. Für einen Streifen grober, blaugefärbter Leinwand, welcher ungefähr zwanzig Sols unseres Geldes wert ist, gibt der Madegasse zwei bis drei Maß Reis. Die Maßgefäße bringen die Europäer mit, welche nicht ermangeln, sie alle Jahre zu vergrößern, ohne daß sich die Insulaner darüber beklagen. Das Maß wird anfangs gehäuft vollgefüllt. Darauf bedient sich der Käufer des Rechts, das er eingeführt hat, ein gutes Maß zu haben: Er steckt den Arm bis an den Ellbogen in den Reis und leert das Maß auf einmal beinahe gänzlich aus, welches der Madegasse dann ohne Ungeduld zum zweiten Mal anfüllt, ohne jemals zu murren. Dieses Maß heißt *Gamelle*[24], und eine auf diese Art zweimal gemessene Gamelle gibt ungefähr hundertundsechzig Pfund weißen Reis.

Wenn unsere Ostindische Gesellschaft,[25] welche die einzige ist, die den Handel dieser Insel im Besitze hat, daselbst den Ackerbau unterstützen wollte, so würde dieser ohne Zweifel in kurzem den größten Fortgang gewinnen. Unsere Inseln de France[26] und Bourbon[27], die die Nachbarn Madagaskars sind, würden daselbst jederzeit eine Sicherheit gegen den Mangel an Lebensmitteln finden, der sich häufig besonders auf der ersten dieser Inseln äußert. Unsere nach Großindien[28] bestimmten Geschwader, die genötigt sind, den Hafen von Isle de France anzulaufen, um Erfrischungen aufzunehmen, würden dort im Überflusse aus Madagaskar gebrachten Vorrat finden und nicht genötigt sein, ihre Zeit zu damit verlieren, nach Batavia[29] oder an das Vorgebirge der guten Hoffnung zu fahren und Lebensmittel bei den Holländern zu erbetteln, während uns die Feinde unsere Plätze wegnehmen, wie in dem Kriege geschehen ist, der eben im Jahre 1762 geendigt wurde[30].

Der Weizen würde zu Madagaskar in demselben Überflusse wachsen wie der Reis. Er ist ehemals mit glücklichem Erfolg in der Kolonie angebaut worden, die wir an der südlichen Spitze der Insel unter dem Namen Fort Dauphin besaßen[31]. Man findet daselbst noch heutzutage schöne Ähren von Weizen, der dort von alters her angebaut wurde und der, seit wir daraus vertrieben worden sind, sich alle Jahre selbst wieder gesät hat und jetzt unter den natürlichen Kräutern das Landes aufwächst. Der Boden ist dort von einer unvorstellbaren Fruchtbarkeit; die Insulaner sind verständig und geschickt. In jenen Teilen, wo die Araber nicht hingekommen sind[32], gelten die einfachen Gesetze der Natur und die Sitten der ersten Menschen. Diese Gesetze und Sitten sind für den Ackerbau günstiger als alle unseren erhabenen Betrachtungen, als unsere vollkommensten Abhandlungen über die besten Methoden der Landwirtschaft, als alle die in unseren Tagen angewendeten Mittel, unter uns eine Kunst zu beleben, die unsere Sitten uns mit Verachtung ansehen oder mit Nachlässigkeit treiben lassen und die beständig angegriffen und beständig durch eine Menge von Mißbräuchen unterdrückt wird, welche aus unseren Gesetzen selbst entstehen.

Isle de Bourbon

Ungefähr zweihundert Meilen gegen Osten von Madagaskar findet man unsere beiden Inseln Isle de Bourbon und Isle de France, deren Boden von Natur ebenso fruchtbar ist als der von Madagaskar und die ein viel günstigeres Klima genießen. Die erste von diesen Inseln hat keinen Hafen; sie wird von unseren Schiffen wenig besucht. Ihre Einwohner haben natürliche Sitten beibehalten, und der Ackerbau ist daselbst sehr blühend. Die Insel Bourbon bringt Weizen, Reis und Mais zum Verbrauch ihrer Einwohner hervor und kann sogar einen kleinen Teil der Isle de France damit versorgen. Der Landbau ist ebenso beschaffen wie auf Madagaskar. Die Herden von Rindern und Schafen, die aus dieser großen Insel dahin gebracht worden sind, machen um so viel bessere Fortschritte, als man darauf bedacht gewesen ist, auch das Gras, Farak genannt, dahin zu verpflanzen, welches ich schon oben genannt habe.

Der größte Teil des Bodens dieser Insel wird zum Anbau des Kaffeebaumes angewendet[33]. Die ersten Pflanzen von diesen Bäumchen sind geraden Weges aus Mocha[34] dahin gebracht worden. Der Kaffeebaum vermehrt sich durch seine Bohnen, die sich von selbst säen. Er erfordert wenig Arbeit. Die junge Pflanze muß im ersten Jahre nur drei- bis viermal umgegraben und behackt werden, damit das umstehende böse Gras weggeschafft wird, welches ihr die Nahrung entziehen würde. Im zweiten Jahre wächst sie ohne Arbeit. Ihre Zweige, die in gleicher Höhe mit der Erde wachsen und sich horizontal ausbreiten, ersticken durch ihren Schatten alle anderen Pflanzen, welche um sie herum wachsen könnten. Nach achtzehn Monaten fängt der Kaffeebaum an, seine Frucht zu bringen, und vom dritten Jahre an gibt er eine vollkommene Ernte. Man pflanzt diese Bäumchen schachförmig, ungefähr in einer Entfernung von sieben Schuhen von einander, und wenn sie zu weit in die Höhe wachsen, macht man sie kürzer, indem man sie zwei Fuß hoch über der Erde abschneidet. Der Kaffeebaum erfordert eine leichte Erde. Er kommt in bloßem Sande viel besser fort als auf gutem Boden. Man bemerkt auf der Insel Bourbon, daß ein jedes von diesen Bäumchen Jahr für Jahr ein Pfund Kaffee trägt. Diese Frucht wird auf der Insel Bourbon zur trockenen Jahreszeit reif und gesammelt, welches ihr einen großen Vorzug vor dem Kaffee von unseren amerikanischen Inseln gibt[35], welcher nur in der Regenzeit reif und gesammelt wird. Wenn der Kaffee geerntet worden ist, so muß er getrocknet werden. Deswegen legt man ihn viele Tage in die Sonne, bis die Bohne von außen trocken und hart geworden ist. Darauf nimmt man sie aus dem Fleische, welches mit Stämpfeln in großen hölzernen Trögen geschieht.

Isle de France[36]

Die Isle de France hat zwei vortreffliche Häfen, wo alle unsere Schiffe einlaufen, die in Friedenszeiten für den Handel nach Indien und nach China und in Kriegszeiten zur Verteidigung unserer Besitzungen gebraucht werden. Diese Insel wird daher mehr besucht als die Insel Bourbon. Die Regierung und die Sitten Europas haben mehr Einfluß auf sie. Sie schließt Ländereien in sich, die so fruchtbar sind als die auf der Insel Bourbon. Bäche, die niemals vertrocknen, benetzen sie überall wie einen Garten. Gleichwohl schlagen die Ernten daselbst oft fehl. Fast ständig herrschen Not und Mangel.

Seit dem berühmten Herrn de La Bourdonnais[37], der die Insel zehn bis zwölf Jahre lang regiert hat und als der Stifter der Kolonie angesehen werden muß, weil er der erste war, der den Ackerbau dort eingeführet hat, ist man beständig von einem Projekte auf das andere verfallen. Man hat den Anbau aller Arten von Pflanzen versucht und ist bei keiner einzigen geblieben. Der Kaffee, die Baumwolle, der Indigo, das Zuckerrohr, der Birnbaum, der Zimtstrauch, der Maulbeerbaum, der Tee, der Kakao, der Rukubaum[38]: Alles ist in Proben angebaut worden, aber mit einer Sorglosigkeit, welche den Erfolg ausschloß. Wäre man dem einfachen Plane des Stifters gefolgt, welcher darin bestand, für Nahrungsmittel zu sorgen, so würde die Insel heutzutage in einem blühenden Zustand sein. Überfluß würde unter den Kolonisten herrschen, und die Besatzungen der Schiffe würden den nötigen Mundvorrat finden. Der Getreidebau, ob er gleich nachlässig und übel verstanden getrieben wird, kommt noch am besten fort. Die Ländereien, die dazu gebraucht werden, tragen hintereinander jedes Jahr eine Ernte von Weizen und eine andere von Reis oder türkischem Korn, ohne jemals auszuruhen, ohne im geringsten gedüngt zu werden und ohne andere Bearbeitung als jene, die, wie ich schon gesagt habe, in Madagaskar üblich ist.

Der Maniok[39], welchen Herr de La Bourdonnais aus Brasilien gebracht und welcher anfänglich nur mit Widerwillen und mit Gewalt angebaut wurde, ist heutzutage das hauptsächlichste Nahrungsmittel der Kolonisten für ihre Sklaven. Die Kultur dieser Wurzel ist auf der Isle de France ebenso beschaffen wie in Amerika. Ich werde hier nicht dasjenige wiederholen, was viele Reisende davon gesagt haben.

Man hatte ehemals aus Madagaskar zahlreiche Herden von Rindern und Schafen auf diese Insel herübergebracht. Aber seitdem man ausgerechnet hat, daß es einträglicher wäre, Sklaven als Rinder zu importieren[40], hat man die Vermehrung der Herden, welche durch die beständigen Bedürfnisse der Kolonie und der Schiffe immerfort verkleinert werden, gar sehr vernachlässigt. Außerdem hat man niemals auf der Insel Viehweiden angelegt, oder wenn es geschehen ist, so sind sie doch mit so wenig Einsicht geschaffen worden, daß man zu keinem Erfolg gekommen ist. Die Insel bringt in verschiedenen Bezirken ein bewundernswürdiges Gras hervor, welches fünf bis sechs Fuß hoch wächst. Es kommt im Anfange der Regenzeit aus der Erde heraus und wächst während der drei Monate, die diese Zeit währet. Die Kolonisten machen sich selbige zunutze, ihre Herden darauf zu weiden, die sich geschwind mästen. Allein, wenn das Wachstum aufhört, bleibt auf dem Erdboden weiter nichts

Kakaopflanze (oben) und Vanillepflanze

als ein Stroh übrig, das zu hart ist, als daß es dem Vieh zum Futter dienen könnte. Gar bald verzehrt das Feuer, welches durch tausend Zufälle mitten in dieses Stroh gebracht wird, dasselbe und mit ihm einen Teil der benachbarten Wälder. Während der übrigen Zeit des Jahres müssen die Herden in den Wäldern herumirren und schmachten. Der größte Fehler, der auf dieser Insel begangen worden ist und am meisten dem Fortgange des Landbaues zum Nachteil gereicht, besteht darin, daß man die Wälder niedergebrannt hat, ohne zwischen den abgebrannten Plätzen Holz stehen zu lassen. Die Regen, welche in dieser Insel die einzige und beste Düngung sind, die die Erde annehmen kann, folgen genau den Wäldern, bleiben dabei stehen und fallen nicht mehr auf diese abgeräumten Felder. Außerdem haben diese Felder keinen Schutz gegen die Gewalt der Winde, die oft alle Ernten zu Schanden machen.

Wir haben oben gesehen, daß die Holländer, die kein Holz auf dem Vorgebirge hatten, solches daselbst gezogen haben, um ihre Häuser zu schützen. Die Isle de France war damit bedeckt, und unsere Kolonisten haben es ausgerottet.

*Bemerkungen, die an der Küste
von Koromandel[41] gemacht worden sind*

Zu allen Zeiten hat der Ackerbau in Ostindien[42] geblüht; er ist daselbst gleichwohl seit der Eroberung der Mogulen[43] sehr zurückgegangen, welche – wie alle barbarischen Völker – die Arbeit, die den Menschen ernährt, verachtet haben, um sich auf jene zerstörerische Kunst zu legen, welche die Erde verwüstet[44].

Als sich die Eroberer des Landes bemächtigten, zogen sie alle Ländereien an sich. Die mogulischen Kaiser zerlegten sie in mehrere widerrufliche Lehen, die sie unter den Großen ihres Reiches verteilten, welche sie ihren Vasallen und diese wieder an andere verpachten, so daß der Boden von niemand mehr als von Tagelöhnern und von den Knechten der Unterpächter bebaut wird[45].

Da kein Land in der Welt gewaltsamen Veränderungen[46] mehr ausgesetzt ist als Indien, das Herren unterworfen ist, deren Regierung in einer wahren Anarchie besteht, so sind der Besitzer des Lehens, ebenso wie sein Pächter, beide beständig ihres Schicksals ungewiß, weiter auf nichts bedacht, als ihre Ländereien und die Menschen, die sie bebauen, auszurauben, ohne jemals Besserungen daran vorzunehmen. Zu allem Glücke für diese wilden Eroberer hat das eroberte Volk, das unveränderlich an seinen alten Sitten festhält, nicht aufgehört, sich dem Ackerbaue aus Neigung und Religion zu ergeben. Ungeachtet der unsinnigen Tyrannei des Moguls, bestellt der Malabare[47] voll Verachtung und Mitleiden gegen den Herrn, dem er gehorcht, mit eben demselben Eifer, als wenn er ein Eigentümer wäre, das Feld, das seinen Vätern gehörte und dessen Bebauung ihm von dem Usurpator anvertraut worden ist[48].

Die Zunft der Ackerleute ist eine bei den Indern geehrte Zunft. Die Religion selbst hat die Kunst des Ackerbaues und sogar die dazu bestimmten Tiere geheiligt. Da es den Indern nicht an Weiden fehlt, da Pferde selten sind und Rinder und Büffel sich schwer vermehren, so hat die alte indische Staatskunst gewollt, daß es ein Verbrechen wider die Religion sei, eines dieser nützlichen Tiere zu töten.

Die Malabaren machen sich dieselben mehr als irgendein anderes Volk zunutze. Sie gebrauchen sie wie wir auf dem Acker und zum Fuhrwerke; überdies lassen sie sie alle Arten von Lasten tragen. Man sieht nicht leicht ein anderes Lasttier in der Gegend von Pondichéry[49]. Ich bin überzeugt, daß man sich ihnen in allen Ländern auf eben diese Art bedienen könnte.

Das Land an der Küste von Koromandel besteht aus leichten, sandigen und trockenen Böden. Indessen ziehen die Malabaren, ohne sie jemals brach liegen zu lassen, durch Fleiß und Arbeit im Jahr zwei Ernten daraus. Auf die Reisernte folgt die Ernte einiger minder wichtiger Getreide, als der Hirse oder einiger Bohnen, davon Indien unzählige Gattungen hervorbringt. Unter allen Arbeiten des indischen Ackerbaues aber ist die merkwürdigste die Befeuchtung der zum Reisanbau bestimmten Äcker[50].

Maschine zur Befeuchtung der Äcker

Wenn der Erdboden, den man befeuchten will, in der Nähe weder einen Bach noch eine Quelle hat, die hinreichend mit Wasser versehen sind, so gräbt man einen Brunnen daselbst, an dessen Rande man einen Pfeiler setzt, der beinahe ebenso hoch als der Brunnen tief ist. An diesem Pfeiler ist oben auf seinem Gipfel, welcher wie eine Gabel gespalten ist, ein eiserner Zapfen angebracht, der horizontal durch die beiden Teile gesteckt ist und einen mit Sprossen versehenen Schwengel trägt. Der obere Teil dieses Schwengels ragt über den Gipfel des Pfeilers ungefähr drei Fuß heraus und trägt eine mit dem Pfeiler parallel gesetzte Stange. An dieser Stange hängt ein großer hölzerner oder kupferner Eimer. An der Seite der Maschine ist von Ziegeln und Mörtel ein Wasserbehälter aufgeführt, der bestimmt ist, das Wasser aus dem Brunnen zurückzugeben. Dieser Behälter ist höher als das Erdreich, das befeuchtet werden soll. Er hat auf der Seite des Feldes seine zugehörige Öffnung. Wenn auf diese Art alles fertig gemacht ist, steigt ein Mensch vermittelst der Sprossen des Schwengels oben auf den Pfeiler. Sobald er auf dem Gipfel ist, stößt ein anderer, der an dem Rande des Brunnens steht, die Stange, an welcher der Eimer hängt, hinein; darauf steigt derjenige, der oben auf dem Gipfel war, auf eben den Sprossen des Schwengels hinunter und bringt bis an den Behälter den mit Wasser angefüllten Eimer herauf, den der andere hineingießt. Sobald der Behälter voll ist, macht man die Öffnung auf, die Überflutung fängt an und wird durch die Arbeit dieser beiden Menschen unterhalten, die zuweilen ganze Tage zubringen: der eine, hinauf und hinunter zu steigen, und der andere, den Eimer auszugießen.

Bearbeitung des Feldes

Die Malabaren bestellen ihre Äcker mit einem Instrument, das wie die *Aire de Provence*[51] oder wie die in eben dieser Landschaft gebräuchliche *Souchée* aussieht. Sie gebrauchen dazu

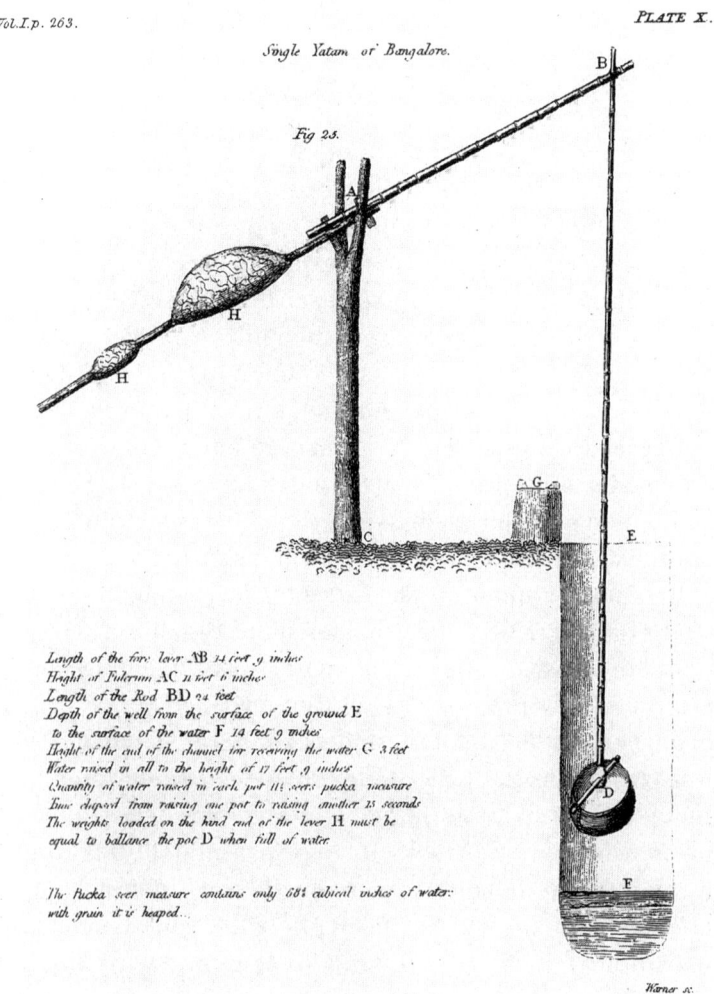

Indischer Bewässerungsbrunnen

Rinder und noch öfter Büffel Diese letzteren sind viel stärker und können die Hitze besser ertragen als die Rinder, welche an der Küste von Koromandel überhaupt schwächer und von kleiner Art sind.

Herden von Schafen und anderem Vieh

Diese Tiere werden mit Reisstroh, einigem Kräuterwerke und gekochten Bohnen gefüttert. Man sieht hier und da auf den Feldern einige kleine Herden von kleinen Ziegen und andere von Schafen, die von den unsrigen darin abweichen, daß sie statt der Wolle mit Haaren bedeckt sind. Man kennt sie in unseren Kolonien unter dem Namen der *chiens marous*[52]. Alle diese Herden sind mager und vermehren sich nicht stark.

Wenn die Einwohner Indiens sich vom Fleische nährten wie die Europäer, so würde das Land bald von aller Art von Vieh entblößt sein. Es scheint also, daß das Religionsgesetz, welches dem Inder ein Verbrechen daraus macht, das Fleisch der Tiere zu essen, von einem weisen Staatskundigen gegeben worden ist, der sich der Macht der Religion bedient hat, um die Beobachtung einer Verordnung gewiß zu machen, die die natürliche Beschaffenheit des Himmelsstriches vorschreibt.

Die Malabaren ernähren sich von Getreide und hauptsächlich von Butter, von Gemüse und von Früchten. Sie essen nichts, das Leben in sich gehabt hat. Die Landschaften gegen Mittag und Abend von Indostan sind es, welche die allgemeine Kornkammer dieses weitläufigen Landes ausmachen und welche den Überfluß darin unterhalten. Der Boden ist dort in den Händen der alten eingeborenen Bewohner von Indien geblieben, deren Gesetze dem Ackerbaue sehr günstig sind. Die Mogulen haben bisher vergeblich gesucht, sich derselben zu bemächtigen.

Gärten

Man sieht in den malabarischen Gärten kein einziges Gemüse, das den unsrigen gleichkommt. Nach ihren verschiedenen Arten von Bohnen, davon einige Dauerpflanzen und andere von baumartiger Form sind, ist die beste unter den Gemüsearten, die sie anbauen, die Bazella[53], die in Frankreich un-

ter dem Namen des chinesischen Spinats bekannt ist. Dies ist eine muntere aufschießige Kletterpflanze, die man wie unsere Erbsen mit Stecken versieht oder die man an Mauern lehnt, welche sie in kurzer Zeit mit einem sehr angenehmen Grün bedeckt. Sie schmeckt beinahe wie unser Spinat.
Die Kunst des Gartenbaues ist an der Küste von Koromandel wenig bekannt. Die Baumgärten sind daselbst besser versorgt als die anderen Gärten, ob sie gleich keine einzige Frucht haben, die mit den europäischen verglichen werden könnte. Die Inder besitzen nicht die Kunst der Veredelung. Ihre verbreitetsten Früchte sind die Ananas, der Mango, die Banane und die Gouyave[54]. Die beiden ersten dieser Früchte, die an der malabarischen Küste und in verschiedenen Teilen Indiens vortrefflich sind, haben an der Küste von Koromandel nur eine mittelmäßige Güte.

Die Kokospalme

Der nützlichste unter allen Bäumen in ihren Baumgärten ist ohne Widerspruch der Kokosbaum. Dieser Palmbaum trägt Kämme von Nüssen von einer ungeheuern Größe. Wenn man diese Nüsse zur Reife kommen läßt, geben sie in großem Überflusse ein Öl, davon die Inder alle Arten von Gebrauch machen und womit sie hauptsächlich ihr Gemüse zurichten, ungeachtet des unangenehmen Geschmacks dieses Öles für denjenigen, der es nicht gewohnt ist. Doch das beste Mittel, den Anbau der Kokosnuß einträglich zu machen, ist, Wein aus selbiger zu ziehen. Der Inder nutzt die Zeit, wenn die Nuß dieses Baumes die Dicke unserer gewöhnlichen Nüsse erlangt hat, welches geschieht, sobald die Blüte abgefallen ist. Alsdann schneidet er in den Stiel des Kammes ungefähr sieben bis acht Zoll von dem Stamme des Baumes ab. Er bindet ein irdenes Gefäß daran, um den Saft, der überflüssig herausdringt, aufzufangen, er umwickelt die Öffnung des Gefäßes fest mit einem Tuche, damit die Luft nicht auf den Saft wirken kann und ihn sauer macht. Das Gefäß wird in vierundzwanzig Stunden angefüllt. Der Inder ist aufmerksam, es alle Tage auszuwechseln. Dieser natürliche Wein heißt *Soury*[55]. In diesem Zustande wird er verkauft und getrunken. Er hat beinahe den Geschmack und die Wirkung des Mostes von Weintrauben, aber er hält sich nur wenige Tage, und man muß ihn abziehen[56], ohne welches er sonst so sauer werden würde, daß man ihn nicht mehr trinken könnte. Dieser abgezogene Wein ist dasjenige, was man Racke[57] nennt, und ist viel stärker als unser Branntwein.

Ein Kokosbaum, der bestimmt ist, Wein zu liefern, bringt öfters eine Pagode[58] (ungefähr acht Livres nach französischer Münze) ein. Diese Bäume werden in einer Entfernung von fünfundzwanzig bis dreißig Fuß voneinander gepflanzt. Es währt zehn bis zwölf Jahre, bis sie tragen, aber sie geben alsdann über fünfzig Jahre Frucht oder Wein. Sie lieben einen sandigen Boden und kommen auch im bloßen Sande sehr gut fort.

Die Malabaren bauen auf freiem Felde verschiedene Pflanzen mit öligen Körnern an, als zum Beispiele den Sesam oder Gergelin[59], welches ein Fingerhutskern ist, und den Wunderbaum oder Palma Christi[60]. Das frische aus der Bohne dieser letzteren Pflanze gezogene Öl, welches in Frankreich für eine heftige und gefährlich fressende Arznei gehalten wird, scheint diese üble Eigenschaft in Indien nicht zu haben, denn die Malabaren betrachten sie als ein gelindes abführendes Mittel und als die beste Arznei für die meisten Krankheiten der noch säugenden Kinder. Man hat die Gewohnheit, ihnen alle Monate einen Löffel voll einzugeben, indem man einen gleichen Teil Muttermilch damit vermischt.

Ich endige diesen Artikel mit der Anmerkung, daß man sehr irren würde, wenn man sich nach dem, was ich eben von dem Landbau der Nüsse von Koromandel gesagt habe, einen allgemeinen Begriff von dem Landbau Indiens machen wollte. Diese Küste und die dazu gehörigen Landschaften sind ein kleiner Teil von dem sogenannten Ostindien[61], und dieser Teil ist der unfruchtbarste und am meisten durch den Einfall der Mogule, durch die beständigen Kriege, die diese Conqueranten[62] untereinander führen, und durch ihre zerstörerische Regierungsart verwüstet worden. Die Küste von Orissa, die Küste von Malabar, das Gebiet von Surat, die Ufer des Ganges und der mittlere Teil von Indostan sind von einer ganz anderen Fruchtbarkeit, und der Feldbau ist darin blühender als in einer dieser Gegenden. Ich gebe nur von denjenigen Nachricht, welche selbst zu untersuchen die Umstände mir erlaubt haben.

*Zustand des Ackerbaues
in dem Königreiche Siam*

Das Königreich Siam[63] auf der Halbinsel von Indien[64], jenseits des Ganges, besitzt im allgemeinen einen guten Boden und Landschaften von der größten Fruchtbarkeit. Dieses Land, welches wie Indostan von Norden gegen Süden durch eine Kette von Bergen geteilt ist, genießt während des ganzen Jahres zur gleichen Zeit zwei verschiedene Jahreszeiten. Sein westlicher Teil, welcher gegen den Meerbusen von Bengalen liegt, wird sechs ganze Monate, so lange der Monsun der Westwinde dauert, durch beständige Regen befeuchtet. Diese feuchte Jahreszeit wird in diesem Teile als der Winter angesehen, während man in der anderen Hälfte des Reiches, die gegen Morgen liegt, die schönste Witterung hat. Man wird die verschiedene Jahreszeit, die auf der anderen Seite regiert, nur durch die Überflutung des Menam[65] gewahr. Dieser Fluß beginnt seinen Lauf an dem Fuße der Berge, wo die Regen stehen bleiben. Er benetzt die Mauern der Hauptstadt und überschwemmt Jahr für Jahr ohne jegliche Verwüstung ein liebliches, mit Reispflanzungen bedecktes Land. Der Schlamm, den der Menam liegen läßt, düngt die Äcker auf einzigartige Weise. Der Reis scheint in dem Maße die Höhe zu schießen, wie die Überschwemmung steigt, und der Fluß nimmt seinen ordentlichen Rückweg in sein Bett, sowie der Reis anfängt reif zu werden und sein Wasser nicht mehr braucht. Dies ist es,

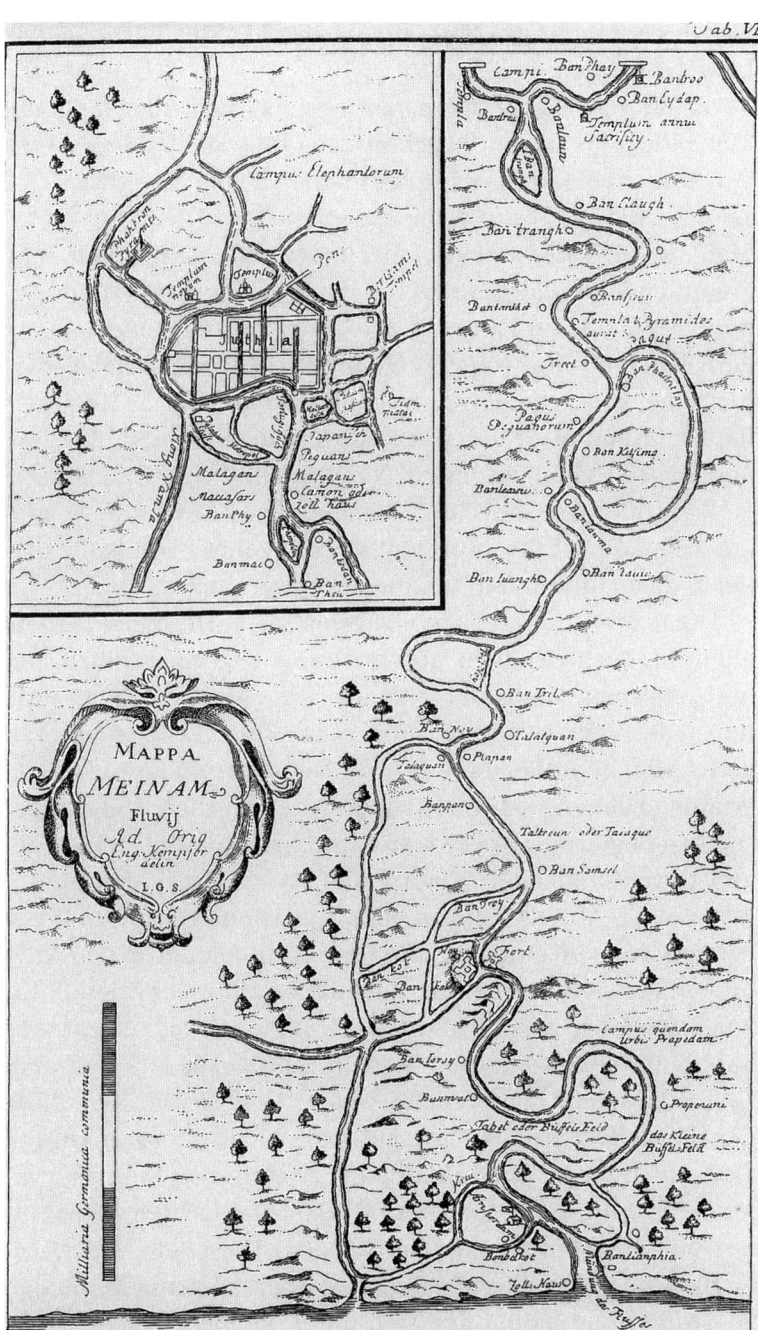

Karte des Menam-Flusses mit der siamesischen Hauptstadt Ayudhya

was die Natur für die Menschen getan hat, die dieses schöne Land bewohnen.

Sie hat noch mehr getan, denn sie hat die Felder mit einer Menge von köstlichen Früchten angefüllt, die beinahe keine Wartung erfordern. Dies sind die Ananas, die Manguste – die schmackhafteste Frucht, die es vielleicht auf der Erde gibt –, Mangos von verschiedenen Arten, aber alle vortrefflich, eine unendliche Verschiedenheit von Pomeranzenbäumen, von Bananenstauden, der Durion[66], die Gacca und verschiedene andere Früchte von geringerer Qualität. Noch gütiger hat die Natur in den Erdboden dieser Gegend, und beinahe an die Oberfläche, Minen von Gold, von Kupfer und von feinem Zinn gelegt, das in Indien unter dem Namen Calin[67] bekannt ist.

Wer sollte glauben, daß in diesem irdischen Paradiese, mitten unter so viel Reichtümern, die Einwohner von Siam vielleicht die elendesten unter allen Völkern sind?

Die Regierung von Siam ist despotisch[68]. Der Fürst genießt allein das Recht der allen Menschen angeborenen Freiheit. Seine Untertanen sind seine Sklaven. Ein jeder von ihnen muß ihm jedes Jahr ohne Sold und sogar ohne Lebensunterhalt sechs Monate in Person frönen[69]. Die sechs anderen Monate erlaubt er ihnen, sich Lebensmittel zu erwerben. Unter einer solchen Regierung gibt es kein Gesetz, das die Untertanen gegen Gewalttätigkeiten schützt und das ihnen Eigentum gewährleistet. Alles hängt von dem Eigensinne eines durch alle Art von Ausschweifungen und hauptsächlich durch den Mißbrauch der Gewalt verwilderten Fürsten ab, welcher seine Tage in einem Serail verschlossen zubringt und von all dem, was außerhalb seines Palastes vorgeht, und besonders von dem Unglücke seiner Völker nichts weiß[70]. Unterdessen sind diese der Habsucht der Großen ausgesetzt, welche die vornehmsten Sklaven sind und sich nur zu einer bestimmten Zeit, aber allemal zitternd, der Person des Despoten nahen, den sie wie eine Gottheit verehren, die gefährlichen Launen unterworfen ist.

Bloß die Religion hat die Macht bewahrt, diejenigen, die sich zu ihrer Fahne halten und sich unter die Priester des Somonacondom, des Gottes der Siamesen, begeben, gegen die Tyrannei zu schützen. Diejenigen, die diese Lebensart erwählen – und deren Anzahl ist sehr groß –, werden durch das Gesetz genötigt, den unehelichen Stand zu beobachten, welches unter einem hitzigen Himmelsstrich, wie der zu Siam ist, viel Unordnung verursacht und das Land gänzlich entvölkert.

Man sieht leicht ein, daß unter einer solchen Regierung der Ackerbau nicht aufkommen kann. Man könnte sogar sagen, daß es in Siam beinahe gar keinen gibt, wenn man die kleine Menge des bebauten Landes mit dem unermeßlichen Umfange von Erdboden vergleicht, der unbepflügt daliegt. Man kann sogar sagen, daß es selbst auf den Äckern, die gebraucht werden, die Natur ist, die beinahe alles tut. Die unterdrückten, gering geachteten Menschen, ohne Mut, und, so zu reden, ohne Arme, haben keine andere Sorge, als ihre Gaben zu sammeln; und da das Land sehr groß und die Bevölkerung sehr klein ist, genießen sie beinahe ohne Arbeit das Notwendige im Überflusse.

Von dem Hafen von Mergui[71] an, der an der abendländischen Küste dieses Reiches liegt, bis zu der Hauptstadt tut man zehn bis zwölf Tagesreisen über unermeßliche, sehr wohl befeuchtete Ebenen, die dem Auge einen vortrefflichen Boden zeigen, davon einige ehemals bebaut gewesen zu sein scheinen, jetzt aber alle brach liegen. Man muß diese Reise in Karawanen tun, um sich gegen die Tiger und Elefanten zu schützen, denen dieses schöne Land überlassen ist. Man reist länger als acht Tage, ohne die mindeste Siedlung zu finden.

Die Gegenden um die Hauptstadt werden kultiviert. Die Ländereien des Königs, der Prinzen, der Minister und der vornehmsten Kriegsbedienten zeugen von der äußersten Fruchtbarkeit des Landes. Man versichert daselbst, daß diese Ländereien gewöhnlich zweihundertfältig tragen[72].

Die Art der Siamesen, den Reis anzubauen, ist, ihn anfangs auf ein kleines Viereck von wohl befeuchteter Erde sehr dick zu säen, ohne ihn tiefer einzugraben. Sobald die Pflanzen fünf bis sechs Zoll hoch gewachsen sind, reißt man sie aus und versetzt sie in Büscheln von drei bis vier Halmen in einer Entfernung von ungefähr vier Zoll auf allen Seiten voneinander. Man steckt diese Pflanzen bis an den Hals in eine schlammige Erde, die mit dem von ein Paar Büffeln gezogenen Pfluge wohl bearbeitet worden ist. Der auf diese Art versetzte Reis wächst sehr in die Dicke und trägt ungleich mehr als derjenige, den man auf eben dem Acker wachsen lassen würde, wo man ihn anfangs hingesät hatte.

Es sind Chinesen und Cochinchinesen[73], die sich in der Hauptstadt und in den umliegenden Gegenden niedergelassen haben, welche am meisten zur Nutzung der Felder beitragen[74]. Da diese Fremden dem Fürsten durch den Handel, den sie treiben, Nutzen bringen, so schützt sie das Interesse der Regierung vor der Tyrannei. In der Nachbarschaft der eben erwähnten angebauten Felder befinden sich einige, die verschiedenen Privatpersonen gehören, welche durch die beständigen Bedrückungen, denen sie ausgesetzt sind, mutlos gemacht wurden und sie verlassen haben. Man verwundert sich, wenn man sieht, daß diese Felder, obwohl sie seit vielen Jahren weder bearbeitet noch besät worden sind, gleichwohl schöne Reisernten hervorbringen. Dieses nachlässig gesammelte Korn sät sich selbst und bringt sich also ganz alleine durch Hilfe der Überschwemmungen des Menam hervor, welches zugleich die äußerste Fruchtbarkeit des Bodens und das Unglück seiner Bewohner anzeigt.

Die Baumgärten des Fürsten, der Großen und der Talapoins[75] sind wegen der Verschiedenheit der Früchte, davon die einen die anderen übertreffen, bewundernswürdig. Allein es ist Privatpersonen nicht erlaubt, dergleichen zu besitzen. Wenn ein Privatmann das Unglück hat, einen vortrefflichen Fruchtbaum, wie zum Beispiel die Mangusten sind, zum Eigentume zu haben, so unterlassen es die Soldaten nicht, jedes Jahr zu kommen und für den König oder für einen Minister die Früchte dieses Baumes zu beschlagnahmen. Sie zählen sie, so gut es eben geht, und machen den Eigentümer zum Bürgen oder Hüter darüber, und wenn die Früchte reif sind und die erhoffte Anzahl sich nicht findet, so wird dem armen Eigentümer auf eine schändliche Art mitgespielt. Man sieht leicht ein, daß es der Vorteil der Privatpersonen erfordert, keinen solchen Baum zu besitzen.

Die Siamesen halten einige Herden von Büffeln und von Rindern. Dabei geben sie sich weiter keine Mühe, als sie alle Tage auf Brachfelder zu treiben, die reichlich mit Weiden versehen sind, und sie alle Abende in die Hürden zurückzuführen, um sie vor den Tigern zu schützen, die in diesem Lande sehr gemein sind. Sie melken sie nicht und bedienen sich ihrer auch sehr wenig. Ihre Religion, die eben dieselbe ist als wie in Großindien und die nur den Talapoins bekannt ist[76], verbietet ihnen, diese Tiere zu töten. Sie verspotten das Gesetz, indem sie sie den Mohammedanern, die sich bei ihnen niedergelassen haben, verkaufen, die sie schlachten und das Fleisch insgeheim verkaufen. Sie ziehen viel Geflügel auf, hauptsächlich Enten von der besten Art, die man in Indien findet.

Der König hält eine große Anzahl zahm gemachter Elefanten. Diese ungeheuren Tiere beschäftigen ein jedes zwölf bis fünfzehn Menschen, um ihnen Gras, Bananen und Zuckerrohr abzuschneiden. Sie haben keinen wahren Nutzen, sondern dienen nur zur Zierde. Sie zeigen, sagen die Siamesen, die Größe ihres Fürsten an, und dieser mißt seine Macht mehr nach der Anzahl seiner Elefanten als seiner Untertanen.

Übrigens tun diese Tiere vielen Schaden. Diejenigen, die die Aufsicht darüber haben, erpressen von allen Untertanen, die Äcker oder Gärten besitzen, Lösegeld, ohne welches sie ihre Elefanten hineinführen und alles verwüsten lassen würden. Welcher Untertan würde so verwegen sein, sich zu unterstehen, die Ehrfurcht gegen die Elefanten des Königs von Siam beiseite zu setzen, unter welchen viele zur Schande des menschlichen Verstandes Titel und die vornehmsten Würden des Reichs tragen?

Zustand des Landbaues bei den Malaien

Über dem Reiche Siam liegt die Halbinsel Malakka. Dieses Land war ehemals sehr bevölkert und folglich wohl angebaut. Das Volk, das es bewohnte, hatte eine ansehnliche Macht und

Javaner im Kriegsgewand

spielte eine glänzende Rolle in Asien[77]. Es bedeckte das Meer mit seinen Schiffen und trieb einen unermeßlichen Handel. Es hatte offensichtlicher Weise andere Gesetze als diejenigen, wodurch es heutzutage regiert wird. Es schickte von Zeit zu Zeit eine Menge Kolonisten aus, welche nach und nach die Inseln Sumatra, Java, Borneo und Celebes oder Makassar, die molukkischen, die philippinischen und die unzähligen Inseln des ganzen Archipelagus bevölkert haben, welcher gegen Morgen an Asien grenzt und in der Länge von Osten gegen Westen siebenhundert Meilen und in der Breite von Norden gegen Süden sechshundert Meilen beträgt. Alle Einwohner, wenigstens diejenigen an den Küsten dieser Inseln, machen einerlei Volk aus; sie reden beinahe einerlei Sprache, sie haben einerlei Gesetze und einerlei Sitten. Es ist sehr sonderbar, daß dieses Volk, das einen so beträchtlichen Teil der Erde innehat, in Europa kaum bekannt ist.

Ich will Ihnen, meine Herren, einen Begriff von ihren Gesetzen und von ihren Sitten geben. So werden Sie leicht ihren Ackerbau beurteilen können.

Die Reisenden, welche die Malaien besuchen, verwundern sich, inmitten Asiens und unter dem brennenden Himmelsstriche des Äquators die Gesetze, die Sitten, die Gebräuche und die Einstellungen der alten nordischen Völker Europas zu finden. Die Malaien werden durch die Feudalgesetze regiert, durch jene wunderlichen Gesetze, die erfunden worden sind, um die Freiheit einiger gegen die Gewalt eines einzigen zu verteidigen, indem sie die große Menge der Knechtschaft auslieferten[78]. Sie haben die Sitten, die Gebräuche und die Einstellungen, welche aus diesen Gesetzen hervorgehen.

Ein Oberhaupt, welches den Titel König oder Sultan trägt, befiehlt großen Vasallen, die nur gehorchen, wenn sie wollen. Diese haben nun wieder Untervasallen, die es gegen sie ebenso machen. Ein kleiner Teil der Nation lebt unter dem Titel der Orankais[79] oder der Edlen unabhängig und verkauft seine Dienste demjenigen, der sie am besten bezahlt. Der größte Teil der Nation besteht aus Knechten und lebt in der Sklaverei.

Bei solchen Gesetzen sind die Malaien ein unruhiges Volk, das Schiffahrt, Krieg, Raub, Auswanderung, Kolonien, verwegene Unternehmungen, Abenteuer und Galanterie liebt[80]. Sie reden beständig von Ehre und von Mut. Bei denen, die sie besuchen, werden sie für das treuloseste und grausamste Volk gehalten, das auf der Erde ist; und das, was der Herr Graf von

Javaner in höfischer Kleidung

Forbin in seinen Nachrichten von der Grausamkeit der Makassaren gesagt hat[81], ist wirklich wahr und gültig für alle malaiischen Völker. Mehr an die unsinnigen Gesetze ihrer vermeinten Ehre gebunden als an die Gesetze der Gerechtigkeit und der Menschlichkeit, sieht man unter ihnen immer den Starken den Schwachen angreifen. Ihre Friedensverträge und

Freundschaftsbündnisse dauern niemals länger als der Vorteil, der ihnen daraus erwächst. Sie sind beständig bewaffnet und immer im Kriege gegen einander begriffen, oder sie sind damit beschäftigt, ihre Nachbarn zu berauben.

Diese Wildheit, welche die Malaien für Tapferkeit ausgeben, ist den europäischen Handelsgesellschaften, die sich in Ostindien niedergelassen haben, so bekannt, daß alle einstimmig eine Verordnung gemacht haben, die den Kapitänen ihrer Schiffe, die zu den malaiischen Inseln fahren, untersagt, Matrosen von dieser Nation anzunehmen – oder in der äußersten Not aufs höchste nur zwei bis drei davon. Man hat zuweilen gesehen, daß diese entsetzlichen Menschen, die man in unüberlegter Weise in sehr kleiner Anzahl an Bord gelassen hat, in dem Augenblicke, da man am wenigsten daran dachte, ein Schiff mit dem Dolche in der Faust angegriffen und viele Menschen getötet haben, ehe man sie hat bezwingen können. Man hat malaiische Fahrzeuge, mit fünfundzwanzig bis dreißig Mann besetzt, europäische Schiffe von vierzig Kanonen mit vieler Verwegenheit, um sich derselben zu bemächtigen, angreifen und mit dem Dolche einen Teil der Besatzung ermorden sehen. Die malaiische Geschichte ist voll von ähnlichen Zügen, welche alle die tollkühnste Blutdürstigkeit anzeigen[82].

Der Malaie, der kein Knecht ist, ist immer bewaffnet. Er würde sich schämen, ohne seinen Dolch, den er Crit[83] nennt, aus dem Hause zu gehen. Die Geschicklichkeit der Nation hat sich in der Verfertigung dieses zerstörerischen Werkzeuges übertroffen.

Da er sein Leben in Unruhe zubringt, würde er sich nicht zu einer weiten Kleidung bequemen können, so wie man sie bei allen anderen asiatischen Völkern sieht. Die Kleider der Malaien sind enge Röcke mit einer Menge Knöpfen, die auf allen Seiten geschlossen sind. Ich führe diese kleine Beobachtung an, um zu beweisen, daß unter den entferntesten Himmelsstrichen einerlei Gesetze dieselben Sitten, Gebräuche und Einstellungen verursachen[84]. Ihre Wirkung ist die gleiche im Verhältnis gegen den Ackerbau.

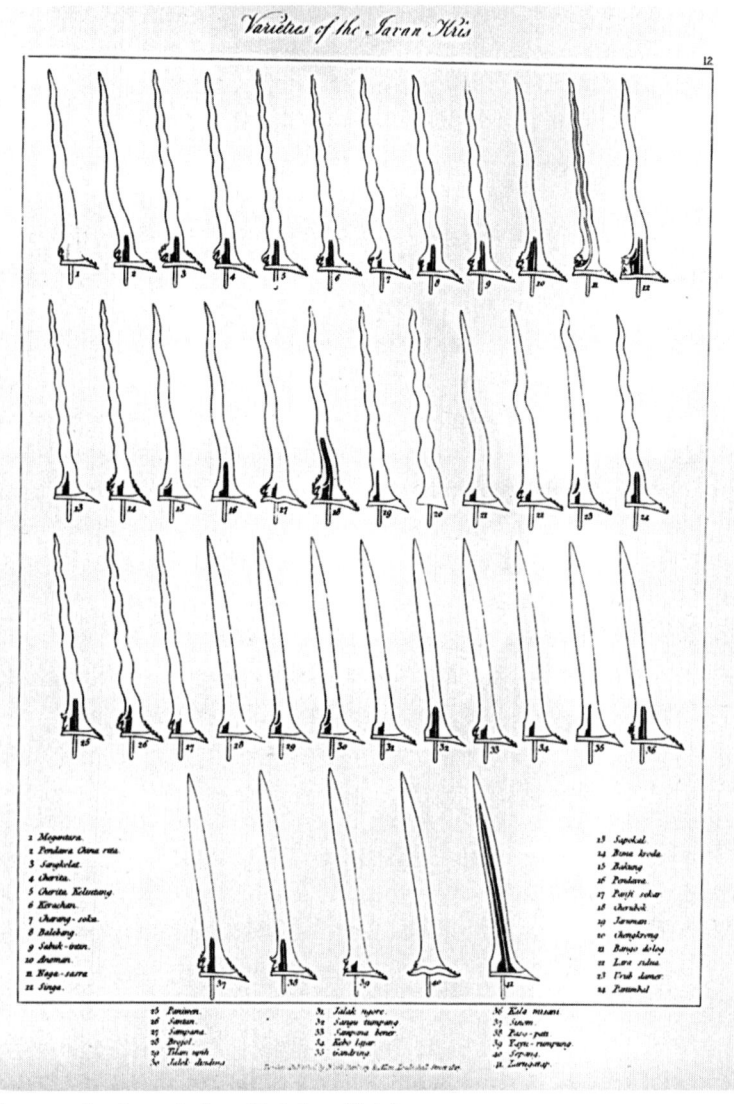

Formen des javanischen Dolches (Kris)

Die Ländereien, die die Malaien im Besitze haben, sind im allgemeinen von sehr guter Beschaffenheit. Die Natur scheint sich ein Vergnügen gemacht zu haben, ihre vortrefflichsten Produkte dort anzusiedeln[85]. Man sieht daselbst alle die köstlichen Früchte, die man, wie ich schon gesagt habe, in Siam

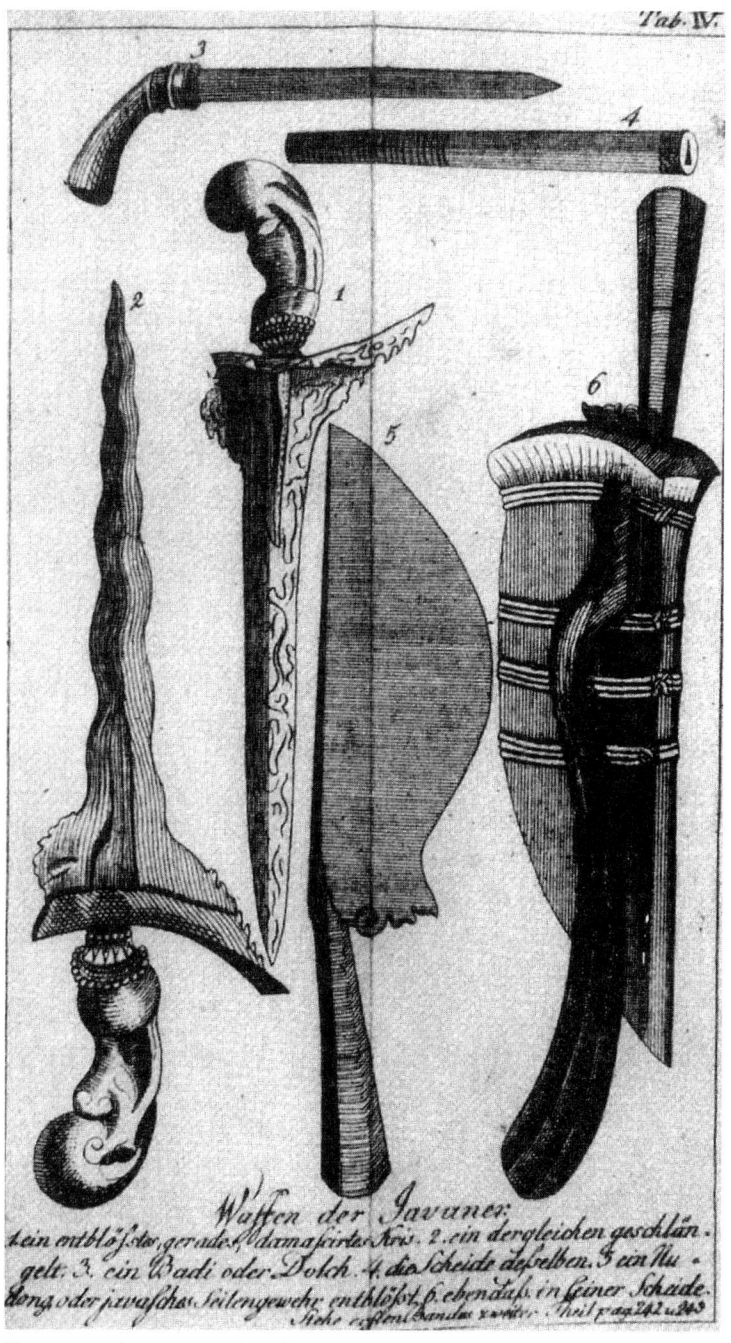

Varianten des javanischen Dolches (Kris)

findet, und eine Menge anderer, die diesen Inseln eigen sind. Die Fluren sind mit vielen Arten von wohlriechendem Holze bedeckt, als da sind das Adler- oder Aloëholz, der Sandelbaum und die Cassienrinde[86], eine Art von Zimt. Man atmet daselbst eine balsamische Luft, gewürzt durch eine Menge angenehmer Blumen, die das ganze Jahr aufeinander folgen und deren angenehmer Geruch bis in die Seele dringt und die verführerischste Wollust einflößt. Es gibt keinen Reisenden, der, wenn er über die Gefilde von Malakka spazieren geht, sich nicht eingeladen fände, an einem Orte seinen Aufenthalt zu nehmen, der mit so vielen Reizen angefüllt ist, für welche die Natur ganz allein gesorgt hat.

Die malaiischen Inseln bringen viel Farbholz, hauptsächlich Sapan, hervor, welches ebenso beschaffen ist wie das Brasilienholz. Man findet daselbst viele Goldminen, welche die Einwohner von Malakka und Sumatra Ophirs[87] nennen und von denen einige, hauptsächlich diejenigen an der östlichen Küste von Celebes und den herumliegenden Inseln, viel ergiebiger sind als alle Minen von Peru und Brasilien. Man kennt dort auch Gruben mit einem Kupfer, das von Natur mit Gold vermischt ist und das die Einwohner Tombac heißen[88], vortreffliche Minen von Calin oder feinem Zinne auf den Inseln Sumatra und Banea[89], endlich eine Diamantmine zu Succadana[90] in dem südöstlichen Teile von Borneo. Diese Inseln besitzen ganz alleine den Rotin[91], den Sagobaum[92] oder Brotpalmbaum, den Kampfer und die anderen kostbaren Gewürze, die uns unter dem Namen der feinen Spezereien bekannt sind.

Das Meer, das der Erde nicht nachsteht, versorgt sie mit dem reichlichsten Fischfang und überdies mit grauem Amber[93], mit Perlen und mit den in China so gesuchten Vogelnestern, die auf den Klippen von kleinen Meerschwalben aus Fischlaich und Meerschaum gebaut werden und eine gehaltvolle Nahrung sind, welche die Chinesen lange Zeit mit Gold aufgewogen haben und immer noch für einen übermäßigen Preis kaufen.

Mitten unter diesen Geschenken der Natur ist der Malaie elend. Der Feldbau, der den Sklaven überlassen wird, ist eine verachtete Kunst[94]. Diese unglücklichen Ackerleute, die beständig der Landarbeit durch unruhige Beherrscher entrissen werden, die sie lieber zum Kriege und zu Seeunternehmungen gebrauchen, haben selten die Zeit und niemals den Mut, ihren Feldern gute Mühe zu widmen. Das Land liegt beinahe immer brach; man läßt es kaum den Reis oder das zum Unterhalte der Einwohner nötige Getreide hervorbringen.

Der Sagobaum

Der Sagobaum ersetzt zum Teil den Mangel an Getreide. Dieser vortreffliche Baum ist ein Geschenk der wohltätigen Natur für Menschen, die der Arbeit unfähig sind. Er erfordert keine Pflege. Er ist ein Palmbaum, der von Natur in den Wäldern fünfundzwanzig bis dreißig Fuß hoch wächst. Zuweilen wird er so dick, daß ihn ein Mensch kaum umspannen kann. Er vermehrt sich selbst durch seinen Samen und seine Sprößlinge. Seine holzige Rinde ist ungefähr einen Zoll dick und bedeckt eine Menge langer Fasern, die ineinander geschlungen sind und eine Masse von gummigem Mehle in sich haben. Sobald dieser Baum reif und fertig ist, seine Substanz zu geben, zeigt er es an, indem die Spitzen seiner Zweige mit einem weißen Staube bedeckt werden, den er durch die Poren der Blätter ausdünstet. Alsdann haut ihn der Malaie unten beim Fuße ab und schneidet ihn in viele Klötze, die er viertelweise zerspaltet. Er zieht die Mehlmasse heraus, die darin ist und die an den Fasern hängt, die ihn umgeben. Dann löst er alles in Brunnenwasser auf, das er durch einen Filtriersack von feiner Leinwand laufen läßt, um die Fasern davon abzusondern. Wenn nun dieser Teig durch die Verdunstung einen Teil seiner Feuchtigkeit verloren hat, gießt ihn der Malaie in irdene Formen von verschiedener Gestalt und läßt ihn darin trocknen und hart werden. Dieser Teig gibt eine gesunde Nahrung. Er hält sich auch auf diese Art viele Jahre.

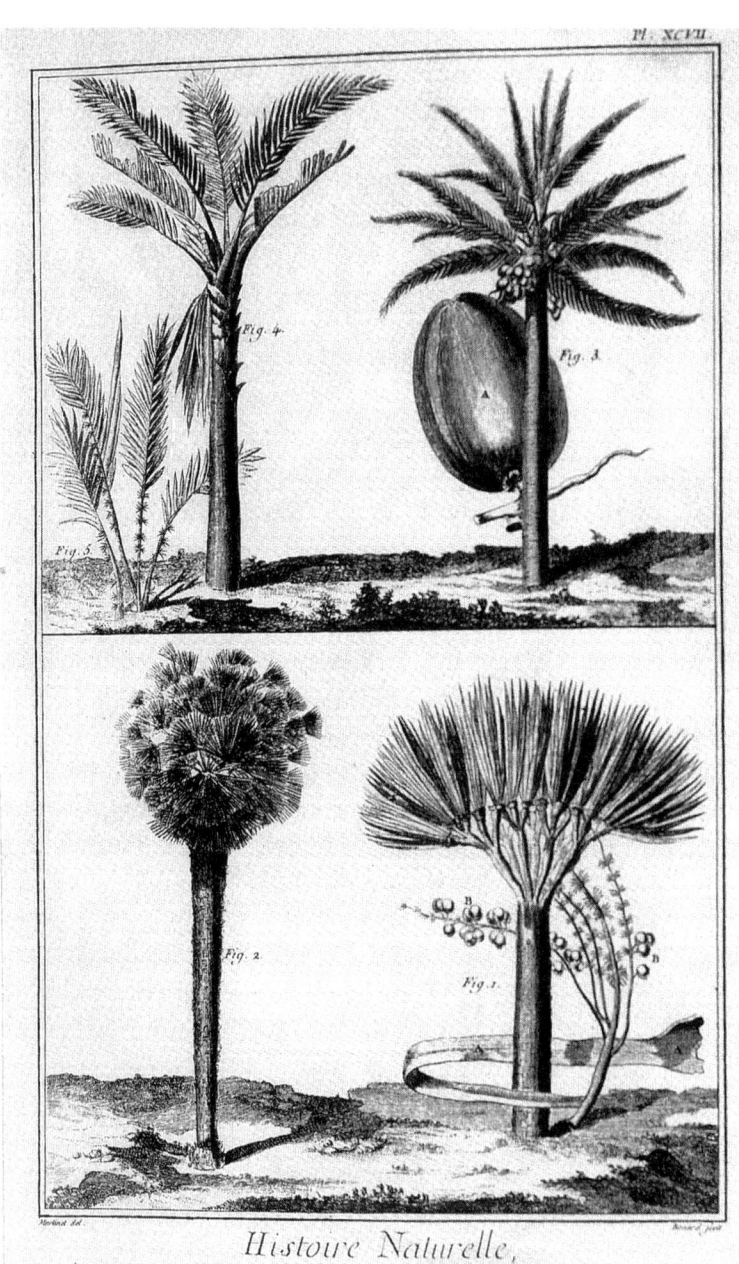

Tropische Baumarten (unten rechts der Sagobaum)

Um nun den Sago zu essen, begnügen sich die Inder damit, ihn im Wasser aufzulösen; mitunter kochen sie ihn. Sie besitzen die Kunst, die Blüte oder das Feine von diesem Mehle abzusondern und sie in kleine Körner zu verwandeln, die etwa die Gestalt der Reiskörner haben. Dieser also zubereitete Sago wird für die Alten und für die Schwachen allen übrigen vorgezogen; er ist ein vortreffliches Mittel für die Engbrüstigen[95]. Wenn er in reinem Wasser oder in Brühe gekocht wird, ergibt er ein weißes, sehr schmackhaftes Gallert.

Obgleich der Sagopalmbaum von Natur in den Wäldern wächst, so legen die malaiischen Oberhäupter ansehnliche Pflanzungen davon an; und dies ist eines der hauptsächlichsten Mittel zu ihrem Unterhalte. Es wäre ihnen möglich, die schönsten Baumgärten der Welt anzulegen, wenn sie sich die Mühe nähmen, Pflanzen von allen den vortrefflichen Früchten zu sammeln, die ihnen die Natur gespendet hat. Man findet aber ihre fruchttragenden Bäume ohne Ordnung und ohne Symmetrie hier und da um ihre Häuser herum gepflanzt und auf ihren Äckern zerstreut.

Die Einwohner der großen Insel Java legen sich etwas mehr auf den Ackerbau als die anderen Malaien, seit sie den Holländern unterworfen sind. Diese souveränen Handelsleute haben sich die durch die Feudalgesetze verursachte Unordnung zunutze gemacht, um sie alle unter das Joch zu bringen. Listenreich richteten sie zuerst die Macht der Könige durch die Macht ihrer Vasallen zugrunde. Dann zerstörten sie auch die Macht der Vasallen durch die Hilfe, die sie den halb zu Boden geworfenen Königen zu rechter Zeit leisteten.

Heutzutage fangen die Javanesen an, sich von der Unruhe zu erholen, die ihnen ihre Gesetze, die sie beinahe alle verloren haben, verursachten. Sie bauen mit glücklichem Erfolge Reis, Kaffee, Indigo und Zuckerrohr an[96]. In dem östlichen Teile der Insel und auf den Inseln Madura und Solor[97], die Nachbarn derselben sind, ziehen sie Herden von Büffeln von einer ungeheuern Größe, deren Fleisch sehr gut ist und die zum Landbaue von großem Nutzen sind. Sie halten auch daselbst zahlreiche Herden von Rindern von der schönsten und größten Art, die ich in der Welt gesehen habe. Die verbreitetste Weidenahrung dieses Teiles der malaiischen Inseln ist eben dasselbe Gras, davon ich in dem Artikel über die Isle de France geredet habe und das sich unsere Kolonisten dort so wenig zunutze machen.

Meine Herren, ich hätte hier Gelegenheit, Ihnen die Verfahren der Kultur der Spezereien, des Indigo und des Zuckerrohres sowie der Ernte des Kampfers zu zeigen, aber diese Materie wird der Gegenstand eines anderen Vortrages sein.

Ich hätte gewünscht, in eben dieser Abhandlung meine Bemerkungen über die Bodenkultur in China anzubringen, Sie wären dadurch in den Stand gesetzt worden, Völker mit Völkern zu vergleichen. Nachdem Sie den Ackerbau bei den barbarischen Völkern verachtet und geringgeschätzt gesehen haben, unterdrückt und gefesselt durch deren verworrene Gesetze, Ausgeburten des Wahns, die im absoluten Widerspruch zur Vernunft stehen, hätten Sie eben diese Kunst – diese göttliche Kunst, weil sie allein den Menschen durch den Schöpfer seiner Existenz gelehrt wurde – durch einfache Gesetze unterstützt und beschützt sehen können, Gesetze der Natur, wie sie von dieser den ersten Menschen eingegeben und von Generation zu Generation bewahrt wurden: seit dem Anfang der Welt durch ein weises Volk, durch die größte Ackerbaunation, die es auf Erden gibt.

Dieses Gemälde der Vergleichung hätte Ihnen auf einer Seite das Elend und das Unglück von aller Art gezeigt, welches die Vernachlässigung des Ackerbaues begleitet. Auf der anderen Seite würden Sie gesehen haben, was diese Kunst, wenn sie, wie es sich gehört, geehrt, geschützt und begünstigt wird, zur Glückseligkeit der Menschheit beitragen kann.

Fortsetzung der Untersuchungen über den Zustand der Landwirtschaft bei verschiedenen Völkern von Afrika und Asien

Meine Herren,

Ich fing im vorigen Jahre an, Ihnen von meinen Untersuchungen über den Zustand des Ackerbaues bei den verschiedenen Völkern von Afrika und Asien Bericht abzustatten. Ich gab Ihnen zu verstehen, daß er bei den dummen und faulen Negern, die die abendländischen Küsten von Afrika bewohnen, beinahe gar nicht anzutreffen war. Ich malte Ihnen denselben als blühend unter dem Schatten der Freiheit bei den Holländern am Vorgebirge der guten Hoffnung. Sie sahen ihn von einem glücklichen Überflusse begleitet auf dem fruchtbaren Boden der Insel Madagaskar, die von einem ungekünstelten Volke bewohnt ist, welches durch seine einfachen Sitten beherrscht wird und keine anderen Gesetze als die Gesetze der Natur kennt.

Ich ließ der guten Kultur der Ländereien unserer Isle de Bourbon Gerechtigkeit widerfahren, indem ich Ihnen zeigte, daß diese Insel keinen Hafen hat, daß ihre Bewohner, da sie aus diesem Grunde wenig Gemeinschaft mit den Europäern halten, einfache Sitten beibehalten haben, die dem Ackerbaue sehr günstig sind. Ich gestand Ihnen zu gleicher Zeit, daß diese Kunst, welche Beständigkeit und Schlichtheit erfordert, auf unserer Isle de France, die zwei vortreffliche Häfen besitzt, wo unsere Schiffe häufig einlaufen, sehr vernachlässigt wurde. Veränderungen in der Administration und die unruhigen Sitten Europas haben folglich daselbst mehr

Einfluß. Und ob sie gleich ebenso fruchtbare Ländereien enthält als die Inseln Bourbon und Madagaskar, so schlagen dort gleichwohl die Ernten öfters fehl, und es herrscht ständiger Mangel. Sodann ging ich auf Großindien über und zeigte Ihnen, wie die Landwirtschaft durch die barbarischen Gesetze der herrschsüchtigen Mogule unterdrückt, aber allezeit durch die Religion, durch die Sitten und durch die Beständigkeit des unterwürfig gemachten Malabaren geehrt wird.

In Siam, unter dem glücklichsten Himmelsstriche, auf dem fruchtbarsten Boden, den es auf der Erde gibt, sahen Sie den Ackerbau durch die Würdelosigkeiten einer despotischen Regierung verächtlich gemacht und von einem sklavischen Volke, welches nach dem Verluste der Freiheit an nichts Interesse finden kann, der Vernachlässigung preisgegeben. Ich stellte ihn in eben demselben Zustande bei den Malaien vor, welche ein unermeßliches Land und unzählige Inseln bewohnen, wo die Natur ihre kostbarsten Schätze gesammelt hat und wo sie ihre Gaben mit einer Verschwendung ausbreitet, die man an keinem anderen Orte sieht. Der zerstörerische Geist der feudalen Gesetze, der dieses Volk immerfort umtreibt, erlaubt ihm nicht, sich der Pflege der besten Äcker, die es auf der Welt gibt, zu widmen. Die Natur besorgt beinahe allein alles zu seinem Unterhalte.

Man kann glauben, daß, wenn die anderen Völker der Erde, die das Unglück haben, durch Feudalgesetze regiert zu werden, unter einem so glücklichen Himmelsstriche Landschaften bewohnten, die so fruchtbar wären als diejenigen, welche diese Malaien besitzen, ihr Ackerbau auf gleiche Weise nichts bedeuten würde. Das einzige Bedürfnis zu überleben, kann ihnen den Pflugschar in die Hand geben. Ich unterließ in meinem letztem Vortrage nicht, Ihnen die interessantesten Verfahren der verschiedenen örtlichen Kulturen umständlich zu beschreiben, die ich beobachtet habe. Aber mein Hauptzweck war, Ihnen nach Untersuchungen, die bei den verschiedenen Völkern gemacht worden sind, die ich gesehen habe, zu zeigen, daß in allen Ländern der Welt der Zustand des

Ackerbaues bloß von den daselbst eingeführten Gesetzen abhängt und folglich von den Sitten und Einstellungen, die aus diesen Gesetzen fließen. Ich fahre fort.

Macht des Ackerbaues. Ursprung des Königreichs Ponthiamas

Wenn man die Inseln und die Landschaften der Malaien verläßt, findet man gegen Norden ein kleines Gebiet namens Cancar, das auf den Seekarten unter dem Namen Ponthiamas bekannt ist[98]. Es liegt zwischen dem Königreiche Siam, welches der Despotismus beständig entvölkert, zwischen dem Reiche Kambodscha[99], dessen Regierung keinerlei dauerhafte Gestalt hat, und zwischen den Ländern der Herrschaft der Malaien, deren beständig durch ihre Feudalgesetze beunruhigter Geist innerhalb und außerhalb ihrer Lande keinen Frieden leiden kann. Von solchen Nachbarn umgeben, war dieses schöne Land vor ungefähr fünfzig Jahren unbebaut und beinahe unbewohnt.

Ein chinesischer Handelsmann, der Herr von einem Schiffe war, das er zu seinem Handel brauchte, besuchte diese Küsten, ausgestattet mit jener zu Betrachtungen neigenden Veranlagung und mit jener Verstandesschärfe, die seiner Nation natürlich ist[100]. Er sah mit Betrübnis unermeßliche Ländereien, die zur Unfruchtbarkeit verdammt waren, ob sie gleich einen von Natur ebenso fruchtbaren Boden hatten als denjenigen, der den Reichtum seines Vaterlandes hervorbrachte. So faßte er den Entschluß, sie brauchbar zu machen. In dieser Absicht versicherte er sich einer gewissen Anzahl Landleute aus seinem Volk und den benachbarten Völkern. Darauf fing er an, sich mit Geschicklichkeit den Schutz der mächtigsten benachbarten Fürsten zu erwerben, die ihm eine Wache in seinen Sold gaben.

Auf seinen Reisen zu den philippinischen Inseln und nach Batavia hatte er von den Europäern dasjenige gelernt, was sie nach den Chinesen in der Staatswissenschaft, in der Befestigungs- und in der Verteidigungskunst am vorzüglichsten haben. Gar bald setzten ihn die Einkünfte seines Handels in den Stand, Wälle aufzurichten, Gräben auszuheben und sich mit großem Geschütze zu versehen. Diese ersten Vorsichtsmaßregeln gaben ihm gegen einen Angriff Sicherheit und schützten ihn vor den Absichten der wilden Völker, die ihn umgaben.

Er teilte die Ländereien seinen Ackerleuten als ein reines Geschenk aus, ohne einige Vorbehaltung solcher Rechte, die unter dem Namen des Dienstes und der Lehnsgebühr[101] bekannt sind, Rechte, welche, da sie kein Eigentum lassen, die schrecklichste Geißel des Ackerbaues sind und deren Idee niemals der gesunden Vernunft weiser Völker gemäß gewesen ist. Er fügte zu dieser ersten Wohltat die zweite hinzu, daß er seinen Kolonisten alle Werkzeuge gab, die nötig waren, damit sie das Land wertvoll machten.

Bei seinem Vorhaben, ein Volk von Land- und Handelsleuten zu bilden, glaubte er nur solche Gesetze geben zu müssen, welche die Natur den Menschen unter allen Himmelsstrichen gesetzt hat. Er wußte ihnen den Respekt vor denselben beizubringen, indem er sie selbst als erster beachtete und indem er selber Beispiele der Einfachheit, des Arbeitsfleißes, der Nüchternheit, der Aufrichtigkeit und der Menschlichkeit gab. Er führte also keine Gesetze ein, sondern tat noch viel mehr: er begründete Sitten.

Sein Gebiet wurde das Land aller arbeitsamen Menschen, die sich darin niederlassen wollten. Sein Hafen stand allen Nationen offen. Die Wälder wurden gar bald mit Einsicht umgehauen, die Äcker umgegraben und mit Reis besät; Kanäle, die man aus Flüssen ableitete, überfluteten die Felder. Reiche Ernten gaben anfangs den Bauern die Materie ihres Unterhalts und bildeten alsdann den Gegenstand eines immensen Handels.

Die benachbarten barbarischen Völker, die sich über die Schnelligkeit verwunderten, mit welcher der Überfluß auf die Unfruchtbarkeit gefolgt war, kamen, ihre Nahrungsmittel aus den Magazinen von Ponthiamas zu holen. Dieses kleine Gebiet wird heutzutage als der reichste Kornboden dieses östlichen Teiles von Asien angesehen. Die Malaien, die Cochinchinesen, selbst Siam, dieses von Natur so fruchtbare Land, sehen diesen Hafen als ein sicheres Hilfsmittel gegen allen Mangel an.

Die Kultur des Reis, welche die vorrangigste in diesem Lande ist, ist ebenso beschaffen wie in Cochinchina. Ich werde nachher davon reden. Meine Absicht ist, die Aufmerksamkeit darauf zu richten, daß es nicht etwa die besondere Art, das Land zu bestellen ist, der die glücklichen Einwohner von Ponthiamas den Überfluß, den sie genießen, zu verdanken haben, sondern bloß ihren Gesetzen und ihren Sitten.

Wenn der chinesische Kaufmann, der Stifter dieser Gesellschaft von handelnden Ackersleuten, die Masse der asiatischen Fürsten nachgeahmt und willkürliche Steuern eingeführt hätte; wenn er durch eine feudale Erfindung, davon er bei seinen Nachbarn genug Beispiele sah, das Eigentum der Ländereien hätte einem einzigen vorbehalten wollen, dabei aber vorgetäuscht hätte, sie den Ackerleuten zu überlassen; wenn er in einem Palast den Luxus statt der Schlichtheit der Sitten, die in seinem Hause herrschte, eingeführt hätte; wenn er seinen Ruhm darin gesucht hätte, einen glänzenden Hof zu haben und sich von einem Haufen unnützer Schranzen umgeben zu sehen, die er angenehmen Talenten vorgezogen hätte; wenn er jene arbeitsamen Menschen, die die Erde öffnen, sie mit ihrem Schweiße benetzen und ihre Brüder ernähren, verachtet hätte; wenn er seine Bundesgenossen wie Sklaven behandelt hätte; wenn er in seinem Hafen die Fremden anders denn als seine Freunde aufgenommen hätte – dann würde das Land seines Gebietes immer noch unbebaut und entvölkert sein, oder seine unglücklichen Einwohner würden ungeachtet aller ihrer Kenntnisse von dem Ackerbaue und aller ihrer ausgezeichneten Werkzeuge zum Öffnen und Einsäen der Erde vor Hunger sterben.

Allein der weise Kiang-tse[102] – dieses ist der Name des chinesischen Handelsmannes, von dem ich rede – welcher überzeugt war, daß er so lange reich sein würde, wie seine Ackerleute es wären, legte nur einen sehr mittelmäßigen Zoll auf die Waren, die in seinem Hafen ankamen; die Einkünfte seiner Ländereien schienen ihm zur Erhöhung seiner Macht schon hinreichend zu sein. Seine Redlichkeit, seine Mäßigung und seine Menschlichkeit[103] verschafften ihm Achtung. Er wollte niemals regieren, sondern bloß die Herrschaft der Vernunft einführen. Sein Sohn, der heute seine Stelle einnimmt, hat seine Tugenden mit seinem Vermögen geerbt. Er hat es durch den Ackerbau und durch den Handel mit den Lebensmitteln, die sein Gebiet hervorbringt, zu einem solchen Grad der Macht gebracht, daß die Barbaren, seine Nachbarn, ihm alle den Titel eines Königs geben, den er verachtet. Er beansprucht von den Rechten der königlichen Würde nur das schönste unter allen, nämlich allen Menschen Gutes zu tun, und er ist sehr zufrieden, der erste Landmann und der erste Kaufmann seines Landes zu sein. Ohne Zweifel verdient er, so wie sein Vater, einen viel höheren Titel als der eines Königs ist, und das ist der Titel eines Wohltäters der Menschheit.

Man erlaube mir im Vorbeigehen hier anzumerken, was es für einen Unterschied macht zwischen solchen Männern und jenen berühmten Eroberern, welche die Erde in Erstaunen gesetzt und verwüstet haben und welche, indem sie das Recht der Eroberung mißbrauchten, Gesetze eingeführt haben, die sogar, nachdem das menschliche Geschlecht von ihnen befreit worden ist, das Unglück der Welt noch ganze Jahrhunderte hindurch verewigen.

Kambodscha und Champa

Wenn man von Ponthiamas kommt, findet man gegen Norden die Länder Kambodscha und Champa[104]. Sie haben von Natur die größte Fruchtbarkeit, hauptsächlich Kambodscha, welches vor alters wohl bebaut gewesen zu sein scheint. Aber die Regierung dieser beiden kleinen Staaten hat keine dauerhafte Form. Die Einwohner, die immerfort beschäftigt sind, die Tyrannen auszurotten, um andere anzunehmen, haben den

Farbtafel 5: Flußszene aus Cochinchina

Farbtafel 6: Cochinchinesische Bauern

Farbtafel 7: Karte von Südostasien (1820)

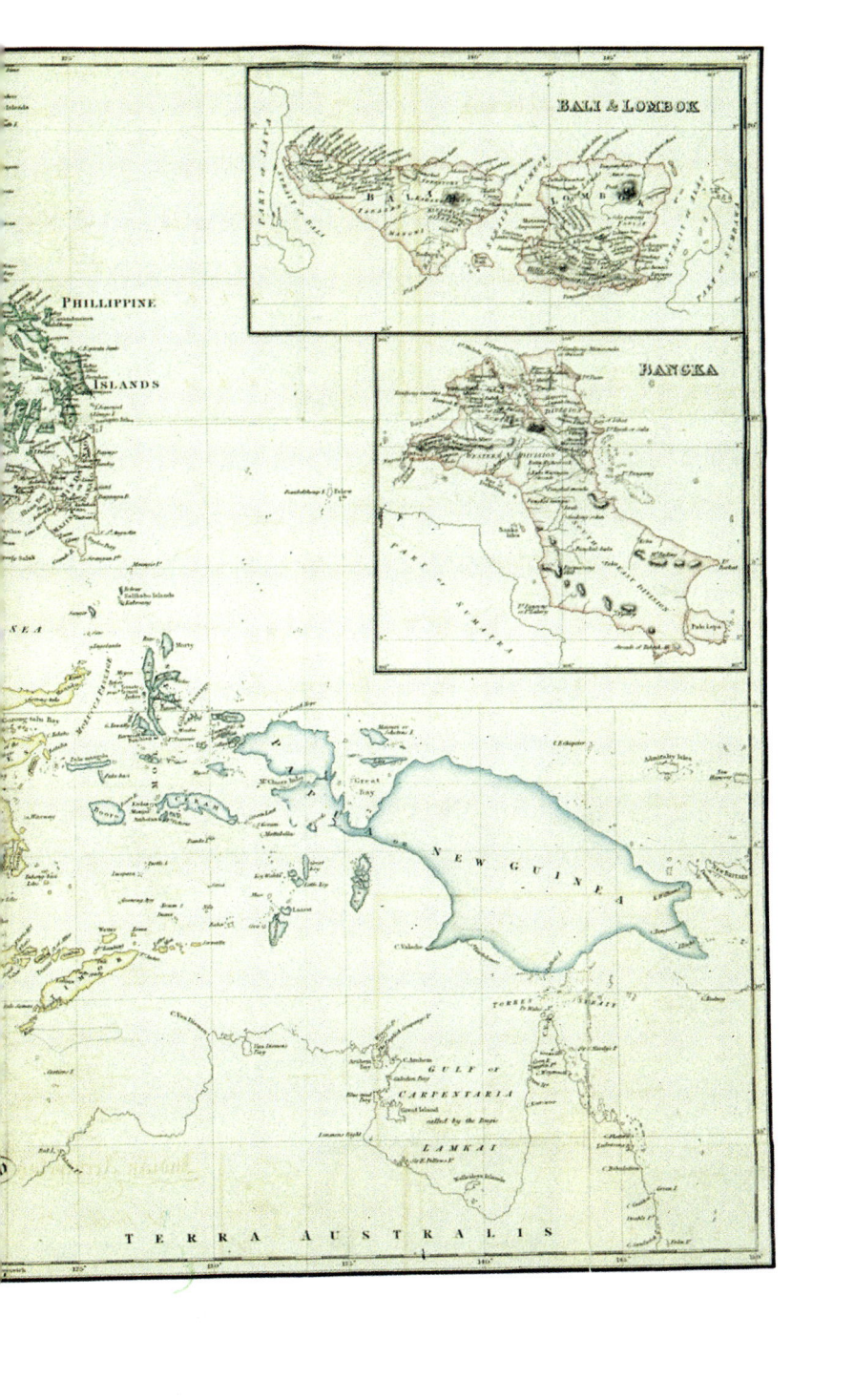

Farbtafel 8:
Cochinchinesischer Soldat

Farbtafel 9:
Bernhard Rode, Der Kaiser von China am Pflug, um 1770

Farbtafel 10: Kakao

Farbtafel 11: Muskatnuß

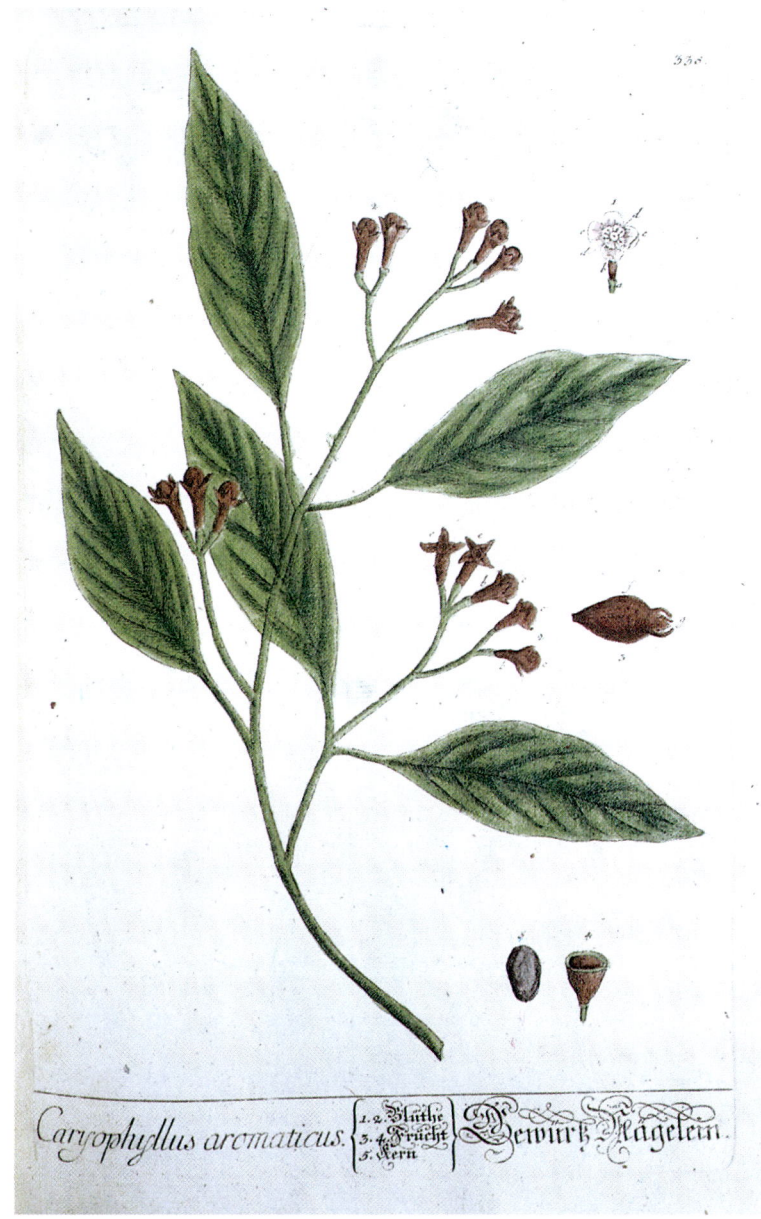

Farbtafel 12: Gewürznelken

Farbtafel 13: Zimt

Ackerbau verlassen. Ihre Felder könnten mit Reis und mit Herden bedeckt sein, doch sie sind genötigt, nur von einigen Wurzeln zu leben, die sie unter den Dornen, die ihre Felder bedecken, herausreißen[105].

Die Reisenden finden mit Verwunderung in einiger Entfernung von der Völkerschaft von Kambodscha die Überbleibsel einer alten von Stein gebauten Stadt, deren Bauart einige Ähnlichkeit mit der europäischen hat[106]. Die umliegenden Äcker tragen noch Spuren von den Furchen, die ehemals darauf waren. An diesem Orte sieht man aus allem, daß der Ackerbau und die anderen Künste daselbst geblüht haben, aber sie sind mit der Nation, die sie besaß, verschwunden. Dasjenige Volk, welches heutzutage dieses Land bewohnt, hat keine Geschichte, ja, sogar nicht einmal eine Tradition, die uns in diesem Punkte einige Erläuterungen geben könnte.

Cochinchina[107]

Da die Cochinchinesen, die Nachbarn von Kambodscha auf der Nordseite, die Ländereien dieses Reichs verlassen sahen, so haben sie sich vor einigen Jahren derjenigen bemächtigt, die ihnen am gelegensten waren und daselbst eine gute Kultur eingeführt[108]. Die ganze auf diese Art von Kambodscha abgerissene Provinz Donay[109] ist heutzutage der Kornboden von Cochinchina. Dieses Reich, eines der ansehnlichsten in dem östlichen Teile Asiens, war vor höchstens hundertundfünfzig Jahren noch von einer kleinen barbarischen und wilden Nation bewohnt, die unter dem Namen Loi bekannt ist, welche, da sie nur vom Fischfange, von Wurzeln und von den natürlichen Früchten des Landes lebte, wenig Land anbaute.

Ein tonkinesischer Prinz, der in dem Kriege gegen den König von Tonkin, dessen Haushofmeister er war, unglücklich war, ging mit seinen Soldaten und mit seinen Anhängern über den Fluß, welcher dieses Reich von Cochinchina scheidet[110]. Die Wilden, die dieses Land besaßen, flohen vor den neuen

Cochinchinesischer Würdenträger mit Eskorte

Ankömmlingen und zogen sich in die Berge von Champa zurück. Nach einem Kriege von einigen Jahren gegen ihre alten Feinde, die sie verfolgten, wurden die aus ihrem Vaterlande flüchtigen Tonkinesen ruhige Besitzer des unter dem Namen von Cochinchina bekannten Landes[111], welches von Norden gegen Süden sich zweihundert Meilen in die Länge erstreckt und von Osten gegen Westen eine mäßige und sehr ungleiche Breite hat. Alsdann ergaben sie sich gänzlich dem Ackerbau. Sie fingen an, Reis zu ziehen, welcher als die gewöhnliche Nahrung der asiatischen Völker ein Lebensmittel von der ersten Notwendigkeit ist. Sie teilten sich in kleine Gruppen, die sich auf den Ebenen an den Ufern der Flüsse niederließen.

Bald belohnte die Fruchtbarkeit des lange Zeit ungenutzten Erdbodens ihre Arbeit durch Überfluß[112]. Das Volk vermehrte sich aufgrund der Produkte des Anbaues. Es breitete sich auf eine solche Art aus, daß, da alle Ebenen dieses weitläufigen Landes genutzt waren, die Cochinchinesen sich genötigt sahen, sich über die Ebenen von Kambodscha zu verteilen, welche wie verlassen waren. Ich habe kein Land gesehen, wo der Fortschritt der Bevölkerung so merklich gewesen ist als in Cochinchina[113], welches man nicht alleine dem Himmelsstriche und dem Überflusse der Äcker, sondern auch den einfachen Sitten des Volkes, der klugen und arbeitsamen Lebensart der Frauen sowie der Menge vortrefflicher Fische zuschreiben muß, welche nebst dem Reis die gewöhnliche Nahrung des Volkes ausmachen.

Anbau verschiedener Arten von Reis in Cochinchina[114]

Die Cochinchinesen bauen sechs Arten von Reis an[115]: zuerst den kleinen Reis, dessen Korn klein, länglich und durchscheinend ist; dies ist der schmackhafteste, und man gibt ihn den Kranken zu essen. Der große lange Reis ist derjenige, dessen Gestalt rund ist. Der rote Reis wird also genennet, weil das Korn mit einer Haut von rötlicher Farbe umgeben wird, die so fest anhängt, daß man sie mit den gewöhnlichen Operationen nicht lösen kann. Diese drei Arten von Korn sind diejenigen, die zum Unterhalte des Volkes dienen und die im Überflusse vorhanden sind. Sie brauchen Wasser, und die Äcker, die sie tragen, müssen überschwemmt werden.

Endlich bauen sie zwei andere Arten von trockenem Reis an, das heißt solche, welche auf trockenem Boden wachsen und welche, wie unser Weizen, kein anderes Wasser als das Regenwasser nötig haben. Eine von diesen Arten hat ein Korn, das so weiß ist wie der Schnee; wenn man es kocht, ist es sehr klebrig, man braucht es zu verschiedenen Arten von Teig, als nämlich zu Nudeln und anderen Dingen. Beide Arten sind ein wichtiger Gegenstand des Handels nach China; man baut sie nur auf den Bergen und an den Hängen an, nachdem man die Erde mit dem Grabscheite[116] umgegraben hat. Man sät diesen Reis, wie wir unseren Weizen säen, gegen das Ende des Wintermonats oder in den ersten Tagen des Januar, da die Regenzeit aufhört; er liegt nicht ganz drei Monate in der Erde und trägt sehr viel.

Ich habe Ursache zu glauben, daß der Anbau dieses kostbaren Korns in Frankreich gelingen würde, wenn man es dahin brächte. In den Jahren 1749 und 1750 reiste ich verschiedene Male über die Berge von Cochinchina, wo dieser Reis angebaut wird; sie sind sehr hoch, und die Witterung daselbst ist kalt. Ich bemerkte im Monat Januar 1750, daß der Reis sehr grün war und über drei Zoll hoch stand, obgleich der Liquor in dem Wetterglase des Herrn von Reaumur an dem Orte nur vier Grad über den Punkt der Congelation stand[117].

Ich brachte nach unserer Isle de France einige Zentner von diesem Korne mit, welches mit gutem Erfolge gesät wurde und mehr trug, als irgendeine einheimische Spezies getragen haben würde. Die Kolonisten empfingen mein Geschenk mit um so größerem Eifer, als dieser Reis, welcher fruchtbarer und von besserem Geschmack ist, keine Überschwemmung nötig hat und, indem er fünfzehn bis zwanzig Tage weniger als der andere steht, eingesammelt und gelagert werden kann, ehe die Zeit der Orkane kommt, welche öfters die Ernten von anderen Arten von Reis zunichte machen. Diese kommen viel später, und sie würden Überschwemmungen erfordern, welche die wenige Klugheit der Ackerleute bis jetzt noch nicht erlaubt hat, ihnen zu geben.

Es war zu hoffen, daß der mit dem Anbaue des trockenen Reises verknüpfte Vorteil die Kolonisten bewegen würde, ihn sorgfältig zu pflegen, und daß er uns in der Folge von der Isle de France leicht geliefert werden könnte. Aber ich habe vergeblich versucht, solchen Reis von dieser Insel zu bekommen. Die Kolonisten, an die ich mich wendete, haben mir nur gemeinen Reis schicken können, welcher Wasser und Hitze braucht. Der Anbau des trockenen Reises ist, wie die anderen Besorgnisse, der Ungeschicklichkeit der Sklaven überlassen worden, welche alle Gattungen von Reis miteinander vermischt haben, so daß die Körner von dem aus Cochinchina, weil er viel eher reif wird als die anderen Arten, vor der Ernte ausgefallen sind und diese Art sich nach und nach auf der

Insel verloren hat. Heutzutage muß man zu der Quelle zurückkehren, wenn man welchen haben will. Ein Reisender, den seine Geschäfte nach Cochinchina führten und der geraden Weges nur einige Pfunde von diesen kostbaren Körnern herausschicken wollte, damit man auf unseren Feldern Versuche damit machen könnte, würde gewiß unsere Erkenntlickeit verdienen.

Die Cochinchinesen bauen den gewöhnlichen Reis beinahe auf eben die Art wie die Malabaren an der Küste von Koromandel an. Nachdem sie den Acker dreimal bepflügt haben, säen sie den Reis auf ein kleines besonderes Feld, welches mit dem Grabscheite wohl umgegraben worden ist. Sie bedecken die Oberfläche dieses Feldes mit einigen Wasserrinnen, und sobald der Reis fünf bis sechs Zoll hoch ist, bearbeiten sie ihre großen Äcker mit der Egge. Darauf überschwemmen sie dieselben. Alsdann raufen sie ihren Reis, der sich gleichsam in der Pflanzschule befindet, aus und versetzen ihn in kleinen Bündeln von vier bis fünf Halmen in einer Entfernung von sechs Zoll voneinander auf die großen Äcker. Es sind gemeiniglich die Frauen und die Kinder, die diese Arbeit verrichten.

Ihr Pflug gleicht unserem Schwingpflug, mit dem Unterschiede, daß das Pflugeisen desselben länger und breiter ist. Sie gebrauchen nur Büffel zu ihrem Landbaue. Diese Tiere, deren Gattung in Cochinchina sehr groß ist, sind viel stärker als die Rinder in den warmen Ländern, und sie sind leichter aufzuziehen. Man spannt sie ebenso wie unsere Pferde an.

Die Cochinchinesen haben keine Maschinen, um ihre Felder zu überschwemmen. Aber sie bedürfen ihrer nicht. Ihre Ebenen sind von einem Ende des Reichs bis zu dem anderen mit einer Kette von hohen Bergen umgeben, die voller Quellen und Bäche sind, die natürlicher Weise die Felder überschwemmen, je nachdem, wie man ihrem Laufe die Richtung gibt.

Sie bauen auch noch viele andere Arten von Getreide an, als etwa den Mais, Hirsen von verschiedener Art, viele Gattungen von Bohnen, von Pataten, von Inham und verschiedenen Wurzeln, die alle zur Nahrung des Menschen und der Tiere sehr bequem sind. Aber der wichtigste Anbau für sie ist nach dem Reise derjenige des Zuckerrohres. Es ist kein Land in Asien mit diesem Gewächse so üppig versehen als das Reich Cochinchina.

Zuckerrohr

Man baut daselbst zwei Arten von Rohr. Die eine wächst sehr dick und sehr hoch, hat die Knoten des Stengels stark voneinander abgesetzt, ist von immergrüner Farbe und ergibt reichlichen Saft, welcher aber sehr wenig Salz bei sich führt. Diese Art von Rohr wird gebraucht, um die Tiere zu füttern und zu mästen. Ich merke hier an, daß die Erfahrung in Cochinchina gelehrt hat, daß unter allen Eßwaren keine ist, die sowohl die Menschen als die Tiere besser und geschwinder fett machet als das Rohr, wenn man es grün ißt, und der Zucker, welchen man daraus zieht.

Die andere Art ist dünner, kleiner und hat die Stengelknoten näher beisammen. Wenn es reif wird, bekommt es eine gelbe Farbe. Es enthält weniger Wasser und mehr Salz.

Wenn die Cochinchinesen das Zuckerrohr anbauen wollen, machen sie damit den Anfang, daß sie die Erde zwei Fuß tief umgraben. Diese Arbeit geschieht mit einem Brette. Darauf pflanzen sie drei gegen drei Stecklinge von Rohr, indem sie sie auf die Seite legen, beinahe wie man den Weinstock in vielen von unseren Provinzen setzt. Diese Zweige werden ungefähr achtzehn Zoll tief in die Erde gesteckt und schachförmig ungefähr sechs Fuß voneinander entfernt gepflanzt. Man wählt zu dieser Arbeit das Ende der Regenzeit, damit der Steckling benetzt wird, bis er Wurzel gefaßt hat. Während der sechs ersten Monate behaut man sie zweimal mit dem Karste, um das Unkraut auszurotten, und schützt den Fuß der Rohre, indem man die Erde um dieselben anhäufelt.

Zwölf und manchmal vierzehn Monate nach der Pflanzung hält man die erste Ernte. Die Rohre, welche in einer Entfernung von sechs Fuß gepflanzt worden sind, sind dergestalt in die Dicke gewachsen, daß man nicht anders in das Feld gehen kann als mit dem Eisen in der Hand, um sich einen Weg zu eröffnen. Das abgehauene und in Bündel geschnürte Rohr wird in die Mühle gebracht, wo man den Saft auspreßt. Ich werde hier nicht die Gestalt dieser Maschinen beschreiben, die denen in unseren amerikanischen Kolonien sehr ähnlich sind, wo man in Ermangelung des Wassers Ochsen und Maulesel gebraucht, um die beiden Walzen in Bewegung zu setzen, zwischen welchen die Zuckerrohre hindurchgehen müssen. Diese Kunststücke sind schon vielen Reisenden beschrieben worden[118].

Wenn der Saft aus dem Rohre ausgedrückt ist, läßt ihn der Cochinchinese einige Stunden in großen Kesseln sieden, damit wenigstens ein Teil seines Wassers ausdünstet. Darauf bringt er ihn auf den nächsten Markt, um ihn in diesem Zustande zu verkaufen. Hier endigt sich der Fleiß und der Vorteil des cochinchinesischen Anbaues. Die Kaufleute kaufen diesen Saft, der noch wie klares Wasser aussieht. Sie lassen ihn von neuem sieden, indem sie in die Kessel einige alkalische Materien werfen, als zum Beispiele die Asche von den Blättern des Musa oder Bananenbaums und Muschelkalk. Diese Ingredienzen – die Cochinchinesen kennen keine anderen – verursachen einen großen Schaum, welchen der Zuckersieder sehr sorgfältig abnimmt. Die Wirkung des Alkali beschleunigt die Scheidung des Salzes vom Wasser; endlich verwandelt sich durch häufiges Aufwallen der Saft des Zuckerrohres in die Dickigkeit eines Sirups. Sobald dieser Sirup anfängt zu perlen, gießt man ihn in ein irdenes Gefäß, wo man ihn ungefähr eine Stunde abkühlen läßt. Bald darauf läßt der Sirup auf seiner Oberfläche eine noch weiche und gelbliche Rinde sehen; dann verliert man keinen Augenblick, ihn in ein kegelförmiges Gefäß auszuleeren, das man die »Form« nennt. Wenn man den Sirup nicht vorher abkühlen ließe, so würde er in einer Masse hart werden, und da er nicht gekörnt wäre, an einer Haupteigenschaft des Zuckers Mangel haben.

Die Formen der cochinchinesischen Zuckersiedereien sind, wie in unseren amerikanischen Kolonien, von gebrannter Erde, ungefähr drei Fuß hoch, an ihrem spitzigen Ende durchlöchert und enthalten vierzig bis fünfzig Pfund Zucker. Diese angefüllten Formen werden auf irdene Gefäße gesetzt, deren Öffnung so groß ist, daß man die Spitze der Form hineinstecken kann; sie müssen groß genug sein, daß sie den groben Sirup auffangen können, welcher von dem Zucker durch einige Strohhalme abläuft, welche die kleine Öffnung der Form nur unvollkommen verstopfen.

Wenn man nun glaubt, daß der Sirup in dem ganzen Gefäße, worin er sich befindet, die Festigkeit von Salz angenommen hat, so läutert man ihn das dritte Mal, um ihn weiß und rein zu machen. Man löst in einem kleinen Bottich eine feine, weißliche und tonige Erde mit genügend Wasser so auf, daß dieser also zubereitete Staub nicht sehr dicke ist. Darauf tut man mit einer Kelle ungefähr zwei Finger dick davon auf den Zucker in den leeren Raum, welchen dieses Salz bei der Öffnung der Form, indem es sich verdickte und von seinem groben Sirup reinigte, gelassen hat. Das in dem Schlamme steckende Wasser dringt nur nach und nach in das Innere des Zuckers, wäscht ihn und nimmt unvermerkt den daran hängenden Sirup mit allen den salzigen fremden Teilen hinweg. Wenn der Schlamm hart geworden ist, tut man neuen hinzu, welcher wie der erste aufgelöst ist. Diese Arbeit, die ungefähr zwölf bis fünfzehn Tage dauert, ist in Cochinchina der in unseren amerikanischen Kolonien gleich. Aber einige cochinchinesische Zuckersiedereien haben eine andere Methode.

Anstatt der aufgelösten Erde schneiden sie den Stamm eines Musa oder Bananenbaums in kleine Stücke und legen diese Stücke auf den Zucker. Der Stamm des Musabaums ist sehr wässerig. Sein Wasser hat eine reinigende Eigenschaft; es geht von den Fasern, die es umgeben, nur in kleinen Tropfen herunter. Diejenigen, welche dieser Methode folgen, behaupten, daß ihre Arbeit nicht so lange dauerte und daß der Zucker weißer würde.

Die Cochinchinesen geben ihrem Zucker keine andere Zubereitung. Sie wissen nichts von dem Gebrauche der Kammern, darin man den Zucker trocknet und die in unseren Zuckersiedereien in Amerika notwendig zu sein scheinen.

Nachdem sie ihm hinreichend Erde gegeben haben, verkaufen sie ihn auf den öffentlichen Märkten, hauptsächlich den Chinesen und anderen Fremden, die in ihren Hafen kommen und durch den mäßigen Preis dieser Ware hingelockt werden, welche man nirgends als in Cochinchina so wohlfeil bekommen kann[119].

Der weiße Zucker von der vornehmsten Gattung wird gewöhnlich in dem Hafen von Faifo[120] gegen andere Waren getauscht, den cochinchinesischen Zentner, welcher hundertundfünfzig Pfund, zweihundert von unseren Livres, Marktgewicht beträgt, zu drei Piastern oder fünfzehn Livres von unserer Münze gerechnet. Der Handel mit dieser Ware ist unermeßlich. China alleine, dessen Böden nicht so viel hervorbringen, als darin verzehrt wird, nimmt alle Jahre aus Cochinchina über vierzigtausend Tonnen ab; man weiß, daß die Schiffstonne zwanzig Zentner enthält.

Es ist anzumerken, meine Herren, daß Cochinchina, welches diese Ware in so großen Mengen und um so geringe Preise hervorbringt, gewissermaßen, weil es ein neues Reich ist, als eine Kolonie betrachtet werden muß[121]. Wir wollen auch anmerken, daß das Zuckerrohr daselbst von freien Menschen angebaut wird, daß alle Arbeiten des Siedens und der Reinigung durch freie Hände geschehen[122]. Wir wollen auch den Preis der cochinchinesischen Ware mit dem Preise von eben derselben Ware vergleichen, die in den europäischen Kolonien von unglücklichen Sklaven kultiviert und zubereitet wird, und urteilen, ob es, um aus unseren Besitzungen Zucker zu erhalten, notwendig ist, die Sklaverei der nach Amerika geführten Afrikaner durch ein Gesetz zu bestätigen. Nach dem, was ich in Cochinchina gesehen habe, kann ich nicht zweifeln, daß freie Anbauer, denen man ohne Vorbehalt die Ländereien von Amerika ausgeteilt hätte, zweimal so viel eingebracht haben würden, als die Sklaven daraus ziehen.

Was hat also das gesittete Europa[123], das in Ansehung der Rechte der Menschlichkeit so erleuchtete Europa, dadurch gewonnen, daß es durch Dekrete die Schmach rechtfertigt, die man in unseren Kolonien alle Tage der menschlichen Natur antut, und daß es verstattet, daselbst die Menschen in einem solchen Grade geringschätzig zu halten, daß man sie schlechterdings wie Lasttiere ansieht? Das Gesetz der Knechtschaft widerspricht ebenso dem Interesse wie dem natürlichen Gesetze und der Ehre. Ich habe dies schon mehrere Male festgestellt.

Freiheit und Eigentum sind die Grundsäulen des Reichtums und des guten Ackerbaues. Ich habe ihn nur in den Ländern blühend gesehen, wo diese beiden Menschenrechte auf einem sicheren Fuße standen. Die Erde, die ihre Gaben unter freien Anbauern verschwenderisch vervielfältigt, scheint selbst unter dem Schweiße der Sklaven auszutrocknen. So hat es auch der Schöpfer der Natur gewollt, der den Menschen frei geschaffen und ihm die Erde mit dem Befehle gegeben hat, daß ein jeder sein Eigentum zwar im Schweiße seines Angesichts, aber auch in Freiheit bestellen solle.

Die Cochinchinesen haben noch verschiedene andere sehr wichtige Kulturen sowohl für ihr inländisches Gewerbe als auch für ihren auswärtigen Handel. Sie pflanzen die Baumwollstaude an, den Maulbeerbaum, den Birnbaum, den Pfeffer, den Firnisbaum[124], die Arekapalme[125], den Teestrauch, den Indigo, den Saffran und eine Pflanze die sie Tsai nennen, welche, wenn man sie, wie die Pflanze des Indigo, in Gärung setzt, im Überfluß die allerfeinste grüne Farbe liefert, welche in der Färberei ein sehr dauerhaftes Smaragdgrün ergibt. Diese Pflanze wäre ein sehr kostbares Geschenk, das man unseren amerikanischen Kolonien machen könnte. Ich würde allzu weitläufig werden, wenn ich hier die Behandlungsarten aller dieser verschiedenen Kulturen beschreiben wollte. Sie werden der Gegenstand einiger anderer Nachrichten sein.

Im allgemeinen besitzen die Cochinchinesen vortreffliche Äcker, und sie bauen sie gut an. Ihre Berge sind beinahe alle unbebaut, weil die Bevölkerung nicht einmal stark genug ist, um alle die Ebenen, die sie dem Reiche Kambodscha weggenommen haben, zu nutzen. Gleichwohl gewinnen sie auf diesen Bergen das Adler- oder Aloeholz, welches das kostbarste Räucherwerk auf der Welt ist, das Sapanholz, welches so wie

Pfefferpflanze

das Brasilholz ist, und den Zimt in kleiner Menge, aber von weit besserer Beschaffenheit als auf der Insel Ceylon. Die Chinesen bezahlen dafür drei- bis viermal mehr als für den Zimt, den ihnen die Holländer aus dieser Insel bringen.

Die Cochinchinesen haben ausgezeichnete Arten von Holz zur Schreinerarbeit, besonders das Rosenholz, vortreffliche Ar-

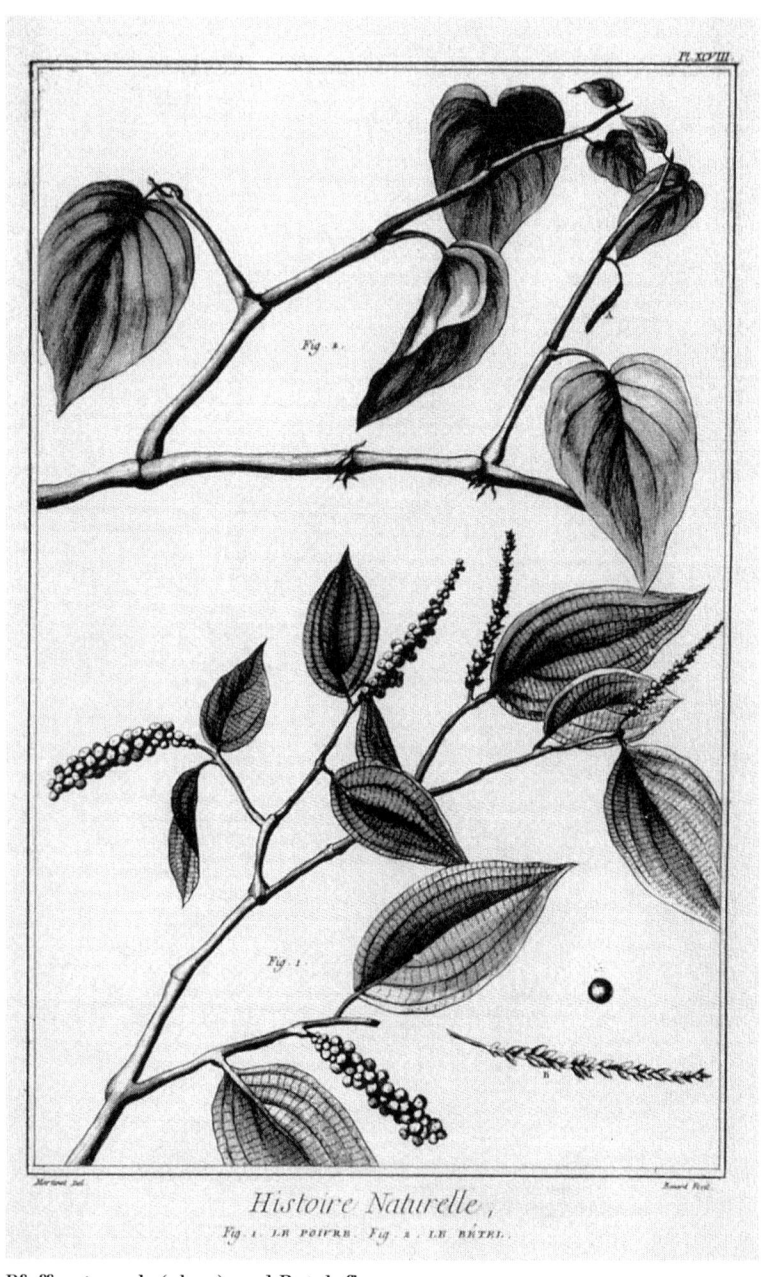

Pfefferstrauch (oben) und Betelpflanze

ten von Bauholz als etwa das Teeholz, welches zur Anfertigung der königlichen Galeeren gebraucht wird, deren Anzahl sich immer auf hundert beläuft und an welchen man sowohl in Ansehung des Schnittes als der Festigkeit und Pracht nichts auszusetzen hat. Endlich beziehen sie aus den Wäldern und von den Bergen, die jene bedecken, Elfenbein, Moschus, Wachs, Eisen und Gold in sehr großem Überflusse. Eben diese Berge sind voll von Wildbret, als da sind Hirsche, wilde Geißen, Pfauen, Fasane, und so weiter. Die Jagd ist frei[126], aber gefährlich wegen der großen Menge an Tigern, Elefanten, Nashörnern und anderen fleischfressenden und bösartigen Tieren, womit die Wälder angefüllt sind.

Das Meer, welches die Küsten bespült, besitzt ebenso wie ihre Ströme einen Überfluß an vorzüglichen Fischen. Der Fischfang ist frei, und die Cochinchinesen legen sich sehr darauf. Ich habe schon gesagt, daß der Fisch und der Reis die Hauptnahrung des Volkes sind. Die zahmen Tiere, die sie aufziehen, sind das Pferd zum Reisen, der Büffel zum Landbaue, sowie zu ihrer Nahrung der Ochse, das Schwein, die Ziege, Hühner von einer sehr großen Art, Gänse und Enten. Alle diese Tiere gedeihen sehr wohl und sind in großem Überflusse vorhanden. Der König hat sich allein das Recht vorbehalten, Elefanten zum Kriege aufzuziehen, und um dieses Recht ist er nicht zu beneiden. Er hält gewöhnlich vierhundert, die ihn mehr als viertausend Soldaten zum Unterhalt kosten. Die Cochinchinesen haben wenige gute Baumfrüchte; die Ananas und Pomeranzen von verschiedener Art sind die besten in ihrem Lande. Sie kultivieren den Weinstock nicht, ob er gleich ein natürliches Produkt ihres Bodens ist. Sie haben wenige Gemüsearten, so daß ihnen Baum- und andere Gärten wenig bedeuten. Bis auf den heutigen Tag haben sie sich auf die wesentlichen Kulturen gelegt.

Obgleich der Ackerbau in Cochinchina noch nicht den Grad der Vollkommenheit erreicht hat, auf welchen man ihn auf einem so vortrefflichen Boden bringen könnte, so sind ihm doch die Sitten des Volkes sehr günstig, und man muß einräumen, daß er blühend ist. Das cochinchinesische Volk ist sanftmütig, gastfreundlich, bedürfnislos und arbeitsam. Man findet in diesem Lande keinen Bettler und hört auch nichts von Räubern und Mordtaten.

Ein Fremder kann das Reich von Norden gegen Süden, die Hauptstadt ausgenommen, durchreisen, ohne irgendeine Beleidigung zu befürchten. Er wird überall mit einer aufdringlichen Neugierde, aber mit Gutmütigkeit aufgenommen. Ich habe bei dieser Nation eine sonderbare Gewohnheit bemerkt, welche ihren guten Charakter gar wohl beweist. Ein Cochinchinese, welcher reist und seinen Unterhalt in den Wirtshäusern nicht bezahlen kann, geht in das erste Haus der Siedlung, wo er sich gerade befindet. Niemand fragt ihn, was er will, er sagt auch niemandem etwas, er erwartet stillschweigend die Stunde der Mahlzeit. Sobald der Reis aufgetragen ist, nähert er sich, setzt sich mit den Leuten des Hauses zu Tische, ißt, trinkt und geht fort, ohne daß jemand eine Frage an ihn tut und ohne daß er ein einziges Wort gesagt hat. Man hat gesehen, daß dieses ein Mensch und folglich ein Bruder war, welcher in Not sein könnte, und man hat ihn ohne weitere Nachricht aufgenommen.

Die sechs ersten Könige, die Stifter der Monarchie, beherrschen die Nation, wie ein Vater seine Familie regiert. Sie befestigten die Herrschaft des einzigen natürlichen Gesetzes, indem sie selber ihm zuerst gehorchten. Als Häupter einer großen Familie von Ackerleuten gaben sie ein Beispiel des Landbaues[127]; sie ehrten und beschützten den Ackerbau als die nützlichste und des Menschen würdigste Beschäftigung. Sie forderten von ihren Untertanen niemals mehr als eine jährliche Gabe, um die Verteidigung gegen die Tonkinesen, ihre Feinde, zu bestreiten.

Diese einzige Steuer wurde mit Billigkeit auf die Köpfe gelegt[128]. Ein jeder Mensch, der imstande war, das Land zu bebauen, bezahlte den Beamten für den Fürsten eine mäßige Summe, die der Beschaffenheit seines Körpers und der Stärke seiner Arme gemäß war, und weiter nichts. Unter ihrer Regierung geschah es, daß sich die Nation durch die Hilfe des Überflusses, den der Landbau verschaffte, so stark gemehrt hat. Solange sie lebten, wurden die Bedingungen des Vertrages, der am Ufer des Flusses, welcher Tonkin von Cochinchina scheidet, zwischen den Häuptern ihrer Familie und den Gefolgsleuten ihres Rückzugs geschlossen worden war, heilig beobachtet. Dieser gegenseitigen Treue hat Cochinchina den blühenden Zustand seiner Bevölkerung, seines Ackerbaues und seiner Macht zu verdanken. Ihr Nachfolger, der heutzutage regiert[129], hat ihr gutes Herz geerbt, aber er hat die Schwachheit, sich von denen, die sich seine Sklaven nennen, beherrschen zu lassen. Diese Unglücklichen besitzen die Kunst, den Vorteil dieses Fürsten von dem Vorteile seiner Untertanen zu trennen. Sie haben ihm die Begierde nach eigenen Reichtümern eingeflößt. Das unter seiner Regierung reichlich aus den Bergwerken gezogene Gold hat den ersten Anlaß zur Vernachlässigung des Ackerbaues gegeben. Nachdem es in den Palast kam, sind verderbte Sitten und Verschwendung bald darauf gefolgt.

Der Fürst ist unvermerkt dahin gebracht worden, die schlichten Wohnungen seiner Vorfahren zu verachten. Er mußte einen Palast besitzen, der eine Meile im Umfange hat, der mit einer Mauer von Ziegeln umgeben und nach dem Muster des Palastes zu Peking gebaut ist. Tausendsechshundert Kanonen, die diesen Palast umgeben, kündigen dem Volke den nahen Verlust seiner Rechte und seiner Freiheit an.

Man hat einen Winterpalast, einen Sommer- und einen Herbstpalast haben müssen. Um so viele Unkosten zu bestreiten, ist die alte Abgabe nicht hinreichend gewesen; man hat sie vermehrt; man hat neue erfunden, welche, da sie keine freiwilligen Gaben mehr sind, nur mit Gewalt und mit allem Aufwand der Tyrannei eingetrieben werden können. Die an der Verderbnis des Oberhauptes interessierten Hofleute haben ihm den Titel des Königs des Himmels, *Vous Tsoi*, beigelegt, und da man ihm denselben so oft gab, glaubte er, ihn annehmen zu können[130]. »Warum,« sagte er eines Tages selbst zu mir[131], »kommst du nicht öfters, dem Könige des Himmels deine Aufwartung zu machen?«

Diese geschickten Menschen, welche alle Türen des Palastes belagern, haben den Kunstgriff besessen, sich der gewöhnlichen Justiz der Obrigkeit zu entziehen. Sie machen sich diese Ausnahme zunutze, um in die Provinzen zu gehen und die Landleute zu plagen und zu plündern. Ich habe an den Landstraßen hin ganze Dörfer gesehen, die erst vor kurzem von ihren durch die beständigen Frondienste gedrückten Einwohnern verlassen worden waren; die umliegenden Äcker waren wüst geworden. Mitten in dieser entstehenden Unordnung behält der Fürst, dessen Herz überrascht worden ist und dem allein die schändlichen Taten derjenigen, die ihn umgeben, unbekannt sind, noch Achtung gegen die alten Sitten. Er gibt nicht mehr, wie seine Vorfahren, selbst das Beispiel des Ackerbaues, aber seine Absicht bleibt, denselben zu beschützen.

Ich habe ihn an Neujahr mit der Einfachheit seiner Vorfahren der allgemeinen Versammlung der Nation vorsitzen sehen, die jährlich an diesem Tage auf freiem Felde gehalten wird, um den gegenseitigen Eid zur Bekräftigung des alten Vertrages zu erneuern, der ihn zum Vater seines Volkes eingesetzt hat, indem er ihm ein einziges Recht, aber das schönste unter allen, nämlich sein Volk glücklich zu machen, übertragen hat. Wenn er von seinen Untertanen redet, nennt er sie nicht anders denn seine Kinder. Ich habe ihn als eine bloße Privatperson bei der jährlichen Versammlung seiner Familie, der alten Gewohnheit der Nation gemäß, gegenwärtig gesehen, bei welcher Versammlung allezeit der Älteste, ohne auf die Würden derjenigen zu achten, die nicht so alt sind, den Vorsitz hat. Aber es schien mir diese Gewohnheit nur eine Formalität zu sein. Man sieht leicht ein, daß da, wo der König des Himmels sich zeigt, die Menschen nichts gelten.

Es ist wahr, daß sich die Verderbnis über das Volk, welches seine Sitten behält, noch nicht allgemein ausgebreitet hat. Sie ist noch in dem Palaste und in der Hauptstadt verschlossen; aber ihre Quelle ist zu hoch, als daß ihre giftigen Wasser nicht auf die Ebenen herunterfließen sollten. Allezeit bei den Oberhäuptern macht die Verderbnis eines Volkes den Anfang. Wenn sie alle Stände wird ergriffen haben, wenn die Grundsäulen des Ackerbaues, die Freiheit und das Eigentum, die die Großen schon attackiert haben, umgeworfen sein werden, wenn die

Beschäftigung des Landmannes stufenweise die verächtlichste und die uneinträglichste wird geworden sein – wie wird es alsdann dem Ackerbau ergehen? Was wird ohne einen blühenden Ackerbau aus diesem ganzen unter seinem Schatten vermehrten Volk, was wird aus dem Fürsten und seinen Untertanen werden? Sie werden dasjenige werden, was die Nation geworden ist, welche das Land vor ihnen besessen hat und sogar vor den Wilden, die es den Cochinchinesen überließen; es ist von dieser Nation nichts als der Rest einer riesigen Mauer übrig, die man nahe bei der Hauptstadt findet und die die Einfassung einer großen Stadt gewesen zu sein scheint. Keine Geschichte, keine Tradition hat das Andenken eines Volkes erhalten, welches ehemals diese Mauer mit Ziegeln auf eine solche Art baute, als man in dem übrigen Teile Asiens nicht sieht. Wenn man die Verderbnis, die die Sitten der Cochinchinesen bedroht, betrachtet, muß man vermuten, daß ihr Ackerbau, statt zuzunehmen, abnimmt, so viel Mühe sie sich auch geben, ihn zu erhalten.

China

Ich nähere mich dem Ziele meiner Reisen. Da ich die Küsten von Cochinchina verlasse und gegen Nordosten segele, führt mich der Weg nach China, welches die Cochinchinesen, seine Nachbarn, mit Ehrfurcht das Reich des großen Lichtes, *Nuse d'ai Ming,* nennen. Nach einer Schiffahrt von einigen Tagen entdecke ich noch kein Land, werde aber am Horizonte einen Wald von Schiffsmasten gewahr; eine unzählbare Menge von Fahrzeugen bedeckt das Meer. Dies sind tausende von Fischern, welche in den Wassern die Nahrung eines großen Volkes suchen. Ich entdecke endlich das Land und gelange bis an die Tiger–Mündung[132], immer noch mitten unter Fischern, die ihre Netze auf allen Seiten auswerfen. Ich komme in den Kanton–Fluß[133], er ist wie das Land bevölkert. Seine beiden Ufer sind mit vor Anker liegenden Schiffen bedeckt. Fahrzeuge in ungeheurer Menge durchfahren ihn auf allen Seiten mit dem Ruder und mit dem Segel und entfliehen den Augen, indem sie in Kanäle einfahren, die von Menschenhänden durch unabsehliche Felder gegraben sind, welche diese Kanäle befeuchten und fruchtbar machen. Endlose Felder mit reichen Ernten bedeckt, in deren Mitten überall wohlgebaute Dörfer hervorragen, zieren den Vordergrund des Gemäldes. Berge, die in Terrassen geschnitten und als Amphitheater ausgehauen sind, bilden die Ferne desselben.

Ich komme in Kanton[134] an. Ein neues Schauspiel: das Geräusch, die Bewegung, die Menge der Leute wachsen an. Land und Wasser sind mit Menschen bedeckt. Erstaunt über eine so große Menge, erkundige ich mich nach der Anzahl der Einwohner von Kanton und nach seinen Vorstädten. Aus den verschiedenen Berichten urteile ich, daß diese Stadt nicht weniger als acht mal hunderttausend Seelen enthält. Meine Verwunderung vermehrt sich, da ich höre, daß fünf Meilen gegen Norden von Kanton, wenn man den Fluß hinauf schifft, ein Dorf, namens Fachan[135] liegt, welches eine Million Einwohner faßt, und daß dieses ganze große Reich, welches ungefähr sechshundert Meilen von Norden gegen Süden und ebenso viel von Osten gegen Westen mißt, mit einem unzählbaren Volke angefüllt ist[136].

Durch welche Kunst kann die Erde einer so zahlreichen Bevölkerung Unterhalt geben?[137] Besitzen die Chinesen etwa ein Geheimnis, um das Getreide und die Lebensmittel, die den Menschen erhalten, zu vervielfältigen? Um mich von meiner Ungewißheit zu befreien, durchlaufe ich die Felder; ich gehe zu den Landleuten, die gutherzig, höflich, gesprächig, meist ein wenig in den Wissenschaften unterrichtet und in den Gebräuchen ebenso erfahren sind wie die Einwohner in den Städten. Ich stelle Untersuchungen an, folge ihren Arbeiten und sehe, daß ihr ganzes Geheimnis darin besteht, ihren Acker wohl zu düngen, ihn zu rechter Zeit tief umzuwerfen, ihn gehörig zu besäen, alles Land zu nutzen, welches etwas einbringen kann, und einem jeden anderen Baue den Getreidebau vorzuziehen, welcher von der ersten Notwendigkeit ist.

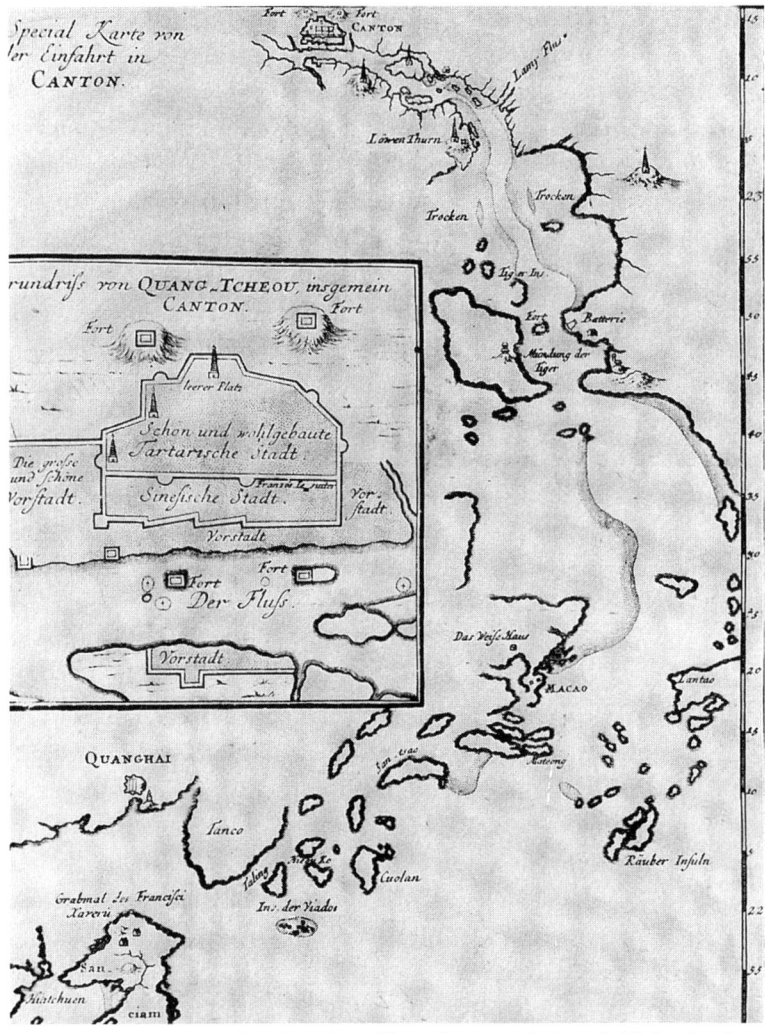

Kanton im frühen 18. Jahrhundert: Umgebung und Grundriß der Stadt

Dieses System des Ackerbaues, scheint eben dasselbe zu sein, welches in allen unseren alten und neueren Werken, die von diesem Gegenstande gehandelt haben, ausgebreitet ist; es ist unseren einfachsten Landleuten bekannt. Aber auch der geschickteste europäische Bauer wird sich wundern, wenn er hören wird, daß die Chinesen weder natürliche noch künstliche Wiesen haben und daß sie von Brachfeldern nichts wissen, daß sie mithin die Äcker niemals ausruhen lassen. Die chinesischen Ackerleute würden eine jede Wiese wie ein unbebautes Land betrachten. Sie nutzen alles zum Getreideanbau und vorzüglich solche Äcker, die wir zu Wiesen aufzuopfern pflegen, die nämlich niedriger und folglich fruchtbarer sind und gut befeuchtet werden können. Sie meinen, daß eine Ackerfläche, die mit Korn besät ist, zur Nahrung des Viehes so viel Stroh geben wird, als sie würde Heu gegeben haben, und daß man durch ihre Methode das ganze Produkt in Körnern zur Nahrung der Menschen gewönne, ausgenommen, daß man mit den Tieren einen kleinen Teil von diesem Getreide teilt, wenn welches übrigbleibt. Dies ist ihr System, welches von einem Ende des Reichs zu dem anderen seit dem Ursprunge der Monarchie befolgt und durch die Erfahrung von mehr als vierzig Jahrhunderten von derjenigen Nation in der Welt bestätigt worden ist, die am eifrigsten auf ihren Nutzen bedacht ist[138].

Was diesen Plan des Ackerbaues noch unbegreiflicher macht, ist zu sehen, daß ihre Äcker niemals ausruhen. Die eifrigen Bürger, die seit einigen Jahren daran arbeiten, unter uns die so verabsäumete Kunst der Landwirtschaft wiederzubeleben, haben - in Ermangelung von natürlichen – die Vermehrung der Kunstwiesen als das vornehmste und beste unter allen Mitteln angesehen, um Dünger zu erzielen, ohne sich aber auf die Unterdrückung der Brachfelder Hoffnung zu machen, auf welchen Grad auch immer die Vermehrung der Wiesen gebracht werden würde.

Diesem System, welches unter denen, die ausgedacht wurden, das einleuchtendste zu sein scheint und dasjenige, welches unsere Landleute am besten aufgenommen haben, wird gleichwohl durch die beständige Erfahrung der größten und ältesten Ackerbaunation der Erde widersprochen. Diese sieht den Gebrauch von Wiesen und Brachfeldern als einen dem Reichtume und der Bevölkerung – welche letztlich die einzigen Zecke der Landwirtschaft sind – schädlichen Mißbrauch an.

Ein chinesischer Landmann würde sich nicht enthalten können zu lachen, wenn man ihm erklärte, daß die Erde zur bestimmten Zeit Ruhe nötig habe. Er würde gewiß sagen, daß wir auf dem Holzwege sind, wenn er unsere alten und neueren Traktate, unsere wundersamen Spekulationen über den Ackerbau lesen könnte. Und was würde er nicht äußern, wenn er unsere Heideflächen sehen würde, einen Teil unserer Äcker in der Brache, einen anderen mit unnützem Anbaue verschwendet und das übrige schlecht bebaut, wenn er, indem er unsere Felder durchwanderte, des äußersten Elend und der Wildheit derer, die sie bauen, gewahr werden sollte? Die chinesischen Böden sind überhaupt nicht von besserer Art als die unsrigen. Man sieht, wie bei uns, gute, mittelmäßige und schlechte, schwere und leichte Böden, tonige und solche Erde, wo Sand, Steine und Kieselsteine die Oberhand haben. Alle diese Arten von Boden tragen in China jährlich, selbst in den nördlichen Landschaften, ein bis zwei Mal des Jahres, einige sogar fünf Mal in zwei Jahren in den mittägigen Provinzen, ohne auszuruhen, da sie doch seit vielen tausend Jahren genutzt worden sind.

Die Chinesen gebrauchen eben dieselbe Düngung wie wir, um ihrem Boden die Salze und die Säfte wiederzugeben, welche ihnen eine immerwährende Produktion beständig entzieht. Sie kennen den Mergel, sie bedienen sich des gemeinen Salzes, des Kalkes, der Asche, des Mistes von allen Tieren und vorzüglich desjenigen, den wir in unsere Flüsse werfen. Sie gebrauchen den Urin, den sie sorgfältig in allen Häusern aufheben und daraus sie eine Einnahme ziehen. Mit einem Worte: alles, was aus der Erde gekommen ist, wird mit der größten Genauigkeit wieder hineingebracht, in welche Gestalt es auch die Natur oder die Kunst verändert haben möchten. Wenn ihnen der Dünger mangelt, ersetzen sie selbigen augenblicklich durch ein sehr tiefes Umgraben mit dem Grabscheite, wodurch auf die Oberfläche des Feldes eine neue Erde gebracht wird, die mit den Säften derjenigen beladen ist, welche an ihre Stelle hinunter kommt[139].

Ohne Wiesen ziehen sie eine große Menge Pferde, Büffel, Rinder und andere Tiere von allen zu ihrem Landbaue, zu ihrer Ernährung und zum Düngen notwendigen Gattungen auf.

Von diesen Tiere werden einige mit Stroh, andere mit Wurzeln, wieder andere mit Bohnen oder Körnern von aller Art gefüttert. Es ist wahr, daß sie, in Vergleichung mit uns, nicht so viele Pferde und nicht so viele Rinder haben, aber sie brauchen sie nicht. Das ganze Land ist mit Kanälen durchschnitten, die von Menschen gegraben und von einem Flusse zu dem anderen geleitet sind. Sie zerteilen dieses große Reich und bewässern es in allen seinen Teilen wie einen Garten. Die Reisen, die Transporte, beinahe alle Fuhren geschehen auf den Kanälen viel leichter und mit weniger Kosten. Sie haben nicht einmal die Gewohnheit, ihre Boote von Pferden ziehen zu lassen, sie bedienen sich nur des Segels und hauptsächlich des Ruders, welches sie mit einer beispiellosen Kunst zu gebrauchen wissen, sogar um die Flüsse hinaufwärts zu fahren. Zu allem, was Menschen um einen mäßigen Preis tun können, benützt man keine Tiere[140].

Folglich sind die Ufer der Kanäle und der Flüsse bis an den Rand des Wassers bebaut; man verliert nicht einen Zoll Erde. Die öffentlichen Straßen gleichen unseren Fußsteigen. Ihre Kanäle sind ohne Zweifel besser als ihre Landstraßen. Sie führen die Fruchtbarkeit auf die Äcker, sie geben dem Volke

Chinesische Bauern

den größten Teil seiner Nahrung an Fischen. Es ist kein Vergleich zwischen der Last, die ein Boot trägt, und derjenigen, die man zu Lande auf einen Wagen laden kann, kein Vergleich vor allem in Ansehung der Kosten. Die Chinesen kennen nicht einmal den Gebrauch oder vielmehr die Verschwendung der Kutschen und Fuhrwerke aller Art, wie wir sie in den Hauptstädten Europas sehen. Alle diese in unseren Städten zu Tausenden versammelten Pferde verzehren – beinahe als reiner Verlust – die Produkte von vielen tausend Morgen unserer besten Äcker, welche, wenn man Getreide darauf baute, einer großen Menge, die zuweilen Hungers stirbt, Unterhalt geben würden. Die Chinesen wollen lieber Menschen als Pferde ernähren.

Der Kaiser und die obrigkeitlichen Personen werden in den Städten mit Sicherheit und Anstand von Menschen getragen; ihr Gang ist gelassen und edel, er schadet den Fußgängern nicht. Sie reisen in einer Art von Galeeren, die bequemer, sicherer, ebenso prächtig und nicht so teuer sind als unsere Kutschen und Pferde zu Lande.

Ich habe gesagt, daß die Chinesen nicht einen Zoll Erde verlieren. Sie sind also weit entfernt davon, auf vortrefflichem Boden unermeßliche Wildgärten anzulegen, um darinnen ausschließlich und unter Verachtung der Menschheit wilde Tiere zu halten. Die Kaiser, selbst die tatarischen[141], haben niemals solche Parks angelegt, noch weniger die großen Herren, das ist, die obrigkeitlichen und gelehrten Personen[142]. Ein solcher Gedanke kann niemals einem Chinesen kommen. Ihre Land- und Lusthäuser stellen sogar überall nur nützliche Kulturen vor, die auf eine angenehme Art abwechseln. Die hauptsächlichste Annehmlichkeit derselben besteht in einer reizenden Lage, die auf eine geschickte Art zustande gebracht wird. In der Einrichtung aller Teile, die das Ganze ausmachen, herrscht eine glückliche Nachahmung der schönen Unordnung der Natur, von der die Kunst alle Reize abborgt.

Die Hügel, die am steinigsten sind und welche die europäischen Anbauer als Weingärten anlegen würden, werden durch Arbeit gezwungen, Getreide zu tragen. Die Chinesen

Düngung von Setzlingen auf einem chinesischen Reisfeld

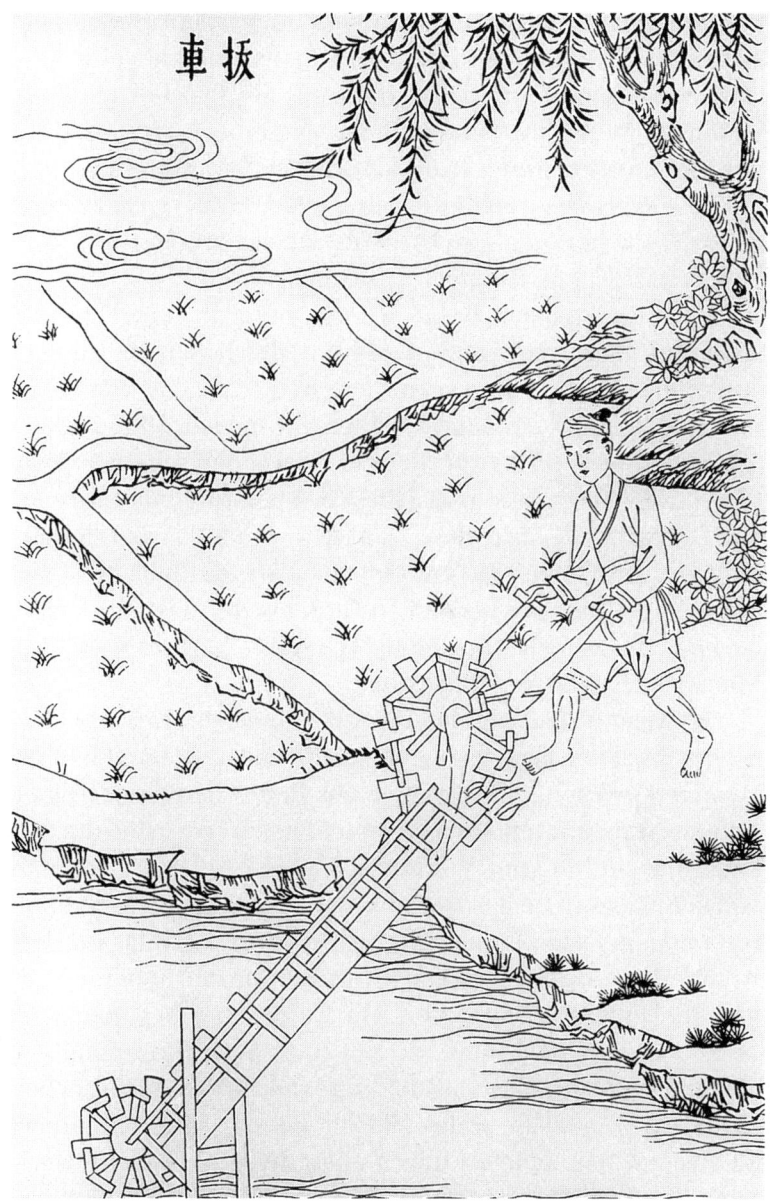

Manuell angetriebene Kettenpumpe, China, 17. Jahrhundert

kennen den Weinstock, wovon sie einige Spaliere anlegen, aber sie sehen den Wein, den er hervorbringt, als eine Verschwendung und Überflüssigkeit an. Sie würden glauben, wider die Menschheit zu sündigen, wenn sie sich durch Anbau einen angenehmen Trank verschafften, während aus Mangel des Getreides, welches das in einen Weinberg verwandelte Erdreich hervorgebracht hätte, irgend jemand aus dem Volke Gefahr liefe, Hungers zu sterben.

Selbst die steilsten Berge werden nutzbar gemacht. Man sieht zu Canton und von einem Ende des Reichs bis zu dem anderen in Terrassen geschnittene Berge, welche von Ferne unermeßliche Pyramiden vorstellen, die in viele Stufen eingeteilt sind und sich bis zum Himmel zu erheben scheinen. Eine jede dieser Terrassen trägt jährlich ihre Ernte von einer Art von Getreide, oft sogar Reis. Das Flußwasser aus dem Kanale oder aus der Quelle, die am Fuße des Berges fließt, wird von Terrasse zu Terrasse bis an den Gipfel vermittelst eines tragbaren Paternosterwerkes hinaufgebracht, welches bloß zwei Menschen tragen und bewegen[143].

Das Meer selbst, welches die feste Masse der Erdkugel, die es umgibt, zu bedrohen scheint, ist durch Arbeit und Fleiß gezwungen worden, einen Teil seines Bettes den chinesischen Anbauern abzutreten. Die beiden schönsten Provinzen des Reiches, die von Nanking[144] und von Tschekiang[145], die ehemals von den Wassern bedeckt waren, sind vor einigen tausend Jahren mit dem festen Lande durch eine Kunst vereinigt worden, welche derjenigen überlegen ist, die man an den neueren Werken der Holländer bewundert. Die Chinesen haben gegen ein Meer zu kämpfen gehabt, dessen natürliche Bewegung von Morgen gegen Abend es beständig gegen die Küsten dieser beiden Provinzen treibt, während Holland nur mit einem Meere zu streiten hat, welches durch eben diese natürliche Bewegung immer seinen westlichen Küsten folgt.

Die chinesische Nation ist die größten Arbeiten zu unternehmen fähig; ich habe keine arbeitsamere in der Welt gesehen. Alle Tage des Jahres sind Werkeltage, ausgenommen der erste, welcher bestimmt ist, sich einander zu besuchen, und der letzte, der den Pflichten, welche sie ihren Vorfahren erweisen, geweiht ist. Ein müßiger Mensch würde allgemein verachtet sein, er würde als ein gelähmtes Glied angesehen werden, das dem Körper, davon es einen Teil ausmacht, zur Last fällt. Die Regierung würde ihn nicht dulden, weit verschieden hierin von den anderen asiatischen Völkern, bei welchen man nur diejenigen schätzt, deren Zustand nichts zu tun erfordert. Ein früher chinesischer Kaiser, der das Volk bei einem öffentlichen Unterrichte zur Arbeit ermahnte, belehrte es, daß, wenn in einem Winkel des Reichs ein Mensch wäre, der nichts täte, an einem anderen Orte ein anderer sein müsse, der darunter litte und an dem nötigen Unterhalte Mangel hätte. Dieser weise Grundsatz herrscht in den Gemütern aller Chinesen; und für dieses der Vernunft ergebene Volk ist er ein Grundsatz der Weisheit, ein Gesetz.

Dies ist, meine Herren, ein flüchtiger Entwurf eines allgemeinen Gemäldes von dem Ackerbaue der Chinesen und von

Einweichen von Reissamen in Körben auf einem chinesischen Reisfeld

ihrer Neigung zu dieser Kunst. Die Grenzen dieses Vortrags erlauben mir nicht, heute die verschiedenen Arten des Landbaues, die ich in diesem Lande gesehen habe, umständlich zu beschreiben. Ich werde bloß anmerken, daß diese Arten von Landbau so beschaffen sind, daß dadurch alles, was die Notdurft und sogar die Bequemlichkeit der größten Bevölkerung auf der Welt erfordert, in Fülle hervorgebracht wird, so daß China mit seinen Ackerleuten sich selbst genug ist und mit seinem Überschusse einen großen auswärtigen Handel treiben kann.

Aus diesen Anmerkungen kann man urteilen, daß es kein Land auf der Welt gibt, wo der Ackerbau blühender wäre als in China. Aber es hat diesen florierenden Zustand seines Ackerbaues und den Überfluß, der die Folge davon ist, weder den besonderen Verfahren, denen die Ackerleute folgen, noch der Gestalt seines Pfluges und seines Sätuches zu verdanken.

Es dankt ihn seiner Regierung, deren tiefe und unerschütterliche Fundamente durch die Vernunft selbst zugleich mit dem Grund der Welt gelegt wurde, seinen Gesetzen, die die Natur den ersten Menschen eingegeben hat und die von Generation zu Generation seit dem ersten Alter des menschlichen Geschlechts in allen den miteinander verbundenen Herzen eines unzählbaren Volkes viel besser als in dunklen Büchern, die listige und betrügerische Menschen gemacht haben, erhalten worden sind. Endlich ist China die Glückseligkeit seines Ackerbaues seinen einfachen Sitten sowie seinen Gesetzen schuldig, die auf gleiche Weise von der Natur und von der Vernunft gebilligt werden.

Das Reich wurde von Ackerleuten in jenen glücklichen Zeiten gestiftet, da das Andenken der Gesetze des Schöpfers noch nicht verloren und der Landbau die edelste und würdigste Arbeit der Menschen und die Beschäftigung aller Völker war. Seit dem Fou Hi[146], der einige Jahrhunderte nach der Sintflut, wenn man der Übersetzung der siebzig Dolmetscher folgt, das erste Oberhaupt seiner Nation war und als ein solches über den Ackerbau die Aufsicht hatte, haben sich alle Kaiser ohne Ausnahme bis auf diesen Tag eine Ehre daraus gemacht, die ersten Ackerleute ihres Reiches zu sein.

Die chinesische Geschichte hat mit vieler Genauigkeit die Großmut von zwei alten Kaisern in Erinnerung gehalten, welche, da sie unter ihren Kindern keine würdigen Erben für einen Thron sahen, auf welchem die Tugend allein zu sitzen das Recht hat, bloße Landleute ernannten, denselben nach ihnen zu besteigen. Diese Landleute machten während sehr langen Regierungszeiten das Glück der Welt, wie es man in den chinesischen Büchern findet, und ihr Andenken wird in der größten Achtung gehalten[147]. Man sieht leicht ein, wie sehr dergleichen Beispiele den Ackerbau ehren und beleben. Die chinesische Nation ist immer wie eine Familie, davon der Kaiser der Vater ist, beherrscht worden[148]. Seine Untertanen sind seine Kinder ohne eine andere Ungleichheit als diejenige, die auf Verdiensten und Talenten beruht. Jene albernen Unterscheidungen des Adels und des bürgerlichen Standes, eines Menschen von Geburt und des Menschen ohne Herkunft[149], findet man nur in dem Gewäsche der neuen und noch barbarischen Völker, welche, da sie ihren gemeinschaftlichen Ursprung vergessen haben, das ganze menschliche Geschlecht gedankenlos beschimpfen und verächtlich machen. Diejenigen, deren Regierung alt ist und bis in die erste Zeit zurückgeht, wissen, daß die Menschen alle gleich, alle als Brüder und alle als Edle geboren werden. Ihre Sprache hat noch kein Wort erfunden, diesen vermeinten Unterschied der Geburt auszudrücken. Die Chinesen, die ihre Annalen von den entferntesten Zeiten an erhalten haben und welche alle auf gleiche Weise Kinder des Kaisers sind, haben niemals an eine Ungleichheit des Ursprunges unter sich denken können.

Aus diesem Grundsatze, daß der Kaiser der Vater ist und die Untertanen seine Kinder sind, entstehen alle Pflichten der Gesellschaft, der Sittenlehre, alle menschlichen Tugenden, die Verbindung aller einzelnen Bestrebungen zum gemeinsamen Wohl der Familie, folglich auch die Liebe zur Arbeit und hauptsächlich zum Ackerbaue.

Diese Kunst wird von den Kaisern und von den hohen Beamten geehrt, beschützt und ausgeübt, die meistens Söhne von bloßen Ackerleuten sind, welche nach der beständigen Gewohnheit einzig und allein durch ihre Verdienste zu den vornehmsten Würden des Reiches erhoben werden[150], endlich von der ganzen Nation, welche den Verstand hat, die nützlichste Kunst, diejenige, die die Menschen ernährt, vor allen anderen Künsten von geringerer Notwendigkeit zu achten.

Die Zeremonie bei der Eröffnung der Äcker[151]

Alle Jahre den fünfzehnten Tag des ersten Mondes, welcher gewöhnlich mit den ersten Tagen des März übereinstimmt, verrichtet der Kaiser in Person das Ritual der Eröffnung der Äcker. Der Fürst begibt sich mit großem Gepränge auf das zu der Zeremonie bestimmte Feld. Die Prinzen des königlichen Hauses, die Präsidenten der fünf großen Gerichtshöfe[152] und eine unendliche Anzahl von Mandarinen[153] begleiten ihn. Zwei Seiten des Feldes sind von den Kriegsbedienten und Wachen des Kaisers besetzt; die dritte ist für alle Ackerleute der Provinz bestimmt, welche herzulaufen, um ihre Kunst von dem Oberhaupte des Reichs geehrt und ausgeübt zu sehen; die Mandarinen nehmen die vierte ein.

Der Kaiser geht allein auf das Feld, wirft sich nieder und stößt den Kopf neunmal an die Erde[154], um den Tien, das ist den Gott des Himmels[155], anzubeten. Er spricht mit lauter Stimme ein Gebet, das durch das Ritenministerium[156] vorgeschrieben worden ist, um den Segen des obersten Herrn für seine Arbeit und die des ganzen Volkes, welches seine Familie ist, zu erbitten. Darauf opfert er als Hohepriester des Reichs ein Rind, das er dem Himmel als den Herrn aller Güter darbietet. Während man das Opfer in Stücke schneidet und auf einen Altar legt, bringt man dem Kaiser einen mit ein Paar prächtig ausgezierten Ochsen bespannten Pflug. Der Fürst legt seine kaiserlichen Gewänder ab, ergreift den Handgriff des Pfluges und öffnet mehrere Furchen, so lang als das Feld ist. Darauf gibt er mit einer freudigen Miene den Pflug den vornehmsten Mandarinen, welche nacheinander pflügen, indem sie einander anreizen, diese ehrenvolle Arbeit mit höchster Geschicklichkeit zu verrichten. Die Zeremonie endigt sich damit, daß Geld und Stoffe an die Ackerleute ausgeteilt werden, die gegenwärtig sind und von denen die hurtigsten die übrige Arbeit mit Geschick und Schnelligkeit in Gegenwart des Kaisers ausführen. Einige Zeit später, nachdem man der Erde alle nötige Arbeit und Düngung gegeben hat, kommt der Kaiser abermals, die Aussaat seines Feldes anzufangen, welches allezeit mit Zeremonien und in Gegenwart der Ackerleute geschieht.

Eben diese Zeremonie wird an eben diesem Tage in allen Provinzen des Reichs von den Unterkönigen[157] vollzogen, wobei alle Magistratspersonen ihres Gebietes zugegen sind und ebenso eine großen Anzahl von Ackerleuten aus der Provinz. Ich war Zeuge dieser Eröffnung der Äcker zu Canton, und ich erinnere mich nicht, jemals eine von den Zeremonien, die durch Menschen erfunden worden sind, mit so vielen Vergnügen gesehen zu haben als diese.

Aufmunterungen zum Ackerbaue

Der chinesische Ackerbau erfährt viele andere Aufmunterungen. Alle Jahre schicken die Unterkönige jeder Provinz die Namen jener Ackerleute zum Hofe, die sich bei ihrem Landbau am meisten hervorgetan haben: teils durch Anbauung und Nutzung solcher Äcker, die man für unfruchtbar gehalten hatte, teils dadurch, daß sie vermittels einer besseren Kultur aus einem Acker, der schon vor alters genutzt worden war, mehr Produkte zogen. Alle diese Namen werden dem Kaiser vorgelegt, welcher den genannten Ackerleuten Ehrentitel verleiht, um sie von den Gemeinen zu unterscheiden. Wenn ein Bauer eine wichtige Entdeckung gemacht hat, welche zur Verbesserung des allgemeinen Ackerbaues etwas beitragen kann, oder wenn er sonst auf irgendeine Weise eine größere Achtung als die anderen verdient, so beruft ihn der Kaiser nach Peking, läßt ihn auf Kosten des Reiches und mit Anstand reisen, empfängt ihn in seinem Palaste, fragt ihn nach seinen Talenten, seinem Alter, nach der Anzahl seiner Kinder, nach dem Umfange und der Beschaffenheit seiner Felder, überhäuft ihn mit Freundlichkeiten und schickt ihn auf sein Feld, mit einem Ehrentitel und mit Wohltaten bereichert, zurück[158].

Wer ist nun der glücklichste, meine Herren: der Fürst, der sich also beträgt, oder das Volk, welches also regiert wird? Bei einem Volke, da alle einander gleich sind und alle nach Ehrenbezeichnungen streben, müssen solche Ermunterungen zur Arbeitsfreude und zum Nacheifer bei dem Ackerbau ohnstreitig viel beitragen.

Aufmerksamkeit der chinesischen Regierung

Überhaupt ist alle Aufmerksamkeit der chinesischen Regierung auf den Ackerbau gerichtet. Die Hauptsorge eines Hausvaters muß sein, an den Unterhalt seiner Kinder zu denken. Also ist der Zustand der Felder der größte Zweck der Mühen, des Wachens und der Sorgfalt der Beamten. Man sieht leicht ein, daß bei solchen Neigungen die Regierung nichts verabsäumt, den Landleuten die Freiheit, das Eigentum und die Bequemlichkeit zu sichern, welche die einzigen Grundsäulen eines guten Ackerbaues sind. Die Chinesen genießen frei ihre besonderen Besitzungen und die Güter, welche, da sie ihrer Natur nach nicht können geteilt werden, allen gehören, als da sind das Meer, die Flüsse, die Kanäle, die Fische, die sie enthalten, und alle wilde Tiere; also sind die Schiffahrt, der Fischfang und die Jagd frei[159]. Derjenige, der ein Feld kauft oder der es von seinen Vätern erbt, ist allein der Herr und der Besitzer davon.

Die Felder sind frei wie die Menschen. Folglich gibt es da keine Dienste und Erbheimfälle, keine Lehnsgebühren und keine von jenen Menschen, denen daran liegt, das öffentliche Unglück zu wünschen, von jenen Steuerpächtern[160], die sich niemals mehr bereichern, als wenn eine fehlgeschlagene Ernte die Felder verwüstet und den unglücklichen Ackersmann in den Hungertod treibt, nachdem er das ganze Jahr geschwitzt hat, um seine Brüder zu ernähren. Es gibt auch keine von jenen Leuten, deren zerstörerisches Handwerk in der Raserei der Feudalgesetze geboren worden ist, unter deren Schritten tausend Prozesse entstehen, welche den Landmann dem Pfluge entreißen und ihn in dunkle und gefährliche Heimstätten der Schikane zu schicken, um seine Rechte zu verteidigen und eine Zeit zu verlieren, die zur Ernährung der Menschen kostbar ist[161].

Die in China eingeführten Abgaben
sind unveränderlich

Endlich gibt es keinen anderen Grundherrn, keinen anderen Zehntherrn als den allgemeinen Vater der Familie, den Kaiser. Die Bonzen[162], die gewohnt sind, Almosen von einem barmherzigen Volke zu nehmen, würden sehr übel ankommen, wenn sie behaupten wollten, daß diese Spenden ein Recht sind, welches ihnen der Himmel gegeben hat.

Der Zehnte[163]

Diese Steuer, die nicht eigentlich der zehnte Teil des Produktes ist, wird nach der Beschaffenheit der Äcker eingerichtet; in schlechtem Boden ist es nur der dreißigste Teil und so weiter. Der zehnte Teil aller Güter der Erde gehört dem Kaiser. Das ist die einzige Abgabe, die auf die Äcker gelegt ist, und die einzige Auflage, die in China seit dem Ursprunge der Monarchie bekannt ist. Zu allem Glücke ist die Achtung der Chinesen gegen die alten Gewohnheiten so groß, daß es keinem Kaiser in den Sinn kommen würde, sie zu vermehren, noch einem Untertanen, diese Vermehrung zu befürchten.

Das Volk bezahlt die Steuer in Natur – nicht habgierigen Steuerpächtern, sondern rechtschaffenen Beamten, die von Natur aus die Verwalter derselben sind. Wer könnte ausrechnen, wie hoch sich dieser Tribut beläuft, der so mäßig zu sein scheint, der aber von allen Ländereien eines so großen Reiches erhoben wird, welches das am besten angebaute Land in der Welt ist?

Diese Steuer wird mit so viel mehr Treue gezahlt, als man den Gebrauch kennt, zu welchem sie bestimmt ist. Man weiß, daß ein Teil dieses Zehnten in großen Magazinen, die in allen Provinzen des Reichs verteilt sind, verschlossen und zum Unterhalte der Beamten und der Soldaten aufbehalten wird: Man weiß auch, daß im Falle einer Hungersnot diese Speicher einem Volke geöffnet werden, welches dann eines Lebensmittels bedarf, welches man in Zeiten des Überflusse von ihm eingezogen hat[164].

Endlich ist es der ganzen Nation bekannt, daß der andere Teil dieses Zehnten auf den öffentlichen Marktplätzen verkauft wird und die daraus erlösten Summen treulich in die Schatzkammern des Reiches gebracht werden, deren Bewachung dem ehrwürdigen Tribunal des Ho-pu[165] anvertraut ist, und daß man sie nur zu den allgemeinen Bedürfnissen der Familie wieder herausnimmt.

Vergleichung des afrikanischen und asiatischen Ackerbaues mit dem chinesischen

Erinnern Sie sich jetzt, meine Herren, an dasjenige, was ich von den Gesetzen, von den Sitten, von den Gebräuchen der verschiedenen Völker von Afrika und Asien gesagt habe, deren Ackerbau ich untersuchen konnte. Vergleichen Sie ein Volk

Verteilung von Reis aus staatlichen Getreidespeichern an Bedürftige nach einer Hungersnot (China, 18. Jahrhundert)

mit dem anderen, urteilen Sie, ob der unglückliche Malabar, der ohne Eigentum der tyrannischen Regierung der Mogule unterworfen ist, ob ein Volk von Sklaven, das den Kopf unter dem eisernen Zepter des Despoten von Siam gebückt trägt, ob die malaiische Nation, die ruhelos und den Feudalgesetzen unterworfen ist, ob diese Völker, sogar wenn sie die besten Äcker auf der Welt besitzen, einen so blühenden Ackerbau haben können als das chinesische Volk, das wie eine Familie regiert wird und einzig den Gesetzen der Vernunft unterworfen ist. Ich werde es also mit Zuversicht wiederholen: In allen Ländern der Welt hängt der Zustand des Ackerbaues einzig und allein von den Gesetzen ab, die daselbst eingeführt sind, sowie von den Sitten, ja, sogar von den Einstellungen, dazu die Gesetze Anlaß geben. Wie viel Mühe haben sich die Menschen bereitet, um sich von einem Ende der Erde bis zu dem anderen unglücklich zu machen! Erschaffen, um als eine Familie miteinander zu leben, das Land zu bauen, durch ihre Arbeit die unendlich vielen Gaben des Schöpfers zu genießen, hätten sie nur der Stimme der Natur gehorchen sollen; sie hätte ihnen das Glück gezeigt, das man hienieden haben kann. Doch sie haben ihren Verstand zermartert, um barbarische Einrichtungen zu erfinden, verworrene Gesetzgebungen, welche, da sie dem Gesetze nicht entsprachen, welches jeder Mensch in seinem Herzen trägt, da sie also nicht für Menschen gemacht waren, nur durch Gewalt haben eingeführt werden können, und die Erde dadurch mit Blut überschwemmt wurde. Diese einmal eingeführten Gesetze sind fortgefahren, die Erde zu verwüsten, indem sie den Ackerbau unterdrückten und die Bevölkerung verringerten.

Zustand des Ackerbaues in Europa

Welches Schauspiel für einen aufmerksamen Reisenden ist der Zustand des Ackerbaues bei den verschiedenen Völkern, welche die Erde teilen! In Europa sieht man ihn heutzutage bei einer Nation blühend, die während vieler früherer Jahrhunderte genötigt war, ihre Nahrung bei den Nachbarn zu erbetteln, welche ein größeres Land und einen glücklicheren Himmelsstrich als sie hatten. Während dieser Jahrhunderte der Barbarei hatte der Verlust ihrer Freiheit und ihres Eigentumsrechtes den Verlust des Ackerbaues dieser Nation nach sich gezogen. Sie hat diese beiden natürlichen Rechte auf keine andere Art wieder erhalten und die umgeworfenen Grundsäulen ihres Ackerbaues nicht anders wiederaufgerichtet als durch abscheuliche Taten und Unglücksfälle und indem sie erst Bäche von Blut hat fließen lassen.

In Afrika

Afrika im allgemeinen, dessen vor alters bekannteste Gegenden als die Kornspeicher der Welt angesehen wurden, stellt seit dem Verluste der Freiheit weiter nichts vor als Ländereien, die unbebaut sind oder von Sklaven schlecht bearbeitet werden.

In Amerika

Das südliche Amerika, das mit Morästen, Dornen und Wäldern bedeckt ist, sieht seinen unermeßlichen Boden durch den Schweiß seiner in eiserne Fesseln geschlagenen Anbauer verhärtet. Der nördliche Abschnitt dieses Weltteiles wird von kleinen wilden, elenden Völkern bewohnt, die ohne Ackerbau sind, die aber die Freiheit genießen und dadurch vielleicht weniger unglücklich sind als der Haufen der vermeintlich gesitteten Völker, welche, entfernter als jene von den Gesetzen der Natur, ohnmächtige Bemühungen unternehmen, um sich das Glück zu verschaffen, welches die Wirkung eines guten Ackerbaues ist.

In Asien

Das große Kontinent Asien zeigt hier eine grenzenlose Gegend, die ganz unbebaut ist und von einem Volke von Briganten bewohnt wird, die mehr mit dem Raube als mit dem Ackerbaue beschäftigt sind. Dort zeigt er ein großes Reich, das ehemals blühend und wohlbestellt war, heutzutage aber durch Bürgerkriege verwüstet und durch den Überrest von einem Volke bewohnt wird, welches aus Mangel an Ackerbau Hungers stirbt und sein Blut vergießt, nicht um seine Freiheit wieder zu erhalten, sondern um einen Tyrannen durch einen anderen zu ersetzen. Dieser ganze schöne und reiche Teil der Welt, welcher die Wiege des menschlichen Geschlechts war, sieht seine Ländereien in Knechtschaft und seine Landleute entweder durch den blinden Despotismus der Fürsten oder unter das zerstörerische Joch der Feudalgesetze gefesselt.

Endlich gibt jedoch das äußerste östliche Ende des festen Landes von Asien, bewohnt von der chinesischen Nation, eine entzückende Vorstellung von dem, was die ganze Erde sein würde, wenn die Gesetze dieses Reiches die Gesetze aller Völker wären. Diese große Ackerbaunation, vereinigt unter dem Schatten ihres Landbaues, der sich auf eine vernünftige Freiheit gründet, alle die verschiedenen Vorteile der gesitteten Völker und derjenigen, die wild sind. Der Segen, der dem Menschen im Augenblicke der Schöpfung gegeben wurde, scheint seine vollkommene Wirkung nur zum besten dieses wie die Sandkörner am Meer vervielfältigten Volkes gehabt zu haben.

Fürsten, die ihr die Völker richtet, die ihr Schiedsrichter ihres Schicksales seid, kommet zu diesem Schauspiele, es ist eurer würdig! Wollt ihr den Überfluß in euren Staaten hervorbringen, die Vermehrung eurer Völker begünstigen und sie glücklich machen? Seht diese unzählbare Menge, die die Felder von China bedeckt, welche nicht einen Zoll unbebaut läßt. Die Freiheit ist es und ihr Eigentumsrecht, welche einen so blühenden Ackerbau gegründet haben, vermittelst dessen dieses glückliche Volk sich wie der Same seiner Felder vermehrt hat.

Trachtet ihr nach dem Ruhme, die mächtigsten, die reichsten, die glücklichsten Fürsten der Erde zu sein? Kommt nach Peking, seht den mächtigsten unter den Sterblichen auf dem Throne an der Seite der Vernunft sitzen! Er befiehlt nicht, er unterrichtet; seine Worte sind keine Ratschlüsse, es sind Grundsätze der Gerechtigkeit und der Weisheit. Sein Volk gehorcht ihm, weil die Billigkeit allein ihm den Willen einflößt, den er ankündigt. Er ist der mächtigste unter den Menschen, weil er über die Herzen der zahlreichsten Gesellschaft der Menschen herrscht, die auf der Welt sind und die seine Familie ausmachen.

Er ist der reichste unter allen Fürsten, weil ein Strich Landes von sechshundert Meilen von Norden gegen Süden und ebensoviel von Osten gegen Westen, der bis auf den Gipfel der Berge angebaut ist, ihm den Zehnten von reichlichen Ernten bezahlt, den er unaufhörlich hervorbringt, und weil er der Haushalter des Vermögens seiner Kinder ist.

Endlich ist er der glücklichste unter den Monarchen, weil er alle Tage das unaussprechliche Vergnügen schmeckt, die größte Menge von Menschen, die auf der Erden versammelt ist, glücklich zu machen. Er genießt allein das Glück, welches seine Kinder teilen, die ihm alle auf gleiche Weise lieb sind und die wie Brüder ein jeder in Freiheit und im Überflusse unter seinem Schutze leben. Er wird der Sohn des Tien genannt[166], er ist das wahre, das vollkommene Bild des Himmels, dessen Wohltun er nachahmt. Kurz, sein erkenntliches Volk verehrt ihn als einen Gott, weil er sich wie ein Mensch aufführt.

ANMERKUNGEN ZU »REISEN EINES PHILOSOPHEN«

1 Gewerbebetriebe in einem weiten Sinne.
2 Poivre schreibt *barbares*. WIEDMER übersetzt ungenau »wilde Völker«. Im 18. Jahrhundert – und auch bei Poivre – wird im allgemeinen zwischen »Wilden« auf der einen Seite unterschieden, die keine Schrift kannten, keine Städte gründeten und nur eine elementare Staatlichkeit entwickelten, und »Barbaren« auf der anderen, die eine höhere Evolutionsstufe erreicht hatten, aber nicht-christlichen Religionen anhingen und an zivilisatorischer »Verfeinerung« Länder wie Frankreich oder England angeblich nicht erreichten.
3 Im umfassenden Sinne des frühneuzeitlichen Begriffs der *Polizey*, d.h. der öffentlichen Ordnung einschließlich der Rechts- und Finanzverfassung.
4 Die *Voyages d'un philosophe* gehen auf Vorträge zurück, die Poivre vor der Société Royale d'Agriculture in Lyon hielt. Gelegentlich scheint der Redestil noch durch.
5 *Préjugés:* »Vorurteile« (wie auch WIEDMER übersetzt) wäre eine zu enge und im heutigen Sprachgebrauch zu stark negativ belastete Übersetzung.
6 Nämlich als Sklaven an die Europäer.
7 Batate, Süßkartoffel. WIEDMER erläutert bei einer späteren Erwähnung: »Dieses ist ein Gewächse, welches knollige und eßbare Wurzeln hat.« (S. 63, Anm.). Es wird in allen Tropenländern als wichtiges Nahrungsmittel angebaut.
8 *Igname* im heutigen Französisch: Yamswurzel, ein in den Tropen weit verbreitetes Staudengewächs mit knollen- oder keulenartigen Wurzelstöcken; vor allem die Brotwurzel (Dioscorea batatas) ist ein wichtiges Nahrungsmittel. Anders als ihr weniger hochwertiges Substitut Maniok (siehe unten Anm. 39) verlangen Yams gute Böden und eine aufwendige Bearbeitung.
9 Rio Cuanza in Angola.
10 Vermutlich Cabo Negro: kleine Landspitze im Süden der Küste Angolas.
11 Das umgrenzte Territorium, das Poivre hier anspricht, war die Kapkolonie der niederländischen Ostindienkompanie (Verenigde Oostindische Compagnie, VOC). Es machte nur einen verschwindenden Teil des heutigen Staates Südafrika aus. Die Niederländer hatten die Südspitze Afrikas 1652 in Besitz genommen. Der erste Zweck dieser Maßnahme bestand darin, sich einen Stützpunkt für Zwischenstops von Schiffen der Asienflotte auf dem Wege nach Indonesien und Ceylon zu sichern. Als Auswanderungsziel für Siedler spielte die Kapkolonie nur eine nachrangige Rolle; die Zunahme ihrer Bevölkerung erfolgte seit dem 18. Jahrhundert hauptsächlich durch eine starke natürliche Vermehrung .
12 Nach der Aufhebung des 1598 vom französischen König Henri IV. erlassenen Edikts von Nantes, das den französischen Protestanten einen gewissen Toleranzraum gewährt hatte, im Jahre 1685 trafen 1687/88

etwa 225 Hugenotten in der Kapkolonie ein. In die Niederlande selbst flohen zur gleichen Zeit etwa 80000 Hugenotten; Südafrika war also für die hugenottische Emigration nur von marginaler Bedeutung. Immerhin hatten um die Mitte des 18. Jahrhunderts 15 Prozent der weißen Südafrikaner französische Vorfahren (FISCH 1990, S. 56; VAN GOOR 1994, S. 116).
13 Luzerne.
14 Auch: Esparsette, Onobrychis, Süßklee.
15 Wahrscheinlich sind Leoparden gemeint.
16 *Les pois, les sèves & les haricots.*
17 *Pois du Cap.*
18 Poivre berichtet von den gärtnerischen Experimenten, die er nach 1757 in Lyon anstellte.
19 Groot Constantia: privates Landgut, das der Gouverneur Simon van der Stel (1679–99 im Amt) am östlichen Fuße des Tafelberges anlegte. Es war eine Attraktion für Besucher des Kaps. Den Weinbau am Kap hat 1772 der schwedische Arzt und Naturforscher Carl Peter Thunberg beobachtet und ausführlich beschrieben: THUNBERG 1792–94, Bd.1, Teil 1, S.121, 238–41.
20 Die Verenigde Oostindische Compagnie (VOC), die am Kap staatliche Hoheitsfunktionen ausübte. Laut BOUGAINVILLE (1982, S. 427), der Constantia im Januar 1769 besuchte, nahm die VOC ein Drittel des Weines ab, der Rest wurde frei verkauft.
21 Seit 1638 bemühten sich Franzosen um eine wirtschaftliche Nutzung Madagaskars. Sie trafen auf den heftigen Widerstand der Einheimischen. Von einer systematischen Kolonialpolitik gegenüber Madagaskar kann erst seit 1665 die Rede sein, als der leitende Minister Colbert der Insel seine Aufmerksamkeit zuwandte und fünf Schiffe mit 200 Handwerkern aussandte. Das 1643 gegründete Fort Dauphin im Südwesten der Insel wurde nun zu einem leistungsfähigen Hafen ausgebaut, 1674 nach Angriffen der Madegassen aber aufgegeben. Von 4000 französischen Kolonisten, die zwischen 1642 und 1674 nach Madagaskar gekommen waren, blieben nur ca. 60 zurück, deren Spur sich verloren hat (MEYER u.a. 1991, S. 135–37; KENT 1992, S. 866). Im 18. Jahrhundert nutzten europäische Piraten die Küsten Madagaskars als Schlupfwinkel. Frankreich eignete sich 1750 ein kleines Gebiet an der Südspitze der Insel an (Sainte-Marie). Ein neuerlicher französischer Festsetzungsversuch, den auch Poivre unterstützte, wurde 1770 aufgegeben. Erst zwischen 1896 und 1958 war Madagaskar eine französische Kolonie.
22 Nordafrika, die »Barbareskenstaaten« (heute Algerien und Tunesien).
23 So auch noch Brockhaus' *Allgemeine Real-Encyclopädie für die gebildeten Stände*, 6. Aufl., Leipzig 1824: »Fast gibt es kein Land auf der Erde, das so geschickt scheint, eine glückliche Welt für sich auszumachen, als Madagaskar.« (Bd. 6, S. 20).
24 Eigentlich eine tiefe hölzerne Schüssel, aus der Matrosen aßen.
25 Die *Compagnie des Indes*. Unter diesem Namen gab es zwischen 1664 und 1769 verschiedene Organisationen des französischen Asienhan-

dels. Nach mehreren früheren Versuchen einer Kompaniegründung gelang 1664 auf Initiative und Druck des merkantilistisch ehrgeizigen Ministers Colbert die Gründung einer französischen Ostindienkompanie nach dem Vorbild der bereits 1600 und 1602 gegründeten englischen und holländischen Kompanien. Es entstand eine Aktiengesellschaft mit einem Monopolprivileg für fünfzig Jahre. Der Staat engagierte sich von Anfang an stärker, als dies bei den Kompanien der Holländer und Engländer der Fall war. Die Compagnie des Indes war eine deutlicher machtpolitisch motivierte Organisation als ihre Rivalinnen; sie fand auch weniger Unterstützung als diese beim finanzkräftigen Handelsbürgertum und hatte daher stets unter Unterkapitalisierung zu leiden (REINHARD 1983, S. 149 f.). 1685 wurde der Staatseinfluß durch eine neue Verfassung der Compagnie bekräftigt. 1719 führte der schottisch-französische Finanzier John Law die Ostindische und die Westindische (für die Karibik zuständige) Gesellschaft zu einer einzigen Organisation zusammmen. Nach dem Scheitern von Laws Projekt wurde die Compagnie 1723, nach wie vor unter staatlicher Dominanz, reformiert. Ein Privatisierungsversuch von 1764 schlug fehl. 1769 wurde für alle französischen Kaufleute der freie Handel im Indien- und Chinageschäft zugelassen. Grundlegend für die Zeit seit Law ist die Dissertation von HAUDRÈRE (1989).

26 Heute: Mauritius. Insel mit einer Fläche von ca. 2100 km^2, 800 km östlich von Madagaskar gelegen. Die Portugiesen trafen bereits kurz nach ihrer Umsegelung des Kaps der Guten Hoffnung auf die unbewohnte Insel. Sie verzichteten auf eine Besiedlung, führten aber Schweine, Ziegen, Rinder und Affen ein, um sich notfalls auf der Insel versorgen zu können. 1598 wurde die Insel von den Holländern neu »entdeckt« und nach ihrem Herrscher Moritz von Nassau »Mauritius«genannt. Zwei Versuche holländischer Kolonisation (1638–1658, 1664–1710) scheiterten unter anderem an Sklavenrevolten. 1715 annektierte Frankreich die Insel und gab ihr 1722 den Namen Isle de France; dieses Jahr gilt als das Gründungsdatum der französischen Kolonie. Erst nach den drakonischen Disziplinierungsaktionen und weitsichtigen Planungen des Gouverneurs de La Bourdonnais (siehe Anm. 37) wurde M. dauerhaft besiedelt und erstmals für eine europäische Kolonialmacht wirtschaftlich nutzbar gemacht. Da die Isle de France als Flottenbasis und Korsarenstation den Briten im Indischen Ozean viel Ärger bereitete, nutzten sie die Gelegenheit der globalen Auseinandersetzung mit Napoleon, um die Insel 1810 zu besetzen. M. gewann 1964 innere Selbstregierung und 1968 Souveränität innerhalb des britischen Commonwealth. Trotz der langen (aber vergleichsweise liberalen) britischen Kolonialherrschaft ist der französische Kultureinfluß bis heute sehr stark geblieben. Zu Poivres Amtszeit als königlicher Intendant (1767–1772) hatte die Isle de France etwa 22 000 Bewohner, davon ca. 2 000 Weiße, 2 000 »freie« Farbige (teils freigelassene Sklaven, teils aus Indien importierte Handwerker und Arbeiter) und 18 000 Sklaven, die zumeist aus Madagaskar und Mozambique, aber auch aus Indien herbeigeschafft worden waren (TOUSSAINT 1972, S. 75).

27 Heute: Réunion. Insel von 2500 km² Größe. Die Insel wurde 1638 von Frankreich formell in Besitz genommen, nahm 1646 die ersten Siedler auf, erhielt 1793 ihren heutigen Namen, war 1810–1815 von Großbritannien besetzt und wurde 1946 in ein französisches Überseedepartement umgewandelt. Die Isle de Bourbon fungierte als Ausgangspunkt für die Kolonisierung der Isle de France.

28 Der vorderindische Subkontinent mit der französischen Besitzung Pondichéry, an der Ostküste Indiens südlich von Madras gelegen.

29 Heute Jakarta, die Hauptstadt Indonesiens, seit 1619 das politische Zentrum Niederländisch-Ostindiens. Siehe Poivres Beschreibung Batavias oben S. 69–73, 78–85.

30 Der Siebenjährige Krieg (1756–1763), der in Europa vor allem als 3. Schlesischer Krieg ausgetragen wurde, zugleich aber auch eine weltweite koloniale Auseinandersetzung zwischen Großbritannien und Frankreich war. Die Kampfhandlungen endeten im wesentlichen 1762. Im Vertrag von Paris (1763) verlor Frankreich u. a. Kanada, einige kleine westindische Inseln (nicht aber die reichen Zuckerinseln Guadeloupe und Martinique) und große Teile seiner Territorien in Indien.

31 Siehe oben S. 217, Anm. 21.

32 Hier dürfte das im Südosten der Insel siedelnde, islamisierte Antemoro-Volk gemeint sein, das vermutlich zu Beginn des 16. Jahrhunderts aus Ostafrika zuwanderte (KENT 1992, S. 850 f.).

33 In den drei Jahrzehnten nach 1715 erlebte Réunion einen erstaunlichen Kaffeeboom, der es zu einer der wichtigsten Quellen für das aufkommende europäische Modegetränk machte. Die Produktion stieg von 23800 livres 1727 auf 2500000 livres 1744 (PLUCHON 1991, S. 148). Innerhalb des französischen Kolonialreichs erwiesen sich aber bald die Antilleninseln als überlegene Konkurrenten. Auf der Isle de Bourbon stellte man sich daher allmählich auf die Produktion von Gewürzen um.

34 Auch Mokha, Mokka. Hafenort am Roten Meer, im heutigen Jemen. Im 18. Jahrhundert einer der wichtigsten Handelsplätze am Indischen Ozean. Das Hinterland von Mocha war eines der wichtigsten Produktionsgebiete für Kaffee, der nach Europa und in den gesamten arabischen Raum exportiert wurde.

35 Gemeint sind die französische Kolonie St. Domingue (später Haiti) auf der Westhälfte der Antilleninsel Hispaniola sowie die Inseln Guadeloupe und Martinique. Kaffee war hier 1722 eingeführt worden und wurde, allerdings mit erheblichem Abstand, zum zweitwichtigsten Exportgut nach Zucker.

36 Eine ausführliche Beschreibung der Insel gibt BERNARDIN DE SAINT-PIERRE (1983) auf der Grundlage seines Aufenthalts in den Jahren 1768–1771.

37 Bertrand François Majé de La Bourdonnais (auch Labourdonnais), 1699–1753: französischer Seekapitän, der im Juni 1735 als Gouverneur auf der Isle de France eintraf und dort bis 1746 amtierte. Er gilt als der eigentliche Schöpfer der Kolonie. Mit eiserner Faust – auch mit Hinrichtungen – setzte L. gegenüber den europäischen Siedlern Disziplin

durch. In die Wälder geflüchtete Sklaven jagte er mit Militärexpeditionen und bestrafte sie streng. L. förderte Landwirtschaft und Exportgewerbe, insbesondere die Zuckerproduktion. Er verwandelte die Hafenstadt Port Louis in ein bedeutendes Zentrum des Schiffbaus. Erst durch die damit verbundene Verbesserung der Hafenanlagen wurde Mauritius zu einer wichtigen Zwischenstation für französische Schiffe auf dem Weg nach Indien und zu einem beachtlichen Kriegshafen. Während des Österreichischen Erbfolgekrieges gelang ihm 1746 die Einnahme des englischen Madras an der indischen Ostküste. L. geriet jedoch in Konflikt mit dem mächtigen Dupleix, dem Gouverneur der französischen Besitzungen in Indien. Nach zwei Jahren Festungshaft in der Bastille unter dem Vorwurf von Verrat und Korruption wurde er erst 1751 rehabilitiert (TOUSSAINT 1966, S. 7–13; SELVON 1991, S. 104 f.).

38 Gukubaum, gewöhnlich als Orleanbaum oder Anattostrauch bezeichnet: kleiner Baum, aus dessen Frucht die meist zur Lebensmittelfärbung verwendete rote Orleanfarbe gewonnen wird.

39 Der Maniokstrauch (auch Kassave, Tapiokastrauch) ist heute in den Tropen eine der wichtigsten Nahrungspflanzen. Genießbar sind die Wurzelknollen, aus denen auch zahlreiche Sorten von Stärkeprodukten gewonnen werden. Zuerst hatten portugiesische Sklavenhändler die Pflanze aus ihrer Heimat Brasilien nach Afrika gebracht. In vielen Gesellschaften galt und gilt Maniok als Nahrung der Armen und ist entsprechend symbolisch belastet.

40 Sklaverei herrschte auf Mauritius von der ersten holländischen Kolonisation 1638 bis zur rechtlichen Aufhebung des Sklavenstatus im britischen Empire 1834 und seiner faktischen Beseitigung auf Mauritius 1839. Als die Holländer Mauritius 1710 endgültig verließen, blieben entlaufene Sklaven zurück. Sie erschwerten die französische Kolonisation nach 1722. Erst in den 1730er Jahren wurden die Sklaven durch reguläres Militär und Kolonistenmilizen unter die Gewalt der Weißen gebracht. Die gefangenen Sklaven wurden getötet oder grausam bestraft, ihre freien Bünde unterdrückt. In den Jahrzehnten danach wurden die Sklavenhalter der Isle de France, unter denen sich auch einige Nicht-Weiße befanden, von mehreren Reisenden als weltweit nahezu einzigartig brutal beschrieben. Die Sklavenpopulation auf Mauritius vergrößerte sich im 18. Jahrhundert mehr durch natürliche Reproduktion als durch neue Importe aus Madagaskar und anderen Teilen Afrikas.

41 Koromandelküste: ein etwa 700 km langer Küstenstreifen im Südosten Indiens mit Madras als wichtigster Stadt.

42 *Indes Orientales* (engl. *East Indies*): in der Frühen Neuzeit ein Sammelbegriff, der sich, eng verstanden, auf die indonesisch-malaiische Inselwelt bezog, oft aber auch – wie an dieser Stelle – das maritime, von europäischen Schiffen erreichte Süd- und Südostasien insgesamt bezeichnete. *Indes Occidentales* wurde die Karibik genannt.

43 1519 begann Zahir-ud-din Muhammad Babur, ein islamischer Fürst, der aus dem Grenzgebiet zwischen Persien und dem von Reitervölkern beherrschten zentralasiatischen Steppenland stammte und seine Her-

kunft bis auf den Welteroberer Timur (Tamerlan, 1336–1405) zurückführen konnte, von der Zwischenstation Afghanistan eine Invasion des staatlich zersplitterten indischen Subkontinents. 1526 besiegte er den Sultan von Delhi und proklamierte in Agra seine eigene Mogul-Dynastie. 1529 schlug er die letzten verbliebenen Gegner in Nordindien. Das Mogulimperium erreichte seine größte Ausdehnung unter dem Großmogul (oder Kaiser) Aurangzeb (reg. 1658–1707). Zum Zeitpunkt von Aurangzebs Tod umfaßte es über das nordindische Kernland der Dynastie hinaus auch den größten Teil Südindiens, der dem Reich jedoch bald wieder verlorenging. Den Wendepunkt der dynastischen Geschichte kann man um 1690 ansetzen. Zu Poivres Zeit war das Mogulreich eine indische Mittelmacht.

44 Poivre dramatisiert die schädlichen Auswirkungen der Mogul-Herrschaft auf die indische Landwirtschaft. Es ist aber nahezu sicher, daß die indischen Bauern einer deutlich höheren Ausbeutung durch staatliche Machthaber ausgesetzt waren als zur gleichen Zeit etwa die chinesischen. Auch betrieb das Mogulregime, anders als die chinesische Monarchie, keine Politik der ausdrücklichen Förderung der Landwirtschaft. Es kultivierte kein ziviles Selbstbild, sondern eine martialische Kriegeridentität. Unablässige innere und äußere Kriege machten der indischen Landwirtschaft schwer zu schaffen. Andererseits war der Mogulstaat nicht ganz so primitiv und »anarchisch«, wie Poivre ihn darstellt, sondern verfügte etwa über eine durchaus leistungsfähige Fiskalorganisation, die sich freilich meist zu Lasten der Bauern bemerkbar machte.

45 Die im Europa des 17. und 18. Jahrhunderts verbreitete Vorstellung, alles Land im Mogulreich gehöre dem Herrscher und es gebe kein privates Eigentum am Boden, geht auf den französischen Arzt und Reisenden François Bernier (1620–1688) zurück, der sich zwischen 1658 und 1669 im Mogulreich aufhielt und 1669 seine (sehr differenzierte) Deutung dieses Reiches in einem langen Brief an den französischen Minister Colbert niederlegte. Richtig daran war, daß in Indien (wie in anderen asiatischen Ländern auch) eine privatrechtliche Eigentumsgarantie fehlte und daß Besitztitel an Land nur mit ausdrücklicher Zustimmung des Staates vererbt oder verkauft werden durften (RICHARDS 1993, S. 88). Besteuert wurde in Mogul-Indien nicht (wie zur gleichen Zeit in China) die Ackerfläche, sondern der Ernteertrag. Die komplizierten Hierarchien von Rechten und Pflichten, die mit Land verbunden waren, hat erst die moderne Indienforschung zu entwirren begonnen.

46 *Révolutions*. WIEDMER übersetzt einfach nur »Veränderungen«. Gemeint ist der ältere (vor 1789 gültige) europäische Revolutionsbegriff, der Veränderungen der politischen Verfassung und dynastische Ablösungen einschließt, aber noch nicht mit der geschichtsphilosophischen Fortschrittsidee verknüpft ist.

47 Bewohner der Malabarküste: im Osten Indiens von Goa im Norden bis hinab zur Südspitze des Subkontinents. Poivre scheint hier allgemein die eingeborene Bevölkerung Indiens im Sinn zu haben. Die Malabarküste hat er jedenfalls nicht bereist.

48 Zur Beurteilung der indischen Landwirtschaft durch andere französische Reisende des 18. Jahrhunderts vgl. die Quellenauszüge in DELEURY 1991, S. 325–401.

49 Pondichéry, eine Hafenstadt an der Koromandelküste südlich von Madras, war das Zentrum der französischen Besitzungen in Indien und blieb bis 1954 – also noch über die Unabhängigkeit Indiens von Großbritannien im Jahre 1947 hinaus – unter französischer Kontrolle. Die Gründung französischer Stützpunkte in Indien geht auf François Martin zurück, der von 1668 bis 1706 in Indien lebte. Als 1742 Joseph François Dupleix (1697–1764) zum Gouverneur von Pondichéry und Generaldirektor aller französischen Faktoreien in Indien ernannt wurde, begann er unverzüglich eine ehrgeizige Politik des *empire-building* durch Herausforderung des großen Rivalen England. Während des Österreichischen Erbfolgekrieges war sogar die große Stadt Madras vorübergehend (1746–1748) in französischer Hand. Durch geschicktes Eingreifen in die Politik der indischen Staaten konnte Dupleix den französischen Einfluß rasch über große Teile Südindiens ausdehnen. Dabei ging er aber für den Geschmack der Direktoren der Compagnie des Indes, die eher an ungestörtem Handel als an kriegerischer Territorialexpansion interessiert waren, zu weit. 1754 wurde er abberufen und in Frankreich einem ruinösen Disziplinarverfahren unterzogen. Mit der französischen Niederlage gegen die Engländer 1760 in der Schlacht von Wandiwash war das Ende der Vision von einem großen *Inde français* besiegelt. Ponchichéry blieb eine wenig wichtige Enklave. Eine noch bescheidenere Rolle spielte die 1690 gegründete Niederlassung in Chandernagore am Hugli-Fluß in Bengalen, die mit britischer bzw. indischer Duldung bis 1951 bestand.

50 Reis war das wichtigste Grundnahrungsmittel in Südindien.

51 Eigentlich *Araire de Provence:* einfachste in Frankreich gebräuchliche Form eines Schwingpfluges mit geringer Pflügetiefe. Das indische Gegenstück war den Bodenverhältnissen auf dem Subkontinent durchaus angemessen. Im Gegensatz zu vielen anderen Beobachtern (etwa SONNERAT 1782, Bd. 1, S. 99) bewertet der sachkundige Poivre die indische Agrartechnologie nicht als »rückständig« oder »primitiv«.

52 Haar-Schafe.

53 Basella alba, *épinard de Chine.*

54 Guave, auch Guajave: teils apfel-, teils birnenartige Frucht des Guavenbaums, eines Myrtengewächses (Hauptart: Psidium guajava).

55 Palmwein, am besten unter der englischen Bezeichnung *toddy* bekannt.

56 Destillieren.

57 Arrak: meist aus Reis (beste Qualität in Batavia), aber auch aus Palmensaft gewonnener Branntwein.

58 *Pagoda, hûn:* südindische Goldmünze, die um die Mitte des 18. Jahrhunderts schon weitgehend von der Silber-Rupie verdrängt worden war.

59 Gergelim wird das aus Sesamkörnern gewonnene Öl genannt.

60 Rizinusbaum, Christpalme.

61 *Indes orientales.*
62 Eroberer. Die Kriege unter den Mogulen waren weitgehend dynastische Nachfolgestreitigkeiten.
63 Von »Siam« als einer politischen Größe läßt sich seit etwa dem 8. Jahrhundert sprechen. Der Name »Siam« wurde von den Europäern im 17.Jahrhundert aus der Thaisprache übernommen. Die Bewohner des Landes indessen bezeichneten ihre Nation nach der jeweiligen Hauptstadt; so wäre für die Zeit von 1350 bis 1767 vom Königreich Ayudhya zu sprechen, das etwa zwei Jahrzehnte nach Poivres Besuch durch eine burmesische Invasion zerstört wurde. 1939 wurde der Staatsname in »Prades Thai« – auf Englisch »Thailand« – geändert.
64 Hinterindien: das kontinentale Südostasien mit Burma, Thailand, den Ländern Indochinas und der malaiischen Halbinsel.
65 Der größte Fluß Thailands, an dem die Hauptstädte Ayudhya und Bangkok lagen bzw. liegen.
66 Durian- oder Zibethbaum, dessen Frucht schmackhaft ist, aber einen unangenehmen Geruch verbreitet (»Stinkfrucht«).
67 Eine Mischung aus Kupfer und Zinn.
68 Wieder übertreibt Poivre eine im Grunde richtige Einsicht. Das buddhistische Königtum Siams war von einer sakralen Aura umgeben, die von allen Untertanen extreme Unterwerfungsgesten verlangte. Eine schrankenlose Alleinherrschaft des siamesischen Königs, von der man seit etwa 1600 tatsächlich sprechen kann (Reid 1993a, S. 253), wurde aber z.B. durch die Notwendigkeit der Rücksichtnahme auf Adelsfamilien relativiert. Poivres hartes Urteil über das politische System des Königreiches Ayudhya hebt sich von den positiver urteilenden Siam-Berichten des 17. Jahrhunderts ab, die in Siam oft nur eine legitime asiatische Spielart absoluter Herrschaft sehen wollten. Ganz auf der Linie von Poivres aufklärerischer Despotiekritik liegen dann Raynal (1775, Bd. 1, S. 398–400), und Turpin (1771, Bd. 1, S. 79–87). Zum älteren Bild der politischen Verhältnisse in Siam vgl. Lach/Van Kley 1993, Bd. 3, S. 1211–22.
69 Nicht alle nominell freien Untertanen waren von der staatlichen Zwangsarbeit gleichermaßen betroffen: Vor allem die *phrai luang*-Schichten (»Königsleute«) mußten drei bis vier, manchmal sechs Monate im Jahr Dienste ableisten (Steinberg u.a. 1987, S. 17). Ein allgemeiner Arbeitszwang zugunsten des Königs war für die starken Monarchien Hinterindiens, besonders Siam und Burma, charakteristisch und unterschied sie von den malaiischen Fürstentümern und insbesondere von China.
70 Zur Zeit von Poivres Besuch herrschte in Ayudhya König Borommakot (reg. 1733–1757). Er gilt, anders als in Poivres klischeeartiger, eher die Eigenarten des Systems als einzelner Herrscher erfassender Beschreibung, als aktiver Monarch und Verwaltungsreformer, der sein Land erfolgreich regierte: »Für eine Generation, die von den 1780er und 1790er Jahren auf die Ayudhya-Epoche zurückblickte, mußte die Herrschaft König Borommakots wie ein Goldenes Zeitalter erscheinen, ein Ideal, das es wiederzugewinnen galt.« (Wyatt 1984, S. 129) Dem

Stereotyp eines blutrünstigen Tyrannen entsprach eher König Suriyentharathibodi (reg. 1703–9, auch der »Tiger-König« genannt).
71 Hafenstadt am Indischen Ozean. Zu Poivres Zeit Siams Hafen nach Westen hin, in den 1760er Jahren von den Burmesen erobert.
72 Das wäre eine extrem günstige Relation. Aber ein Verhältnis von 1:100 zwischen Saatgut und Ernteertrag war im vormodernen Asien sogar im Trockenreisanbau zu erreichen, erst recht in der Naßreiskultur. In Europa gelangte bei man Weizen, Roggen und Gerste im 18. Jahrhundert selten über 1:4 hinaus (BRAY 1986, S. 15).
73 Siehe unten S. 228f., Anm. 107.
74 Der Missionar Nicholas Gervaise, ein guter Landeskenner, schätzte für die 1680er Jahre, daß etwa ein Drittel der Einwohner Siams Nicht-Siamesen waren (GERVAISE 1928, S. 25).
75 Buddhistische Mönche. Siehen oben S. 120, Anm. 17.
76 Offensichtlich ist Poivre der Unterschied zwischen Hinduismus und Buddhismus nicht klar. Ein genaueres Studium dieser beiden Religionen durch Europäer begann erst um 1770.
77 Poivre scheint hier auf das Königreich Malakka (Melaca) anzuspielen, das vom Beginn des 14. Jahrhunderts bis zur Eroberung seiner Hauptstadt durch die Portugiesen 1511 eine innerlich stabile maritime Großmacht darstellte (vgl. ANDAYA/ANDAYA 1982, S. 36–55).
78 Poivres Gebrauch des Begriffs *lois féodales* ist originell. Montesquieu hatte seine Gültigkeit 1748 noch auf die Geschichte Frankreichs beschränkt; im universal vergleichenden Hauptteil von *De l'esprit des lois* kommt er nicht vor. Montesquieu sah den Feudalismus als eine weltgeschichtlich einzig im nachantiken Europa auftretende Erscheinung (1951, Bd. 2, S. 883). Voltaire meinte 1754, das Konzept (im Sinne einer Teilung der staatlichen Gewalt durch unzählige kleine Tyrannen – also dem Gegenteil von zentralisierter Despotie) sei auch auf Asien anwendbar, und tat damit den »ersten Schritt zum universalgeschichtlichen Typenbegriff« (BRUNNER 1975, S. 341). Poivre nun zieht in seinem 1763 gehaltenen Akademievortrag deutliche Parallelen zwischen Europa und einem ganz *spezifischen* Fall in Asien, den er genau studiert hatte: der malaiischen Halbinsel im 17. und 18. Jahrhundert.
79 *Orang kaya*, wörtlich »reicher Mann«, Bezeichnung für Adlige (insbesondere in Malakka), die oft auch im Handel tätig waren (REID 1993a, S. 114–23). Poivre erkennt richtig, daß in keinem der Länder, die er diskutiert, die Aristokratie gegenüber dem Herrscher eine derart starke unabhängige Stellung genoß wie in den malaiischen Sultanaten. Deren Regierungsform kann nicht als »despotisch« bezeichnet werden; unter den Oberhäuptern der großen Adelsfamilien war der Sultan *primus inter pares*. Diese Staaten waren auch weitaus weniger bürokratisiert als etwa China, Vietnam und Siam. Territoriale Zersplitterung, eine gering entwickelte Staatsverwaltung und ständige Rivalitäten zwischen Familien und Cliquen der Aristokratie verliehen der Politik auf der malaiischen Halbinsel ein hohes Maß an Instabilität. Das unter anderem meint Poivre mit »Feudalismus«. Diese Besonderheit Malaias fiel um so mehr auf, als gleichzeitig in vielen Staaten Südostasiens die

Monarchen, parallel zum europäischen Absolutismus, ihre Stellung auf Kosten des Adels stärkten.
80 Seit dem Beginn der europäischen Berichterstattung über das insulare Südostasien werden den Malaien Gewalttätigkeit und Heimtücke unterstellt (LACH/VAN KLEY 1993, Bd. 3, S. 1331 f.). Es scheint, als habe sich dieser literarische Topos mit der Zeit verselbständigt.
81 Makassar: Region und Stadtstaat im Südwesten der indonesischen Insel Celebes (Sulawesi). Nach der Eroberung Makassars durch die Holländer 1669 flohen große Teile der Aristokratie und breiteten sich über die gesamte indonesische Inselwelt aus. Claude de Forbin (1656–1733), ein Teilnehmer an der französischen Gesandtschaft an den siamesischen Hof (1685–86), hatte unerfreuliche Erfahrungen mit Makassaren gemacht, den wehrhaftesten Gegnern, auf die man damals in Südostasien gestoßen war. In seinen Memoiren schildert Forbin seine Begegnungen, vor allem seine Beteiligung an der Niederschlagung des Makassarenaufstandes gegen König Narai in der Hauptstadt Ayudhya im September 1686 (FORBIN 1748, Bd. 1, S. 154 f., 161–80, bes. 167 f.). Er stellt Überlegungen über die Ursachen von, wie er es sieht, Aggressivität, Mordlust und Fanatismus der Makassaren an und kommt zu dem Ergebnis, »que ces Peuples étoient habitans de l'Isle de Calebos, ou Macassar; qu'ils étoient Mahométans schismatiques, & très superstitieus; que leurs Pretres leut donnoient des lettres écrites en charactères magiques qu'ils leur attachoient eux memes au bras, en les assurant que tant qu'ils les porteroient sur eux, ils seroient invulnérables« (ebd., S. 179). Andere europäische Beobachter kamen zu einem günstigeren Urteil: Zum Beispiel schrieb François VALENTYN, ein niederländischer Prediger und Verfasser der umfangreichsten Asienenzyklopädie des 18. Jahrhunderts (*Oud en Nieuw Oost-Indiën*, 5 Bde., 1724–1726), der die Makassaren aus eigener Erfahrung kannte: »Man findet im Osten kein stolzeres, klügeres, kriegskundigeres und tapferes Volk als die Makassaren.« Zitiert nach FISCH (1986, S. 43).
82 Auch europäische Reiseberichte nutzen dieses dramatische Motiv, z.B. FORREST 1792. Zum Phänomen des »Amoklaufens«, das weltweit auftritt, aber für die malaiische Kultur besonders dicht dokumentiert ist und dort keineswegs bloß als kriminelles Verhalten angesehen wird, vgl. SPORES (1988, S. 20 ff.). Um 1925 scheint dieses Verhalten in der malaiischen Welt fast ganz verschwunden zu sein (ebd., S. 139).
83 *Kris:* der malaiische Dolch mit zweischneidiger Klinge. Nähere Erläuterungen gibt THUNBERG (1792–94, Bd. 1, Teil 2, S. 242): »Die Waffen der Javaner sind von verschiedner Art. Kris nennen sie eine Art Hirschfänger, die so wohl von Vornehmen als Geringen am häufigsten, und zwar bey allen Gelegenheiten getragen werden. Dies Seitengewehr ist außer dem Handgriffe ungefähr eine halbe Elle lang. Die Klinge ist entweder gerade oder geschlängelt, zwey Finger breit, spitzig und an beiden Seiten scharf.« Die Krisherstellung war eine wichtige Industrie mit Exportmärkten bis nach Indien.
84 Poivre spielt hier auf die eng geknöpfte Kleidung im Frankreich seiner Zeit an.

85 William Marsden zitiert in seiner klassischen, die Ergebnisse achtjähriger Erfahrungen auswertenden Landesbeschreibung Sumatras, die zuerst 1783 erschien, diesen Satz Poivres (»a celebrated writer«) mit großer Zustimmung und bekräftigt auch Poivres Urteil, die Malaien würden sich mit der Pflege der Geschenke der Natur keinerlei Mühe geben (MARSDEN 1811, S. 97): die Einheimischen »never appear to bestow the smallest labour in improving or even in cultivating such as they naturally possess«. Zum Motiv des arbeitsscheuen Malaien in der europäischen Berichtsliteratur des 19. und 20. Jahrhunderts vgl. ALATAS (1977).

86 Pflanze aus der Gattung der Kassien.

87 Ophir ist das biblische Land, aus dem König Salomo per Schiff Edelsteine, Gold und Ebenholz holen ließ (1. Könige 9, 26–28; 10, 11). Es ist in allen überseeischen Weltgegenden vermutet worden, etwa auch in Malaia und an der Malabarküste. Selbstverständlich hatten die Malaien keinen Begriff von Ophir, wie schon MARSDEN (1811, S. 3) anmerkt.

88 Tombak, frz. *tombage;* Neusilber.

89 Vermutlich Bangka, auf dem Zinnvorkommen bekannt waren.

90 Sukadana.

91 Rattanpalme: Palmengattung, aus deren ca. 80 Arten Peddigrohr für die Korbflechterei sowie Malakka- und Manilaholz für die Anfertigung von Spazierstöcken gewonnen werden.

92 Siehe S. 167–69.

93 *Ambre gris:* fettige Darmausscheidung des Pottwals, die als Duftstoff, als Grundlage für die Herstellung konzentrierter Parfums sowie für verschiedenartige pharmazeutische Zwecke verwendet wird.

94 Gegenüber der Blütezeit des Königreichs Malakka (15. Jahrhundert) scheint sich die Landwirtschaft auf der malaiischen Halbinsel im 17. und 18. Jahrhundert tatsächlich weitgehend auf Subsistenzproduktion beschränkt zu haben (HILL 1977, S. 29–36).

95 *Les poitrinaires:* die Schwindsüchtigen.

96 Poivre deutet hier richtig an, daß die Kultivierung dieser *cash crops* durchweg von den Einheimischen initiiert und betrieben wurde. Weder auf Java noch in anderen Teilen Asiens führte die europäische Präsenz vor 1800 zu bedeutenden Veränderungen in der landwirtschaftlichen Produktion (EMMER 1990, S. 219).

97 Madura: kleine Insel dicht vor der nordöstlichen Küste Javas. Solor: Insel östlich von Flores im Westteil des indonesischen Archipels.

98 *Jiangkou* in Mandarin-Chinesisch (Pinyin-Umschrift). »Cancar« ist eine westliche Adaptation der kantonesischen Aussprache der entsprechenden Schriftzeichen. Heute ist der Ort als *Ha-tien* bekannt (Mandarin: He Xian). Das Gebiet liegt an der Küste im äußersten Südwesten Vietnams, kurz vor der heutigen Grenze zu Kambodscha, d.h. im Golf von Siam. Die Bezeichnung »Ponthiamas« auf den erwähnten älteren Seekarten gehen auf die Anverwandlung eines kambodschanischen Ortsnamens zurück.

99 Poivre schreibt *Camboye,* Wiedmer *Camboya.*

100 Der reale Hintergrund der in diesem Abschnitt mit allen Merkmalen einer aufklärerischen Sozialutopie ausgestatteten Zustände ist dieser: Ein Anhänger der in China 1644 gestürzten Ming-Dynastie namens Mac Cuu (chin.: Mo Jiu, 1655–1735) floh 1671 aus seiner südchinesischen Heimatprovinz Guangdong nach Phnom Penh, wo er am Hof des Königs von Kambodscha ein Amt in der Wirtschaftsverwaltung erlangte. Um 1700 erhielt er eine Konzession als Steuerpächter für die Ha Tien-Region, damals eine wilde Piratengegend. Er gründete einige bald prosperierende Dörfer, die Siedler und Flüchtlinge aus China und den verschiedenen indochinesischen Staaten anzogen. 1714 wurde diese chinesisch geprägte, aber ethnisch gemischte Siedlung von Siam angegriffen. Mac Cuu floh an den (süd-) vietnamesischen Hof nach Hué. Mit einer neuerlichen vietnamesischen Invasion wurde er reinstalliert, diesmal im offiziellen Amt eines Gouverneurs von Ha Tien, und begann mit dem Wiederaufbau. Nach seinem Tod 1735 wurde sein Sohn Mac Thien Tu (chin.: Mo Tianxi, 1718–1780) in der Nachfolge bestätigt. Der von Mac senior aufgebaute halbautonome Ministaat mit eigener Verwaltung und eigenem Militär expandierte nun weiter. Unter vietnamesischem Schutz erreichte das Gebiet dank einer klugen Entwicklungspolitik jenen Wohlstand, der Pierre Poivre faszinierte. Bei aller Anpassung an die südostasiatische Umgebung hielt Mac Thien Tu an Ming-Gewändern für seine Beamten fest, ließ in chinesischem Stil bauen und förderte den Konfuzius-Kult. Als sich in den 1760er Jahren die Kräfteverhältnisse zwischen den drei Großmächten der Region – Siam, Burma und Vietnam – dramatisch verschoben, geriet Ha Tien zwischen die Fronten. 1769 wurde die Siedlung von siamesischen Truppen zerstört, doch konnte sich Mac Thien Tu mit den Siamesen arrangieren. Nunmehr war freilich in der völlig verwüsteten Region ein Neuanfang unmöglich. Die Utopie war zerstört. Während der Tayson-Revolte, die schließlich zum Ende der Herrschaft des Hauses Nguyen in Süd-Vietnam führen sollte (siehe unten Anm. 107), stand Mac Thien Tu auf der Seite der Verlierer; 1777 floh er an den siamesischen Hof (HALL 1968, S. 422 f., 427; MAYBON 1920, S. 122–32; REID 1993a, S. 315). Poivre hat Ha Tien nicht selbst gesehen, aber bei seinem Besuch in Vietnam zwischen August 1749 und Februar 1750 mehrere Informanten befragt, vor allem den französischen Bischof von Hué (GASPARDONE 1952, S. 369 f.). Poivres Bemerkungen gehören zu den wenigen westlichen Quellen (es gibt daneben vietnamesische und chinesische Materialien) über Anfänge und Blütezeit von Ha Tien und sind von hohem dokumentarischem Wert.

101 *Lods & ventes:* an den Grundherren zu zahlende Verkaufsgebühren.
102 Poivre hat hier die Mandarin-Aussprache des Vornamens von Mac Thien Tu, nämlich »Tianxi«, aufgegriffen.
103 *Humanité.* WIEDMER, der auch sonst den Humanitätsbegriff meidet, übersetzt: »Leutseligkeit«.
104 Poivre schreibt *Tsiampa*. Champa – weniger ein geschlossenes Reich als ein von malaiisch-polynesischen Völkern bewohnter »kulturell-

politischer Raum« (K. W. TAYLOR 1992, S. 153) an der mittleren Küste Vietnams – war bereits im 15. Jahrhundert größenteils von Vietnam annektiert worden. Der Rest des Cham-Staats fiel in den 1690er Jahren an Vietnam. Der letzte Chamkönig floh 1720 nach Kambodscha (HALL 1968, S. 194, 439). Kein Wunder, daß Poivre über das kleine Land nichts zu berichten weiß.

105 Zwischen etwa 1625 und 1775 war Kambodscha von blutigen Palastintrigen und inneren Kriegen zerrissen, die zur entscheidenden Ursache für den wirtschaftlichen Niedergang und die gesellschaftliche Zerrüttung des Landes wurden. Außenpolitisch geriet das immer schwächer werdende Khmerreich in eine doppelte Abhängigkeit von Siam und dem noch gefährlicheren Vietnam. Das 17. und 18. Jahrhundert gelten als ein Tiefpunkt der kambodschanischen Geschichte. Keiner der meist kurzlebigen oder nur kurz regierenden Herrscher dieser Zeit scheint eine breite Unterstützung im Volk gefunden zu haben, so daß Poivres Charakterisierung der politischen Vehältnisse als einer Abfolge von Tyrannen durchaus zuzutreffen scheint (SOK 1991, S. 33–38; CHANDLER 1983, S. 94–97; HALL 1968, S. 436–443). Der erste Augenzeugenbericht eines Europäers aus Kambodscha stammt von dem portugiesischen Missionar Gaspar da Cruz, der das Land 1556 besuchte.

106 Sind die 230 km nordwestlich von Phnom Penh gelegenen Ruinen von Angkor gemeint, das 1431 endgültig als Hauptstadt des Khmerstaates aufgegeben worden war? Sie wurden 1570 von Jägern wiederentdeckt und 1601 erstmals in einem europäischen Text erwähnt. Sie scheinen aber bis ca. 1860 gar nicht oder selten von Europäern besucht worden zu sein. Vgl. LACH/VAN KLEY 1993, Bd. 3, S. 1147–55.

107 Cochinchina ist nach der heutigen geographischen Nomenklatur, die auf die französische Kolonialgeographie nach 1860 zurückgeht, der südliche, vor allem das Mekong-Delta umfassende Teil des heutigen Vietnam; nach Norden folgen die übrigen Landesteile Annam und Tonking. Zu Poivres Zeiten galt noch der ältere, von den Portugiesen eingeführte Sprachgebrauch, der mit »Cochinchina« das Herrschaftsgebiet der Nguyen-Familie bezeichnete, dessen Zentrum in Zentralvietnam, also in Annam, mit der Hauptstadt Hué lag. Von dort aus drangen die Ngyuen allmählich südwärts in das geographische Cochinchina vor. Der zweite – größere, mächtigere und noch ausgeprägter nach chinesischem Muster regierte – vietnamesische Staat des frühen 18. Jahrhunderts war derjenige der Trinh-Familie in Tonking mit der kaiserlichen Hauptstadt Hanoi (damals Thang Long genannt). Die Trinh fungierten als Generalissimi und Protektoren der mittlerweile de facto machtlosen Le-Dynastie (1427–1788), mit der sie zahlreiche Heiratsverbindungen eingingen. Sie sicherten sich auf diese Weise die Anerkennung durch die Schutzmacht China, die den Nguyen verweigert wurde. Verglichen mit Kambodscha, herrschten in beiden vietnamesischen Herrschaftsbereichen in dem Zeitraum, auf den Poivre sich bezieht, relativ stabile politische Verhältnisse. 1771 brachen dann aber in Vietnam große Bauernaufstände aus, die

die alten Regimes des Südens wie des Nordens beseitigten. 1802 gelang unter der erneuerten Nguyen-Dynastie erstmals in der Geschichte die Vereinigung aller Landesteile in einem einheitlichen vietnamesischen Kaiserreich, das von Hué aus regiert wurde; Cochinchina umfaßte dessen vier südlichste Provinzen. Vgl. auch POIVRE 1885/1993.

108 Die vietnamesische Eroberung von Teilen des Khmerkönigreiches begann um 1623 und zog sich schubweise über zwei Jahrhunderte hin. Die Regierung in Hué drängte darüber hinaus die Khmerherrscher, vietnamesische Kolonisten auch in die nichteroberten Teile Kambodschas zu lassen. 1698 ernannte Vietnam einen Hochkommissar für Nieder-Kambodscha und schuf zwei Provinzen, Bian-hoa und Gia-dinh, die systematisch durch vietnamesische Siedler kolonisiert wurden. Dörfer wurden gegründet und Kataster erstellt (HALL 1968, S. 439). Vietnam bediente sich bei seinen Interventionen immer wieder innerkambodschanischer Konflikte und heizte die Bürgerkriege bewußt an. Das allmähliche Vordringen von vietnamesischer Siedlung und Zivilisation nach Süden ist eines der großen Themen der älteren Geschichte Indochinas. Vgl. ausführlich HICKEY (1982, S. 148–91).

109 Auch Dong Nay oder Donnai, Provinz im Osten des Khmerkönigreiches. Sie galt im 18. Jahrhundert, wie auch schon Poivre sagt, als »le principal grenier du pays« (NGUYEN 1970, S. 53).

110 Poivre meint hier die Sezession des Nguyen Hoang, den der tonkinesische Trinh-Herrscher als Gouverneur in die südlichen Grenzprovinzen entsandt hatte und der sich dort 1558 selbständig machte; bei seinem Tod 1613 gab es einen lebensfähigen südvietnamesischen Staat, den die Europäer Cochinchina nannten. Spätestens als die Nguyen-Herrscher 1630/31 die Nordgrenze ihres Herrschaftsbereichs gegenüber demjenigen der Trinh durch Mauern befestigten, war die vorläufige Teilung Vietnams besiegelt. Die Trinh, die die Symbolik des Kaisertums für sich nutzen konnten, genossen aber weiterhin eine Art von protokollarischem Vorrang.

111 1672 wurde ein Waffenstillstand zwischen des Nguyen im Süden und den Trinh im Norden geschlossen, der ein Jahrhundert lang im wesentlichen Bestand hatte.

112 Für Cochinchina und insbesondere die neu kolonisierten ehemals kambodschanischen Gebiete im 18. Jahrhundert stellt ein moderner Historiker fest: »... die Nahrungsressourcen überstiegen bei weitem die Bedürfnisse« (NGUYEN 1970, S. 53).

113 Mangels verläßlicher demographischer Daten läßt sich diese Aussage weder stützen noch widerlegen.

114 Vgl. zur Reiswirtschaft im Vietnam des 18. Jahrhundert NGUYEN 1970 (S. 47 ff.), der sich auf Poivres Bericht als eine wichtige Quelle beruft (bes. S. 48–50).

115 Im Delta des Roten Flusses in Tonking waren bis zu 300 Sorten Reis bekannt (STEINBERG u.a. 1987, S. 10). Poivre kommt bei seiner Aufzählung dann doch nur auf fünf (nicht sechs) Sorten.

116 Spaten.
117 Poivre hat also mit dem Reaumurschen Thermometer gemessen, das ihm vier Grad über dem Gefrierpunkt anzeigte, mithin 5 Grad Celsius.
118 Vgl. GALLOWAY 1989, S. 105–10.
119 Der cochinchinesische Zuckeranbau, der im 17. Jahrhundert immens erweitert wurde, war der gelungene Versuch von Teilen der Bauernschaft, unabhängig von staatlicher Initiative Exportchancen zu nutzen; Japan war dabei ein besonders wichtiger Markt. Vgl. NGUYEN 1970, S. 53 f.; zum vietnamesischen Außenhandel allgemein vgl. ebd. S. 183 ff.
120 Auch: Hoi An. Hafenstadt in Zentral-Vietnam; im 18. Jahrhundert der wichtigste Außenhandelsplatz im annamesischen Herrschaftsgebiet der Nguyen-Dynastie. Der Hafen war von den Portugiesen geöffnet worden. Später spielten hier Chinesen, Japaner und Staatsbürger anderer europäischer Seemächte eine große Rolle; 1651–1654 unterhielten die Holländer sogar eine Faktorei.
121 Gemeint ist eine durch Wanderung und Neubesiedlung entstandene Siedlungskolonie, keine Herrschaftskolonie einer äußeren Macht.
122 Die vietnamesischen Bauern waren im 18. Jahrhundert juristisch frei, besaßen das Recht auf Eigentum und auf Teilnahme am öffentlichen Leben und durften zu den Beamtenprüfungen antreten, die ihnen (zumindest theoretisch) den Weg zu Positionen im Staatsdienst eröffneten. 99 % aller Bauern besaßen diesen freien Status, so daß moderne Historiker von einer »tradition démocratique« im monarchischen Vietnam gesprochen haben (DANG 1969, S. 38). Allerdings war der Militärdienst, der in keinem Land Südostasiens so systematisch ausgebaut war wie in Vietnam, für große Teile der Bauernschaft eine erhebliche Last: vier Monate Dienst im Jahr oder mehr waren üblich (STEINBERG u.a. 1987, S. 17).
123 *L'Europe policée.*
124 In Indochina heimischer Baum, aus dessen Rindensaft Firnis gewonnen wird.
125 Eigentlich keine Spezies, sondern eine Gattung der Palmen mit 88 Arten auf dem Malaiischen Archipel, in Neuguinea und Australien. Die bekannteste Art ist die Betelnußpalme.
126 Also kein fürstliches oder aristokratisches Privileg wie in den Gesellschaften des europäischen Ancien Régime.
127 In Gestalt des fürstliches Ritualpflügens, das in China und Südostasien verbreitet war. Siehe unten S. 233f., Anm. 151.
128 Zu diesem in Wirklichkeit sehr komplizierten System, das von Poivre hier idealisiert wird, vgl. DANG 1969, S. 112–121, bes. 118; NGUYEN 1970, S. 35–39.
129 Vo Vuong (Nguyen Phuoc Khoat), reg. 1738–1765.
130 Vo Vuong, den Poivre in Hué besucht hatte, nahm 1744 als erster Nguyen-Machthaber den Titel *vuong* (König oder Fürst, chin. wang) an (DANG 1969, S. 50). Die Pointe von Poivres Beobachtung liegt darin, daß die Nguyen-Herrscher des Südens, die sich nach Kräften

bemühten, das chinesische Hofzeremoniell zu übernehmen, vom eigentlichen »Sohn des Himmels«, dem Kaiser in Peking, nicht als legitim anerkannt wurden, die Annahme eines solchen Titels also eine innen- wie außenpolitische Herausforderung durch einen faktisch herrschenden, aber nicht im symbolisch-sakralen Sinne als königlich akzeptierten Klan darstellte.

131 Bei einer der Audienzen, die Poivre in seiner Eigenschaft als Gesandter der Compagnie des Indes zwischen September 1749 und Januar 1750 beim König Vo Vuong hatte.

132 *Bocca tigris:* die Mündung des Perlflusses (Zhujiang), an dem die Stadt Canton (Guangzhou) liegt.

133 Perlfluß (Zhujiang).

134 Heute: Guangzhou. Hauptstadt der chinesischen Provinz Guangdong und wichtigste Handelsmetropole im tiefen Süden Chinas; zu Poivres Zeit Sitz des Generalgouverneurs von Guangdong und Guangxi. Der Chinahandel der europäischen Ostindienkompanien wurde von der chinesischen Regierung im 18. Jahrhundert zunehmend auf Canton reduziert, wo sich Ausländer unter sehr beengten Umständen auch zeitweise niederlassen durften. Da der Zugang zum Landesinneren eigentlich nur Jesuitenmissionaren und den Teilnehmern diplomatischer Missionen gestattet war, beruhen viele westliche Chinaberichte des 18. Jahrhunderts hauptsächlich auf Beobachtungen, die in Canton (und dem portugiesischen Macau) angestellt wurden.

135 In heutiger Umschrift: Foshan – nach chinesischem Verständnis des 18. Jahrhunderts kein »Dorf«, sondern eine städtische Ansiedlung ohne Regierungsfunktionen.

136 China mag um 1800 etwa 300 Millionen Einwohner gehabt haben, ganz Südostasien zur gleichen Zeit etwa 33 Millionen (EASTMAN 1988, S. 4; REID 1988, S. 14). Der Menschenreichtum Chinas mußte nicht nur demjenigen auffallen, der China direkt mit Europa verglich, sondern auch dem Reisenden, der zuvor die (mit Ausnahmen wie Java) relativ dünn besiedelten Länder Hinterindiens und des malaiischen Archipels kennengelernt hatte.

137 Die große Leistungsfähigkeit der chinesischen Landwirtschaft wurde von der europäischen Chinaliteratur des 17. und 18. Jahrhunderts nahezu einhellig hervorgehoben. Solche Urteile waren im Kern berechtigt und dürfen nicht als Ausdruck einer europäischen Chinaschwärmerei abgetan werden. Die materiellen Grundbedürfnisse der Bevölkerung waren im China des 18. Jahrhunderts mindestens so gut gesichert wie gleichzeitig in West- und Mitteleuropa. Der chinesische Bauer dieser Epoche führte vermutlich kein schlechteres Leben als sein französischer Klassengenosse unter Ludwig XV. und ohne Zweifel ein besseres als sein russischer Widerpart unter der »aufgeklärten« Zarin Katharina II. Rechtlich gesehen war er freier als beide.

138 In der Tat ist die geringe Bedeutung, die der Viehzucht und einer fleischlichen Ernährung beigemessen wird, nicht, wie oft behauptet wurde, eine Folge des Bevölkerungswachstums und der daraus folgenden Landverknappung während der letzten Jahrhunderte, son-

dern geht, wie Poivre sagt, bis in die Anfänge der chinesischen Geschichte zurück (NEEDHAM/BRAY 1984, S. 3 f.)
139 Poivres Beschreibung und Beurteilung der chinesischen Landnutzung erfaßt deren Besonderheit ziemlich genau und entspricht weitgehend der heutigen Forschung (vgl. etwa NEEDHAM/BRAY 1984, S. 429-34, über Fruchfolgen und das Fehlen von Bracheperioden).
140 Daher wurden in China aber auch Boote von Menschen getreidelt, nicht nur von Pferden.
141 Als »tatarisch« bezeichneten europäische Beobachter des 17. und 18. Jahrhunderts häufig die Qing-Dynastie (1644–1911), die aus der Mandschurei stammte, also dem Gebiet dem Gebiet nördlich bzw. nordöstlich der Großen Mauer. Mit den Tataren im Sinne der modernen Ethnologie hatten die Mandschuren ethnisch und sprachlich nichts zu tun.
142 WIEDMER verwendet zur Übersetzung von *lettrés* den schönen Ausdruck »graduierte Personen« (S. 85).
143 *Chapelet*, Becherwerk. Zu dieser Art von Vorrichtung vgl. NEEDHAM/WANG (1965), S. 339–52 (»The square-pallet chain-pump and the paternoster pump«). Vermutlich meint Poivre eine manuell betriebene Kettenpumpe vom Typ *bache* (vgl. Abb. auf S. 201).
144 Gemeint ist die Provinz Jiangsu, deren Hauptstadt Nanking (Nanjing) ist.
145 Die Provinz Zhejiang mit der Hauptstadt Hangzhou. Poivre übertreibt an dieser Stelle die landgewinnenden Leistungen im alten China. Landreklamationen an der Küste vom Ausmaß der holländischen sind in China nie unternommen worden.
146 Fu Xi: einer der mythischen Kulturheroen, die die chinesische Geschichtsschreibung seit dem Altertum an den Anfang einer datierbaren Geschichte stellt. Fu Xi galt als der »Ochsenzähmer«, der die Tiere domestizierte und die Familie erfand. Andere solcher Kulturschöpfer waren Huang Di, der Gelbe Fürst, der Erfinder von Pfeil und Bogen, von Boot, Karren, Schrift und Seidenfaden, sowie Shen Nong, der Göttliche Landmann, der Hacke und Pflug einführte (EBREY 1996, S. 10).
147 Gemeint ist der mythische Urkaiser Yao, der um 2233 v. Chr. auf solche Weise die Herrschaft an den würdigen Shun weitergab und dieser sie wiederum später an Yü. Nach Konfuzius steht Yao am Anfang der chinesischen Geschichte.
148 Der Staat als Haushalt oder große Familie mit dem Monarchen als sorgendem Hausvater war ein verbreitetes Ideal im politischen Denken der europäischen Frühen Neuzeit (siehe die deutsche »Hausväterliteratur« des 17. und 18. Jahrhunderts). Die politische Theorie des Konfuzianismus kam dieser Vorstellung entgegen. DU HALDE faßt das Urteil der jesuitischen Beobachter, dem auch Poivre folgt, in der Behauptung zusammen, der Respekt der Kinder für den Vater sei das Grundprinzip des politischen Lebens in China (1735, Bd. 2, S. 22, 29). Vgl. auch DEMEL (1991, S. 142 f.).
149 *L'homme de naissance & l'homme de rien.*

150 Seit dem 7. Jahrhundert waren in China immer größere Teile der Beamtenschaft durch staatlich veranstaltete Prüfungen rekrutiert worden. Die Qing-Dynastie (1644–1911) übernahm dieses System von ihren Vorgängern. Die Folge war eine Eigenart der chinesischen Gesellschaft, die allen westlichen Beobachtern unweigerlich auffiel, weil sie in einem krassen Widerspruch zu Europa stand: die geringfügige Bedeutung einer geburtsständischen Aristokratie außerhalb der kaiserlichen Familie (und der mandschurischen Klans).»Man hat«, schrieb DU HALDE,»nur in dem Maße einen gesellschaftlichen Rang, in dem man über Fähigkeiten und Verdienste verfügt« (1735, Bd. 2, S. 58). Ansehen, Macht und Reichtum wurden stärker als im europäischen Ancien Régime durch Leistung erworben und konnten nur in beschränktem Maße vererbt werden. Die vertikale Mobilität war in China höher als im zeitgenössischen Europa, auch wenn die meisten der erfolgreichen Prüfungskandidaten nicht aus der unteren Bauernschaft stammten, sondern aus wohlhabenderen Grundbesitzer- und Kaufmannsfamilien, die sich eine aufwendige Erziehung ihrer Söhne leisten konnten. Zur Soziologie Chinas in der Qing-Zeit vgl. SMITH (1994, S. 69–100) und NAQUIN/RAWSKI (1987).

151 Die Zeremonie des kaiserlichen Pflügens *(gengtian* oder *gengdi)* entstand im Zusammenhang des Staatserdgottkultes der Zhou-Dynastie (1122–247 v. Chr.). Seit dem Beginn der Han-Dynastie (206 v. Chr. – 220 n. Chr.) ist sie kontinuierlich dokumentiert.»Sie sollte sowohl dem Ansporn der Landarbeiten als der Versorgung der kaiserlichen Ahnenopfer mit selbstgezogenen Feldfrüchten dienen. Es gibt jedoch noch eine andere Deutung, derzufolge es sich dabei um einen alten Kult des Agrikulturgottes Shun handelte, den man im Frühjahr durch diese Zeremonie willkommen hieß. Es wäre dann also eine religiösmagische Handlung, durch die das Wachstum in Gang gesetzt worden wäre.« (EICHHORN 1976, S. 48, auch 45, 139–41) Zahlreiche europäische Besucher des Reiches der Ming- und der Qing-Dynastie haben das Ritualpflügen beschrieben. Die Quintessenz solcher Berichte gibt die große China-Enzyklopädie des Paters Jean-Baptiste DU HALDE (1735, Bd. 2, S. 69–71). Poivre ist nie bis Peking gelangt und hat den Kaiser von China nie gesehen. Wie er weiter unten angibt, hat er die Pflügezeremonie in Canton beobachten können, wo sie der Generalgouverneur als Stellvertreter des Kaisers vollzog. Die Zeremonie wurde auch in mehreren Ländern Südostasiens praktiziert: nicht nur im kulturell stark von China beeinflussen Vietnam, sondern z.B. auch in Kambodscha, Siam und Burma. Nicht immer pflügte der Monarch selbst, manchmal nur ein für die Landwirtschaft zuständiger Würdenträger (STEINBERG u.a. 1987, S. 67). Die Beurteilung der Zeremonie war in Europa umstritten. Während die Jesuiten und die physiokratischen Sozialtheoretiker, zu denen auch Poivre gehört, das Ritualpflügen als Ausdruck eines fürsorglichen Paternalismus idealisierten, sprach wenig später Poivres Neffe, der Naturforscher Pierre Sonnerat, von einer »bedeutungslosen Zeremonie« und »politischen Posse«, die nicht verhindere, daß Tausende von Chinesen ver-

hungerten und ihre Kinder aussetzten, weil ihnen die Landwirtschaft keinen Unterhalt verschaffe (SONNERAT 1782, Bd. 2, S. 4). Auch der letzte der jesuitischen China-Enzyklopädisten diskutiert den Widerspruch zwischen der Fruchtbarkeit des Landes und den Hungersnöten in China (GROSIER 1785, S. 290–95).
152 *Cinq grands tribunaux.* Gemeint sind die sechs Ämter (liubu) der Qing-Zeit (SMITH 1994, S. 51–54).
153 Westlicher Sammelbegriff für die Gelehrten-Beamten in der bürokratischen Hierarchie.
154 Der berühmte Kotau (Kowtow, chin. *ketou:* wörtl. »das Kopfaufschlagen«).
155 *Tian,* der Himmel, wurde allerdings nicht personifiziert vorgestellt oder als jenseitiger elysischer Ort im Sinne europäischer Paradiesbilder, sondern als abstraktes Prinzip, vergleichbar in etwa westlichen Ideen von der Vorsehung oder einem Höchsten Wesen. »Gott des Himmels« ist daher nicht ganz korrekt.
156 *Libu.* WIEDMER übersetzt: »Tribunal der Kirchengebräuche«.
157 Den Generalgouverneuren oder Gouverneuren der Provinzen.
158 Der Qing-Kaiser Yongzheng (reg. 1723–1735), ein begnadeter Administrator und besonders nachdrücklicher Förderer der Landwirtschaft, verlieh Musterbauern sogar die Privilegien von Beamten hoher Rangklassen (DU HALDE 1735, Bd. 2, S. 71).
159 Poivre betont dies, um durch den Kontrast die feudalen Jagd- und Fischereiprivilegien in Europa anzuprangern, die oft mit harten Strafmaßnahmen verteidigt wurden.
160 *Fermiers,* hier im Sinne von *fermiers généraux.* WIEDMER übersetzt einfach »Pachter«.
161 Ein Angriff auf die Juristen.
162 Gemeint sind die Mönche buddhistischer und daoistischer Klöster, die, anders als die Kleriker im vorrevolutionären Frankreich, keine privilegierte Rechtsstellung genossen.
163 Poivre folgt hier teilweise den idealisierenden Vorstellungen, die der Marquis de VAUBAN (1633–1707), der berühmte Festungsbaumeister, in seiner Schrift *Projet d'une dixme royale* (1707, neueste Ausgabe 1992) entwickelt hatte. Auch VOLTAIRE hatte 1754 in seinem einflußreichen *Essai sur les mœurs* die Geringfügigkeit der chinesischen Grundsteuer gepriesen. Obwohl die Praxis in China keineswegs die Perfektion erreichte, die Poivre beschreibt, war das Steuersystem im frühen 18. Jahrhundert doch für vormoderne Verhältnisse relativ gerecht. Die staatliche Belastung der bäuerlichen Bevölkerung dürfte leicht unter der durchschnittlich in Europa üblichen und deutlich unter der etwa in Mogul-Indien gelegen haben.
164 Dieses Getreidespeichersystem funktionierte in der Tat zu Poivres Zeit noch relativ gut. Vgl. WILL (1980).
165 *Hubu,* das Amt der Einkünfte.
166 *Tianzi,* der Himmelssohn.

Quellen- und Literaturverzeichnis

1. Pierre Poivres Schriften (Auswahl)

1763. Le citoyen du monde, ou Observations d'un philosophe chinois à ses amis dans l'Orient, Amsterdam [Übersetzung von Oliver Goldsmith, »The Citizen of the World«, 1760–61].

1768. Voyages d'un philosophe, ou Observations sur les mœurs & les arts des peuples de l'Afrique, de l'Asie et de l'Amérique, Yverdon.

1769. Reisen eines Philosophen, oder Bemerkungen über die Sitten und Künste der Völker in Africa, Asien und America. Aus dem Französischen übersetzt von Gottfried Rudolph Wiedmer, Leipzig.

1772. De l'Amérique et des Américains, ou Observations curieuses du philosophe La Douceur, qui a parcouru cet hémisphère pendant la dernière guerre, en faisant le noble métier du tuer des hommes sans les manger, Berlin.

1783. Reisen eines Philosophen, oder Bemerkungen über die Sitten und Künste der Einwohner von Afrika, Asien und Amerika. Aus dem Französischen von Johann Pezzl, Salzburg.

1797. Œuvres complettes de P. Poivre, Intendant des Isles de France et de Bourbon, Correspondant de l'Académie des sciences &c. Précédées de sa vie, et accompagnées de notes. [Éd. par Léon Langlès], Paris.

1885a. Voyage de Pierre Poivre en Cochinchine: Description de la Cochinchine (1749–1750), in: Revue de l'Extrême-Orient 3, S. 81–121.

1885b. Journal d'un voyage à la Cochinchine depuis le 29 aoust 1749, jour de notre arrivée, jusqu'au 11 février 1750, in: Revue de l'Extrême-Orient 3, S. 364–510.

1968. Un Manuscrit inédit de Pierre Poivre: Les Mémoires d'un voyageur. Texte reconstitué et annoté par Louis Malleret (Publications de l'École française d'Extrême-Orient, 65), Paris.

1993. Description of Cochinchina, 1749–50, translated by Kristine Alilunas-Rodgers, in: Li Tana/Anthony Reid (Hrsg.), Southern Vietnam under the Nguyen. Documents on the Economic History of Cochinchina, 1602–1777, Singapur, S. 60–97 (Übersetzung von Poivre 1885a).

2. Ergänzende Quellen

ANQUETIL-DUPERRON, Abraham Hyacinthe (1778): Législation orientale, Amsterdam.

ANQUETIL-DUPERRON, Abraham Hyacinthe (1798): L'Inde en rapport avec l'Europe, 2 Bde., Paris.

BARROW, Sir John (1806): A Voyage to Cochinchina, in the Years 1792 and 1793 ..., London.

BERNARDIN DE SAINT-PIERRE, Jacques Henri (1983): Voyage à l'île de France. Un officier du roi à l'île Maurice, 1768–1770. Introduction et notes d'Yves Bénot, Paris.

BISSACHÈRE, M. de la (1812): État actuelle du Tunkin, de la Cochinchine, et des Royaumes du Cambodge, Laos et Lac-Tho, 2 Bde., Paris.

BOUGAINVILLE, Louis-Antoine de (1982): Voyage autour du monde. Éd. par Jacques Proust, Paris.

CHOISY, Abbé de (1993): Journal of a Voyage to Siam 1685–1686. Translated and Introduced by Michael Smithies, Kuala Lumpur.

DELEURY, Guy, Hrsg. (1991): Les Indes florissantes. Anthologie des voyageurs français (1750–1820), Paris.

DU HALDE, Jean-Baptiste (1735): Description géographique, historique, chronologique, politique, et physique de l'empire de la Chine et de la Tartarie chinoise, 4 Bde., Paris.

EKEBERG, Carl Gustav (1771a): Précis historique de l'économie rurale des Chinois, Présenté à l'Académie Royale des Sciences de Suède l'an 1754 ..., traduit du Suedois par M. Dominique de Blackford, Mailand.

EKEBERG, Carl Gustav (1771b): A Short Account of Chinese Husbandry, in: Peter OSBECK, A Voyage to China and the East Indies. Translated from the German by Johann Reinhold Forster, 2 Bde., London, Bd. 2, S. 255–317.

FORREST, Thomas (1792): A Voyage from Calcutta to the Mergui Archipelago Lying on the East Side of Bengal ..., London.

FORREST, Thomas (1793): Des Schiffskapitains Thomas Forrest Nachrichten von dem Mergui-Archipel ... (= Neue Beiträge zur Völker- und Länderkunde, 11), Leipzig.

FORSTER, Georg (1983): Reise um die Welt [1778–80], hrsg. von Gerhard Steiner, Frankfurt a.M.

[FORBIN, Claude de] (1748): Mémoires de Comte de Forbin, Chef d'Escadre, Chevalier de l'Orde Militaire de Saint Louis, 2 Bde., Amsterdam (zuerst 1729).

GERVAISE, Nicholas (1928): The Natural and Political History of Siam, A.D. 1688. Translated by Herbert Stanley O'Neill, Bangkok.

GROSIER, Abbé (1785): Description générale de la Chine, ou Tableau de l'état actuel de cet Empire, Paris.

KAEMPFER, Engelbert (1777–79): Geschichte und Beschreibung von Japan. Aus den Originalhandschriften des Verfassers hrsg. von Christian Wilhelm Dohm, 2 Bde., Lemgo.

LA LOUBÈRE, Simon de (1691): Du Royaume de Siam, 2 Bde., Paris.

LA LOUBÈRE, Simon de (1693): A New Historical Relation of the Kingdom of Siam ... Done out of French by A.P. Gen. R.S.S., 2 Bde., London.

LE COMTE, Louis (1697): Nouveaux mémoires sur l'état présent de la Chine [zuerst 1696], 2 Bde., Amsterdam.

MARSDEN, William (1811): The History of Sumatra, Containing an Account of the Government, Laws, Customs and Manners of the Native Inhabitants, 3rd ed., London.

MONTESQUIEU, Charles Secondat, Baron de (1951): Œuvres complètes (Bibliothèque de la Pléiade), éd. par Roger Caillois, 2 Bde., Paris

Quesnay, François (1888): Œuvres économiques et philosophiques, hrsg. v. August Oncken, Frankfurt a.M.

Raffles, Sir Thomas Stamford (1817): The History of Java, 2 Bde., London.

Raynal, Abbé Guillaume-Thomas (1775): Histoire philosophique et politique des établissements & du commerce des Européens dans les deux Indes [zuerst 1770], 3 Bde., Genf.

Richard, Abbé Jérome (1778): Histoire naturelle, civile et politique du Tonquin, Paris.

Silhouette, Étienne de (1729): Idée générale du gouvernement et de la morale des Chinois, Paris.

Smithies, Michael, Hrsg. (1986): The Discourses at Versailles of the First Siamese Ambasadors to France 1686–7, Bangkok.

Sonnerat, Pierre (1782): Voyage aux Indes et à la Chine, Fait par ordre du Roi, depuis 1774 jusqu'en 1781, 3 Bde., Paris.

Stavorinus, Jan Splinter (1796): Reise nach dem Vorgebirge der Guten Hoffnung, Java und Bengalen in den Jahren 1768 bis 1771. Aus dem Holländischen frey übersetzt ... von [A.F.] Lueder, Berlin.

Tachard, Guy (1686): Voyage de Siam des Pères Jésuites, Envoyez par le Roy aux Indes & à la Chine, Paris.

Tachard, Guy (1689): Seconde Voyage de Père Tachard et des Jésuites envoyez par le Roy au Royaume de Siam, Paris.

Thunberg, Carl Peter (1792–94): Reise durch einen Theil von Europa, Afrika und Asien, hauptsächlich in Japan, in den Jahren 1770 bis 1779. Aus dem Schwedischen frey übersetzt von Christian Heinrich Groskurd, 2 Bde., Berlin.

Turpin, François René (1771): Histoire civile et naturelle du royaume de Siam, et des révolutions qui ont bouleversé cet Empire jusqu'en 1770, 2 Bde., Paris.

Vauban, Sebastien Le Prestre de (1992): La dime royale, éd. par Emmanuel Le Roy Ladurie, Paris.

Vogel, Johann Wilhelm (1716): Zehn-Jährige, Jetzo auffs neue revidirte und vemehrte Ost-Indianische Reise-Beschreibung, Altenburg.

3. Sekundärliteratur

ABEYASEKERE, Susan (1989): Jakarta. A History, revised ed., Singapur.

ADAS, Michael (1989): Machines as the Measure of Men. Science, Technology, and Ideologies of Western Dominance, Ithaca/London 1989.

ALATAS, Syed Hussein (1977): The Myth of the Lazy Native. A Study of the Image of the Malays, Filipinos and Javanese from the 16th to the 20th Century and Its Function in the Ideology of Colonial Capitalism, London.

ANDAYA, Barbara Watson (1992): Political Development between the Sixteenth and Eighteenth Centuries, in: TARLING 1992, S. 402–459.

ANDAYA, Leonard Y. (1992): Interactions with the Outside World and Adaptation in Southeast Asian Society, 1500–1800, in: TARLING 1992, S. 345–401.

ANDAYA, Barbara Watson/Leonard Y. ANDAYA (1982): A History of Malaysia, London/Basingstoke.

BAREND-VAN HAEFTEN, Marijke (1992): Oost-Indië gespiegeld. Nicolaas de Graaff, een schrijvend chirugijn in dienst van de VOC, Zutphen.

BASTIAN, Adolf (1866): Die Geschichte der Indochinesen (Die Völker des östlichen Asien. Studien und Reisen, 1), Leipzig/London.

BEEKMAN, E. M. (1996): Troubled Pleasures. Dutch Colonial Literature from the East Indies 1600–1950, Oxford.

BLUSSÉ, Leonard (1985): An Insane Administration and an Insanitary Town. The Dutch East India Company and Batavia (1619–1799), in: Robert J. Ross/Gerard J. TELKAMP (Hrsg.), Colonial Cities (Comparative Studies in Overseas History, 5), Leiden, S. 65–96.

BLUSSÉ, Leonard (1987): Strange Company. Chinese Settlers, Mestizo Women and the Dutch in VOC Batavia, Dordrecht.

BLUSSÉ, Leonard/Femme GAASTRA, Hrsg. (1981): Companies and Trade. Essays on Overseas Trading Companies during

the Ancien Régime (Comparative Studies in Overseas History, 3), Leiden.
BOULLE, Pierre H. (1981): French Mercantilism, Commercial Companies and Colonial Profitability, in: BLUSSÉ/GAASTRA 1981, S. 97–118.
BOURDE, André J. (1967): Agronomie et agronomes en France au XVIIIe siècle, 3 Bde., Paris.
BRAY, Francesca (1986): The Rice Economies. Technology and Development in Asian Societies, Oxford.
BROC, Numa (1975): La géographie des philosophes. Géographes et voyageurs français au XVIIIe siècle, Paris.
BRUNNER Otto (1975): Feudalismus, feudal, in: Otto BRUNNER/Werner CONZE/Reinhart KOSELLECK (Hrsg.), Geschichtliche Grundbegriffe. Historisches Lexikon zur politisch-sozialen Sprache in Deutschland, Bd. 2, Stuttgart, S. 337–50.
BUTTINGER, Joseph (1958): The Smaller Dragon. A Political History of Vietnam, New York.
CADY, JOHN F. (1967): The Roots of French Imperialism in Eastern Asia, Ithaca/New York.
CHANDLER, David P. (1983): A History of Cambodia, Boulder, Col.
CHARLTON, D.G. (1984): New Images of the Natural in France. A Study in European Cultural History, 1750–1800, Cambridge.
CHAUDHURI, K.N. (1985): Trade and Civilisation in the Indian Ocean. An Economic History from the Rise of Islam to 1750, Cambridge.
CHAUDHURI, K.N. (1990): Asia before Europe. Economy and Civilisation of the Indian Ocean from the Rise of Islam to 1750, Cambridge.
DANG Phu'o'ng-nghi (1969): Les Institutions publiques du Vietnam au XVIIIe siècle (Publication de l'École Française d'Extreme-Orient, 64), Paris.
DAS GUPTA, Ashin (1987): India and the Indian Ocean in the Eighteenth Century, in: Ashin DAS GUPTA/M.N. PEARSON (Hrsg.), India and the Indian Ocean 1500–1800, Calcutta, S. 131–61.
DELVERT, Jean (1961): Le paysan cambodgien (Le monde d'outre-mer, passé et présent, 1e série, études, 10), Paris.

DEMEL, Walter (1991): Abundantia, Sapientia, Decadencia. Zum Wandel des Chinabildes vom 16. bis zum 18. Jahrhundert, in: Urs BITTERLI/Eberhard SCHMITT (Hrsg.), Die Kenntnis beider »Indien« im frühneuzeitlichen Europa, München, S. 129–53.

DERMIGNY, Louis (1964): La Chine et l'Occident. Le commerce à Canton au XVIIIe siècle (Ports, routes, trafics, 18), 3 Bde. und Album, Paris.

DUCHET, MICHÈLE (1971): Anthropologie et histoire au siècle des Lumières. Buffon, Voltaire, Rousseau, Helvétius, Diderot, Paris.

DUIKER, William J. (1989): Historical Dictionary of Vietnam, Metuchen, N.J./London.

EASTMAN, Lloyd E. (1988): Family, Fields, and Ancestors. Constancy and Change in China's Social and Economic History, 1550–1949, New York.

EBREY, Patricia Buckley (1996): China. Eine illustrierte Geschichte. Aus dem Englischen von Udo Rennert, Frankfurt a.M./New York.

EICHHORN, Werner (1976): Die alte chinesische Religion und das Staatskultwesen (Handbuch der Orientalistik. 4. Abt.: China, 4. Bd., Abschnitt 1), Leiden/Köln.

EMMER, Pieter C. (1990): European Expansion and Non-Western Agriculture before 1800, in: POHL 1990, S. 207–222.

ÉTIEMBLE, [René] (1989): L'Europe chinoise. Bd. 2: De la sinophilie à la sinophobie, Paris.

FESSEN, Helmut/Hans-Dieter KUBITSCHEK (1984): Geschichte Malaysias und Singapurs, Berlin (DDR).

FESSEN, Helmut/Hans-Dieter KUBITSCHEK (1994): Geschichte Thailands (Bremer Asien-Pazifik Studien, 7), Münster/Hamburg.

FISCH, Jörg (1986): Hollands Ruhm in Asien. François Valentyns Vision des Niederländischen Imperiums im 18. Jahrhundert (Beiträge zur Kolonial- und Überseegeschichte, 34), Stuttgart.

FISCH, Jörg (1990): Geschichte Südafrikas, München.

FRY, Howard T. (1970): Alexander Dalrymple (1737–1808) and the Expansion of British Trade, London.
FURBER, Holden (1976): Rival Empires of Trade in the Orient 1600–1800, Minneapolis.
GAASTRA, Femme S. (1991): De geschiedenis van de VOC, Leiden/Zutphen.
GALLOWAY, J. H. (1989): The Sugar Cane Industry. An Historical Geography from its Origins to 1914 (Cambridge Studies in Historical Geography, 12), Cambridge.
GASPARDONE, Émile (1952): Un Chinois des mers du Sud: le fondateur de Hà-tiên, in: Journal Asiatique 240, S. 363–385.
GLACHANT, Roger (1965): Histoire de l'Inde des Français, Paris.
GLACKEN, Clarence J. (1967): Traces on the Rhodian Shore. Nature and Culture in Western Thought from Ancient Times to the End of the Eighteenth Century, Berkeley/Los Angeles/London.
GÖMMEL, Rainer/Rainer KLUMP (1994): Merkantilisten und Physiokraten in Frankreich, Darmstadt.
GOUROU, Pierre (1982): Terres de bonne espérance. Le monde tropical, Paris.
GROVE, Richard H. (1995): Green Imperialism. Colonial Expansion, Tropical Island Edens and the Origins of Environmentalism, 1600–1860, Cambridge.
GUY, Basil (1963): The French Image of China before and after Voltaire (Studies in Voltaire and the Eighteenth Century, 21), Genf.
HALL, D. G. E. (1968): A History of South-East Asia, 3rd ed., Basingstoke.
HARBSMEIER, Michael (1994): Wilde Völkerkunde. Andere Welten in deutschen Reiseberichten der Frühen Neuzeit (Historische Studien, 12), Frankfurt a.M./New York.
HAUDRÈRE, Philippe (1989): La Compagnie française des Indes au XVIIIe siècle (1719–1795), 5 Bde., Paris.
HAUDRÈRE, Philippe (1993): The »Compagnie des Indes« and Maritime Matters (c. 1725–1770), in: Jaap R. BRUJN/Femme S. GAASTRA (Hrsg.), Ships, Sailors and Spices. East India

Companies and their Shipping in the 16th, 17th and 18th Centuries, Amsterdam, S. 81–97.

HICKEY, Gerald Cannon (1982): Sons of the Mountains. Ethnohistory of the Central Vietnamese Highlands to 1954, New Haven/London.

HILL, R. D. (1977): Rice in Malaya. A Study in Historical Geography, Kuala Lumpur.

HOWE, Sonia (1939): Les grands navigateurs à la recherche des épices, Paris.

HUTCHINSON, E. W. (1940): Adventurers in Siam in the Seventeenth Century, London.

JACQ-HERGOUALC'H, Michel (1993): L'Europe et le Siam du XVIe au XVIIIe siècle, Paris.

KENT, Raymond K. (1992): Madagascar and the Islands of the Indian Ocean, in: B. A. OGOT (Hrsg.), General History of Africa. Bd. 5: Africa from the Sixteenth to the Eighteenth Century, Oxford, S. 849–94.

KHIN SOK (1991): Le Cambodge entre le Siam et le Viêtnam (de 1775 à 1860) (École Française d'Extrême-Orient. Collection de textes et documents sur l'Indochine, 18), Paris.

KUBITSCHEK, Hans Dieter/Ingrid WESSEL (1981): Geschichte Indonesiens. Vom Altertum bis zur Gegenwart, Berlin (DDR).

LACH, Donald F. (1970–77): Asia in the Making of Europe. Bd. 2 (in 3 Teilbänden): A Century of Wonder, Chicago/London.

LACH, Donald F./Edwin J. VAN KLEY (1993): Asia in the Making of Europe. Bd. 3 (in 4 Teilbänden): A Century of Advance, Chicago/London.

LAUNAY, Adrien (1920): Histoire de la mission de Siam 1662–1811, Paris.

LI Tana/REID, Anthony, Hrsg. (1993): Southern Vietnam under the Nguyen. Documents on the Economic History of Cochinchina, 1602–1777, Singapur.

LOMBARD, Denys (1990): Le carrefour Javanais. Essai d'histoire globale, 3 Bde. (Civilisations et sociétés, 79), Paris.

LOMBARD, Denys/Jean AUBIN, Hrsg. (1988): Marchands et hommes d'affaires asiatiques dans l'Océan Indien et la Mer de Chine, 13e–20e siècles (Ports, routes, trafics, 29), Paris.

LY-TIO-FANE, Madeleine (1958–70): Mauritius and the Spice Trade. The Odyssey of Pierre Poivre, 2 Bde., Port-Louis/ Paris.

LY-TIO-FANE, Madeleine (1967): Pierre Poivre et l'expansion française dans l'Indo-Pacifique«, in: Bulletin Économique Française d'Extrême-Orient 53, S. 453–511.

LY-TIO-FANE, Madeleine (1976): Pierre Sonnerat, 1748–1814. An Account of His Life and Work, Port-Louis.

MALLERET, Louis (1968): Pierre Poivre, l'abbé Galloys et l'introduction d'èspèces botaniques et d'oiseaux de Chine à l'Ile Maurice, in: Proceedings of the Royal Society of Arts and Sciences of Mauritius 3, S. 117–30.

MALLERET, Louis (1974): Pierre Poivre (Publications de l'École Française d'Extrême-Orient, 92), Paris.

MARTINEAU, Alfred (1920–28): Dupleix et l'Inde française, 4 Bde., Paris.

MAVERICK, Lewis A. (1946): China a Model for Europe, 2 Bde., San Antonio, Texas.

MAY Kyi Win/Harold E. SMITH (1995): Historical Dictionary of Thailand, Lanham, Md./London.

MAYBON, Charles B. (1919): Histoire moderne du pays d'Annam (1592–1820), Paris.

MEYER, Jean, u.a. (1991): Histoire de la France coloniale. Bd. 1: Des origines à 1914, Paris.

MILLER, David Philip/Peter Hanns REILL, Hrsg. (1996): Visions of Empire. Voyages, Botany, and Representations of Nature, Cambridge.

MUNGELLO, David E. (1985): Curious Land. Jesuit Accomodation and the Origins of Sinology, Wiesbaden.

NAQUIN, Susan/Evelyn S. RAWSKI (1987): Chinese Society in the Eighteenth Century, New Haven/London.

NEEDHAM, Joseph/Francesca BRAY (1984): Science and Civilization in China. Bd. 6: Biology and Biological Technology. Teil 2: Agriculture, Cambridge.

NEEDHAM, Joseph/WANG Ling (1965): Science and Civilization in China. Bd. 4: Physics and Physical Technology. Teil 2: Mechanical Engineering, Cambridge.

NGUYEN Thanh-nha (1970): Tableau économique du Viêt Nam aux XVIIe et XVIIIe siècles, Paris.

PLUCHON, Pierre (1991): Histoire de la colonisation française. Bd.1: Le premier empire colonial: Des origines à la Restauration, Paris.

POHL, Hans, Hrsg. (1990): The European Discovery of the World and its Economic Effects on Pre-Industrial Society, 1500–1800 (Vierteljahresschrift für Sozial- und Wirtschaftsgeschichte, Beiheft 89), Stuttgart.

REID, Anthony (1988): Southeast Asia in the Age of Commerce 1450–1680. Bd. 1: The Lands below the Winds, New Haven/London.

REID, Anthony (1992): Economic and Social Change, c. 1400–1800, in: TARLING 1992, S. 460–507.

REID, Anthony (1993a): Southeast Asia in the Age of Commerce 1450–1680. Bd. 2: Expansion and Crisis, New Haven/London.

REID, Anthony, Hrsg. (1993b): Southeast Asia in the Early Modern Area: Trade, Power, and Belief, Ithaca/London.

REINHARD, Wolfgang (1983): Geschichte der europäischen Expansion. Bd. 1: Die Alte Welt bis 1818, Stuttgart usw.

RICHARDS, John F. (1993): The Mughal Empire (New Cambridge History of India, I/5), Cambridge.

RICKLEFS, M. C. (1981): A History of Modern Indonesia, c. 1300 to the Present, London/Basingstoke.

RODGER, N.A.M. (1986): The Wooden World. An Anatomy of the Georgian Navy, London.

SCHMITT, Eberhard/Thomas SCHLEICH/Thomas BECK, Hrsg. (1988): Kaufleute als Kolonialherren. Die Handelswelt der Niederländer vom Kap der Guten Hoffnung bis Nagasaki 1600–1800 (Schriften der Universitätsbibliothek Bamberg, 6), Bamberg.

SCHUMPETER, Joseph Alois (1954): History of Economic Analysis, London.

SCHWAB, Raymond (1934): Vie d'Anquetil-Duperron, Paris.

SELVON, Sydney (1991): Historical Dictionary of Mauritius, 2nd ed., Methuen, NJ/London.

SMITH, Richard J. (1994): China's Cultural Heritage. The Qing Dynasty, 1644–1912, 2nd ed., Boulder, Col.
SMITHIES, Michael (1990): The Siamese Embassy to the Sun King. The Personal Memorials of Kosa Pan, Bangkok.
SÖRLIN, Sverker (1989): Scientific Travel – the Linnaean Tradition, in: Tore FRÄNGSMYR (Hrsg.), Linnaeus. The Man and His Work, Berkeley/Los Angeles›/London, S. 96–123.
SOK, Khin (1991): Le Cambodge entre le Siam et le Vietnam (de 1775 á 1860) (Collections de textes et documents sur l'Indochine, 18), Paris.
SPATE, O. H. K. (1983): The Pacific since Magellan. Bd. 2: Monopolists and Freebooters, London/Canberra.
SPORES, John C. (1988): Running Amok. An Historical Inquiry (Ohio University. Monographs in International Studies. Southeast Asia Series, 82), Athens, Ohio.
STEINBERG, David Joel, u.a. (1987): In Search of Southeast Asia. A Modern History, revised ed., Honululu.
STEUR, J. J. (1984): Herstel of ondergang. De voorstellen tot redres van de Verenigde Oost-Indische Compagnie 1740–1795, Utrecht.
TARLING, Nicholas, Hrsg. (1992): The Cambridge History of Southeast Asia. Bd. 1: From Early Times to c. 1800, Cambridge.
TATE, D. J. M. (1977): The Making of Modern Southeast Asia. Bd. 1: The European Conquest, revised ed., Kuala Lumpur.
TAYLOR, Jean Gelman (1983): The Social World of Batavia. European and Eurasian in Dutch Asia, Madison, Wisc.
TAYLOR, Keith W. (1992): The Early Kingdoms, in: TARLING 1992, S. 137–182.
TOUSSAINT, Auguste (1936): Port-Louis. Deux siècles d'histoire (1735–1935), Port-Louis.
TOUSSAINT, Auguste (1966): Une cité tropicale: Port-Louis de l'île Maurice, Paris.
TOUSSAINT, Auguste (1972): Histoire des Iles Mascareignes, Paris.
TOUSSAINT, Auguste (1974): L'Océan Indien au XVIIIe siècle, Paris.
TOUSSAINT, Auguste (1977): History of Mauritius, London.
VAN BERKEL, K. (1993): Een onwillige mecenas? De rol van de VOC bij het natuurwetenschappelijk inderzoek in de ze-

ventiende eeuw, in: J. BETHLEHEM/A.V. MEIJER (Hrsg.), VOC en Cultuur (Thesaurus, 7), Amsterdam, S. 39–58.
VAN DER BRUG, P. H. (1994): Malaria en malaise. De VOC in Batavia in die achttiende eeuw, Amsterdam.
VAN DER CRUYSSE, Dirk (1991): Louis XIV et le Siam, Paris.
VAN GOOR, J. (1994): De Nederlandse Koloniën. Geschiedenis van de Nederlandse expansie 1600–1975, Den Haag.
VYVERBERG, Henry (1989): Human Nature, Cultural Diversity, and the French Enlightenment, New York/Oxford.
WEBER, Henry (1904): La Compagnie des Indes, Paris.
WILL, Pierre-Etienne (1980): Bureaucratie et famine en Chine au 18e siècle, Paris/Den Haag.
WYATT, David K. (1984): Thailand. A Short History, New Haven/London.
YULE, Henry/A. C. BURNELL (1886): Hobson-Jobson. A Glossary of Colloquial Anglo-Indian Words and Phrases, and of Kindred Terms, Etymological, Historical, Geographical and Discursive. New edition, ed. by William CROOKE, Kalkutta.
ZIMMERMANN, Alfred (1903): Die Kolonialpolitik der Niederländer, Berlin.

Abbildungsnachweis

John Barrow, A Voyage to Cochinchina in the Years 1792 and 1793, London 1806: Farbtafeln 5, 6, 8
Francis Buchanan, A Journey from Madras through the Countries of Mysore, Canara and Malabar, London 1807: S. 150
John Crawfurd, History of the Indian Archipelago, Edinburgh 1820: Farbtafel 7
John Crawfurd, Journal of an Embassy to the Courts of Siam and Cochinchina, London 1821: S. 178
Jean-Baptiste Du Halde, Ausführliche Beschreibung des Chinesischen Reiches, Rostock 1747-1756: S. 195
Encyclopédie. Dictionnaire raisonée des sciences, des arts et des métiers. Paris 1751-1780: Bd. 27: S. 146, 168, 188; Bd. 28: S. 53
Europa und die Kaiser von China (Ausstellungskatalog), Frankfurt a.M. 1985: Farbtafel 9
Thomas Forrest, A Voyage from Calcutta to the Mergui Archipelago, London 1792: Farbtafel 4
Otto Franke, Kêng Tschi T'u. Ackerbau und Seidengewinnung in China, Hamburg 1913: S. 200
Doreen Greig, The Reluctant Colonists, Assen 1987: S. 73
Herbarium Blackwellianum, Nürnberg 1760: Farbtafeln 10, 11, 12, 13
Johann W. Heydt, Allerneuster geographischer und topographischer Schauplatz von Africa und Ost-Indien, Willhermsdorf/Nürnberg 1744: S. 67
Engelbert Kaempfer, Geschichte und Beschreibung Japans, Lemgo 1777-1779: S. 116. 155
Peter Kolb, Description du Cap de Bonne Espérance, Amsterdam 1743: S. 136, 138, 139
Simon de La Loubère, A New Historical Relation of the Kingdom of Siam, London 1693: S. 96, 103, 105
Louis Malleret (Hrsg.), Un Manuscrit inédit de Pierre Poivre: Les Mémoires d'un voyageur, Paris 1968: S. 60
Louis Malleret, Pierre Poivre, Paris 1974: S. 74; Farbtafel 1
William Marsden, The History of Sumatra, 3rd ed., London 1811: S. 187
Mémoires concernant les Chinois, Paris 1776-1814: S. 211
Jan Nieuhof, Het Gezantschap der Neerlandtsche Oost-Indische Compagnie aan den Grooten Tartarischen Cham, Amsterdam 1665: S. 198
Sir Thomas Stamford Raffles, History of Java, London 1817: S. 160, 162, 164
Eberhard Schmitt u.a., Kaufleute als Kolonialherren, Bamberg 1988: Farbtafel 3
J. J. Steur, Herstel of ondergang, Utrecht 1984: S. 79
Guy Tachard, Voyage de Siam des Pères Jésuites, Paris 1686: S. 115

Carl Peter Thunberg, Reise durch einen Theil von Europa, Afrika und Asien, Berlin 1792-1794: S. 165
Tiangong Kaiwu (1637), nach: Joseph Needham, Science and Civilization in China, Bd. 4, Teil 2, Sektion 27, Cambridge 1965: S. 201, 203
Badische Landesbibliothek Karlsruhe: Farbtafel 2
Bibliothèque Nationale, Paris: S. 111
Maritiem Museum Prins Hendrik, Rotterdam: S. 72

Register

Die kursiv gesetzten Seitenzahlen beziehen sich auf die Anmerkungsteile.
Anmerkungsziffern sind in Klammern hinzugefügt.

Akademien, französische 23
Amoklaufen 85, *126 (84)*, *225 (82)*
Anquetil-Duperron, Abraham Hyacinthe 38–40
Aristokratie 205, *224f. (79)*, siehe auch Feudalismus
Armut/Reichtum 100f., 109, 134f., 144f.
Asiazentrismus 40
Atlantik 7
Aublet, Jean-Baptiste Fusée 22
Aufklärung 25, 37
Ayudhya 104, *127 (112)*; 157, *129 (123)*, *223 (63)*, *225 (81)*

B
Bangkok *127 (112)*
Batavia 15f., 31, 67–73, 80–85, *123 (53, 56, 57)*, *124 (59, 61, 64, 66)*, *125 (77)*, *126 (80)*, 142
Bernardin de Saint-Pierre, Jacques Henri 28, *219 (36)*
Bernier, François *221 (45)*
Bertin, Henri-Leonard 23, 37
Bevölkerungszahl, Bevölkerungsdichte 113f., *123 (53)*, 178f., 194, *216f. (11, 12)*, *218 (26)*, *231 (136)*
Bignon, Abbé Jean-Paul 56f.
Bodenschätze 166, 191
Borommakot, König von Siam *128 (119)*, *129 (123)*, *223 f. (70)*
Bougainville, Louis-Antoine de 27f.
Brachland 30, 157, 196 f.,
Britisch-französischer Weltkonflikt 11, 15f., 17, 18, 22, 39, 62–67, *122 (37)*, *218 (26)*, *219 (27, 30)*, *220 (37)*, *222 (49)*

Bruzen de la Martinière, Antoine-Auguste 69, *123f. (58)*
Burma, Burmesen 95f.

C
Cantillon, Richard 25
Champa 176f., *227f. (104)*
China 32f., 193–212, 214f.
Chinahandel 13, *121 (31)*, 184f., *231 (134)*
Cochinchina 14, 19–21, 30f., 32, 177–93, *228f. (107, 108, 110)*
Colbert, Jean-Baptiste *18*, 217 (21), 221 (45)
Compagnie (Française) des Indes 17, 18, 22, *121 (33)*, 142, *217f. (25)*
Cook, James 10
Cordier, Henri 12

D
David, Pierre Barthélémy 22
Despotie 21, 28, 30f., 101–104, 107–109, *124 (64)*, 156f., 172, *223 (68)*, *224 (78–79)*
Du Halde, Jean-Baptiste, S.J. *232f. (148–151)*
Dumas, Daniel 35
Dupleix, Joseph-François 22, *220 (37)*, *222 (49)*

E
Ehre 161f., 186
Eifersucht 85f.
Eigentum 31f., 148, 158, 175, 186, 192, 208, *221 (45)*

251

Ekeberg, Carl Gustav 33
Elefanten 157, 159, 189
Emigranten, französische, in Südafrika 135, 216f. (12)
Empirismus (Pierre Poivres) 33f., 54f., 57–59
Epidemien 69, 70, 123 (56)
Ernteerträge 136, 141, 148, 224 (72), 231 (137)
Europa in asiatischer Sicht 47, 196f.
Europa-Asien-Vergleich 26, 29f., 59, 195f., 231 (137)
Eurozentrismus 26, 37, 40, 59

F
Feudalismus 29, 32, 147f., 161–63, 172, 174f., 208f., 224 (78–79)
Fische 87, 91
Fleiß/Faulheit 86, 95, 133f., 148, 202f., 226 (85)
Forbin, Claude de 161f., 225 (81)
Forster, Georg 10, 126 (31)
Forster, Johann Reinhold 10, 41
Frauen 32, 83 f., 85 f., 87, 100 f., 115–17, 179
Freiheit 29, 31, 185, 192, 208f., 230 (122), 231 (137)
Fronarbeit 156, 192, 223 (69)
Fruchtbarkeit des Bodens 88, 95, 140, 142, 154, 158, 164–66

G
Gärten, Gartenbau 17f., 21f., 27f., 33, 36, 139f., 151f., 199
Gastfreundschaft 190
Gesellschaftsvertrag 177f., 190f., 192
Gewerbe, Industrie 29f., 109
Gewürzhandel 18f., 35
Gleichheit 205
Graaff, Nicholaas de 123f. (58), 125 (77)
Guayana 36

H
Ha Tien: siehe Ponthiamas

Holländische Ostindien-Kompanie (Verenigde Oost-Indische Compagnie, VOC) 27, 123 (67), 169, 216 (11), siehe auch Batavia, Kap der Guten Hoffnung
Horaz 47, 50
Humboldt, Alexander von 39
Hungersnöte 95, 210, 234 (151)

I
Idealherrscher 173–76, 190f., 205 ., 215
Ile (Isle) de Bourbon 34–36, 143f., 171, 219 (27, 33)
Ile (Isle) de France 16–19, 27 f., 34–36, 144–47, 171f., 218 (26)
Imhoff: siehe Van Imhoff
Indien: siehe Koromandelküste, Mogul-Reich, Pondichéry
Indischer Ozean 7–11, 37, 127 (99)
Irrigation 149, 202

J
Jagd 189, 208, 234 (159)
Japanhandel 80–82, 125 (68)
Java 87f., 124 (65), 169, siehe auch Malaia, Batavia
Jesuiten 13f., 32, 110–12, 121 (24)
Justiz 85, 126 (80), 191f.

K
Kaempfer, Engelbert 119f. (13), 125 (69)
Kaffee-Anbau 143f., 219 (33–35)
Kambodscha 173, 176f., 228f. (105, 107, 108)
Kanäle 194, 198f.
Kangxi, Kaiser von China 32
Kanton 13f., 61, 193f., 231 (134)
Kap der Guten Hoffnung 26, 134–40, 142, 171, 216f. (11, 12)
Kleidung 100, 163
Klimadeterminismus 28f.
Kokospalme 152–54
Kolonialherrschaft 35–37, 144f., 185f., siehe auch Batavia

Koromandelküste 147–52
Kosmopolitismus 25, 57f.

L

La Bourdonnais, Bertrand François Mahé de 17, 61, 144f., *218 (26), 219f. (37)*
La Bruyère, Jean de 41, 59, 100, 118, *121 (28), 127 (111), 129 (129)*
La Loubère, Simon de *128 (117)*
Labat, Jean Baptiste, O.P. 18
Lach, Donald F. 8
Landwirtschaft, allgemein 24f., 131–33, 135, 142f., 170–73, 212, *226 (96)*
Le Comte, Louis, S.J. 56, *120 (21)*
Leistungsgesellschaft 32, 205f., *233 (150)*
local knowledge 26, 39
Ludwig XIV., König von Frankreich 31, 110–12, *128 (117)*
Ly-Tio-Fane, Madeleine 12
Lyon 12, 23, *216 (4)*

M

Mac Cuu (Mo Jiu) 31f., 173–76, *227 (100)*
Mac Thien Tu (Mo Tianxi) 176, *227 (100)*
Macau 13, 61
Madagaskar 140–43, 171, *217 (21)*
Mahan, Alfred Thayer 11
Makassar 162, *225 (81)*
Malaia, Malaien 29f., 85–88, 107f., 159–67, 172
Malakka (Melaca), Königreich *224 (77), 226 (94)*
Malleret, Louis 12, 41
Manila, siehe: Philippinen
Manila-Galeone 82f., *125 (73, 76)*
Maniok 145, *220 (39)*
Marsden, William *226 (85, 87)*
Mauritius: siehe Ile de France
Menam 154f.
Mergui 91, 94–97
Ming-Loyalismus *227 (100)*
Mission, Missionare 7f., 13–15, 20, 84f., 95–100, 104–106

Mobilität, soziale 205f., *230 (122), 233 (150)*
Mogulreich 29, 31, 147f., 153f., 172, *220f. (43–45)*
Montesquieu, Charles de Secondat Baron de 24f., 28–31, 38, *224 (78)*
Musik 87
Muskatapfel, Muskatnuß 88

N

Narai, König von Siam *128 (117), 225 (81)*
Naturauffassung 26–28, 40
Niedergang, historischer 159f., 177, 191–93, 213f., *226 (94)*

O

Ökologie 25–28, 35f., 40, 144–47
Orient, märchenhafter 34
Orientalismus 39

P

Patriarchalismus 173–76, 204–208, 215, *232 (148)*
Pazifik, Südsee 7, 10, 27f.
Pfeffer 36
Pflanzenakklimatisierung 135, 137f., 180f.
Pflanzensammeln 21f., 36, 38
Phaulkon, Constantin *128 (117)*
Philippinen 62, 82f.
Physiokratie 23, 25, 32f.
Piraten 18, 86, 93f., *127 (99)*, 163, *217 (21)*
Poivre, Pierre (Biographie) 12–36
Pondichéry 14, 16, 148, *222 (49)*
Ponthiamas, Königreich 31, 173–76, *226f. (98, 100)*
Priester 30, 113–18, 156f.

Q

Qianlong, Kaiser von China 32
Qing-Dynastie 32, 193–210
Quesnay, François 25, 33

R
Raffles, Sir Stamford 37
Reis 33, 141, 154 157f., 179–82, *224 (72)*, *229f. (114–115)*
Reisebeschreibungen 9, 54–57
Reisende 9, 26, 38f., 44–54, 118, 132f.
Religion 83f., 118, *126 (81)*, 148, *224 (76)*
Réunion: siehe Ile de Bourbon
Ritualpflügen 206f., *230 (127)*, *233f. (151)*
Rizinus 153
Rousseau, Jean-Jacques; Rousseauismus 26
Rumphius, Georg Everhard 27

S
Sagobaum 167–69
Schiff als sozialer Raum 48, 51–54, 66, 77, *119 (11)*, *120 (16)*
Schiffahrtsrouten 11, 17
Seekrieg 64–67, 73–77
Seeleute 51–53, 63f.
Seereisen, Strapazen und Gefahren bei 20, 44–54, 90f., 93
Siam 16, 31, 94–118, *128 (117)*, 154–59, 172, *223f. (63, 68–72)*
Sklaven, Sklaverei 17, 25, 30, 32, 35, 83–86, *123 (53)*, *126 (31)*, 133, 145, 161, 166, 180, 185f., *218 (26)*, *220 (40)*
Société des Missions Étrangères 13f.
Sonnerat, Pierre 33, *222 (51)*, *233f. (151)*
Steuern 32, 190f., 209f., *221 (45)*
Sturm 49f., 90f.
Südafrika: siehe Kap der Guten Hoffnung

T
Tachard, Guy, S.J. 56f., 109, *120f. (22)*
Technologie, nichteuropäische 26, 149f., 181, 183–85, *222 (51)*
Thailand: siehe Siam, siehe auch *223 (63)*

Thunberg, Carl Peter *124 (61, 66)*, *217 (19)*, *225 (83)*
Tonking 14, 177f., *228f. (107, 110)*

U
Utopie 27f., 31, 173–76

V
Valentyn, François *225 (81)*
Van Imhoff, Gustaaf Willem Baron 15f., 41, 78–80, 82–84, *124 (64, 66)*
Van Kley, Edwin 8
Vauban, Sebastien Le Prestre de *234 (163)*
Vegetarismus 151, *231f. (138)*
Viehzucht 35, 134–36, 140f., 145f., 151, 159, 169f., 196, *231f. (138)*
Vietnam: siehe Cochinchina, Tonking, siehe auch *228 (107)*
Vo Vuong, Kaiser von Cochinchina 19f., *230f. (130–131)*
VOC: siehe Holländische Ostindien-Kompanie
Vögel 88, 166
Voltaire *224 (78)*, *234 (163)*

W
Wälder, Waldzerstörung 26f., 36, 88, 95, 147, 189
Weinkultur 137–39, 153, 202, *217 (19, 20)*
Weizen 142
Westafrika 133f., 171
Wiedmer, Gottfried Rudolph 41

Y
Yongzheng, Kaiser von China 13, 32, *234 (138)*

Z
Zucker 17, 36, 182–85, *230 (119)*

FREMDE KULTUREN
IN ALTEN BERICHTEN

In der gleichen Reihe sind bereits erschienen:

Band 1 · Johann Christian Hüttner

Nachricht von der Britischen Gesandtschaftsreise durch China und einen Teil der Tartarei

336 Seiten, 51 Abbildungen, 24 in Farbe
ISBN 3-7995-0600-4

Band 2 · Ludovico de Varthema

Reisen im Orient

304 Seiten, 74 Abbildungen, 13 in Farbe
ISBN 3-7995-0601-2

Band 3 · Johannes von Plano Carpini

Kunde von den Mongolen

184 Seiten, 42 Abbildungen, 23 in Farbe
ISBN 3-7995-0603-9

FREMDE KULTUREN
IN ALTEN BERICHTEN

In Vorbereitung:

Band 5 · Bartholomäus Ziegenbalg
Malabarische Korrespondenz
Herausgegeben, eingeleitet und erläutert
von Kurt Liebau
ISBN 3-7995-0604-7

Band 6 · Gottlieb Mittelberger
Reise nach Pennsylvanien
im Jahre 1750
Herausgegeben, eingeleitet und erläutert
von Jürgen Charnitzky
ISBN 3-7995-0605-5

Jan Thorbecke Verlag Sigmaringen